モダン東京の歴史社会学

「丸の内」をめぐる想像力と社会空間の変容

松橋達矢［著］

ミネルヴァ書房

モダン東京の歴史社会学――「丸の内」をめぐる想像力と社会空間の変容

目次

序章　「丸の内らしさ」に見る「モダン東京」の基層

二一世紀に入り、東京都心では再開発を通じた都心再構築が進展しており、多くの人々の関心を惹きつけている。二〇〇二年以降、様々な形で推進されてきた「都心再構築」という大きなうねりは、一九八〇年代に東京都心部において集中的に行われていた都市再開発や「世界都市」東京の議論において端的に示された、都市機能の複合化を基盤としながらも、丸の内に限っていえば、歴史性に支えられた新たな「丸の内らしさ」を創出していこうとする、価値創造の側面にアクセントを置く傾向がとみに見受けられる。

たとえば、一九九四年に締結された「大手町・丸の内・有楽町地区まちづくり基本協定」では、ビジネスセンターたる丸の内地域が有する皇居や東京駅などからなる景観特性と結びついた新たな「丸の内らしさ」について、過去から引き継いできたものを次代に継承しながらも、新時代に対応する新たな都心像（都心機能の高度化）を目指す際の指針としての位置づけを与えている。

また、東京都の一五年スパンでの施策指針を示した『東京構想二〇〇〇』における東京駅周辺地域は、国際ビジネスセンターの機能を前面に押し出しつつ、東京駅や日本橋といった歴史的・文化的遺産を活かしたまちづくりの重要性が強調され、皇居周辺をはじめとした首都の「顔」としての風格と威厳の向上が目指すべき都市像として示された（東京都政策報道室計画部編 二〇〇〇）。

このように近年では、経済効率性を極限まで追求する再開発の議論と並行して、まちづくりや歴史的環境形成の論点と交差する形で、それぞれの「まちらしさ」や個性といったものが、地域のアイデンティティを担うものとして重視されている現状がある。こうした動向を受けて、空間と社会の構造的関係とその一般的法則を探究してきた都市社会学においても、新たに発見される歴史性との関わりの中で、個別性や差異をもたらす存在としての「場所」の重要性が認識されるようになりつつある。新たに浮上する空間・場所と社会の関係は、斯学の研究蓄積からは語りえない現在の「都心」という対象を浮上させるのみならず、これまで私たちが暗黙のうちに前提としてきた近代／現代都市像にも修正を迫っている。

1　丸の内地区の都市形成プロセス上の転換点

本書は、大都市東京の基本構造として、大正～昭和初期に近代都市としての原型が生み出され、現在にも引き継がれる「モダン東京」の現在とその歴史的意味について、皇居や東京駅、新・旧丸ビルなどから構成される東京丸の内地区を中心とした「都心」という場所を取り巻く社会空間、そしてその社会空間をめぐる（空間的・歴史的・社会的な）想像力の変容から考察していくことを企図したものである。

なぜ丸の内地区をとりあげるのか。ここで丸の内地区の概略を確認しておきたい。

丸の内地区を考えるにあたっては、第一義としてビジネスの聖域であるという点に大きな異論は出ないだろう。丸の内ビルディング、新丸の内ビルディング、三菱東京ＵＦＪ銀行本店ビル、郵船ビルなどの、大手銀行や三菱系を中心とする大企業のビルが建ち並ぶ、日本の金融・経済の中心地として、大手町や有楽町を含めた大丸有地区は、約一〇〇棟のビルに四〇〇〇以上の事業所を集め、二十数万人が働く全国でも中枢的なビジネスセンターとなっている。東京西部の新宿副都心などの台頭から、一九九五年頃には盛んにビジネス街としての相対的地位の低下（「丸の内のたそがれ」）が叫ばれたものの、二〇〇二年以降、丸の内ビルディングなど老朽化したビルの建替えや、地区の中心を通る丸の内仲通りにブランドショップや飲食店を誘致し、さらに芸術・文化活動を積極的に仕掛けるなど、三菱地所主導の再開発を中心に再び盛り上がりを見せている。

それに加えて、丸の内地区は皇居‐行幸通り‐東京駅という軸線が中心部を貫く、近代日本のあゆみが刻印された地域であることも忘れてはならない。当時を偲ばせる建造物は減少しているものの、依然として東京の中心部に荘厳と鎮座する皇居や、戦前から戦後、そして現在にいたるまで、首都東京における交通の拠点「以上」の存在であり続けてきた東京駅、そして時代時代のサラリーマン・ＯＬたちのシンボルとしてあり続ける丸ビルを中心とする丸の内ビジネス街の存在は、私たちに幾ばくかの感傷を投げかける。

そうした丸の内地区の歴史を紐解いていくと、（丸の内は）近代日本の、そして帝都から首都へ、そして大都市から世界都市へと脱皮していく東京の歴史とともにあった事実へと行きあたる。詳細はこれ以降の章で触れていくが、以下では東京、そして丸の内地区の都市形成プロセス上のポイントを何点かかいつまんで提示しておこう。

①「東京」の「都市の意味」をめぐる葛藤――浮上する「皇」と「移動」性の構造転換

明治に入り、封建都市であった江戸の空間的再編を通じた「東京」を統合中心とする社会システムの実現を目指すにあたり、日本最初の近代都市計画である市区改正を舞台として、東京の「都市の意味」をめぐる最初の争いが一八八〇年代におきている。すなわち東京という都市を、天皇を頂に置く帝都として組織化するか、それとも東アジアにおける経済の中心地として商都を目指すか、という「政治都市」と「経済都市」をめぐる争いである。政治家や官僚、東京府や東京市、新興資本家層などが対立や協調を繰り返す結果、市区改正事業は採択され、大手町や丸の内、霞ヶ関という新たに生み出された空間は、官庁街や経済センターからなるオフィス街として発展していく礎が築かれる。

さらに水路中心の交通体系から陸路中心の交通体系へと移行し、全国に張りめぐらされた鉄道交通ネットワークと連動する中で、東京の統合中心機能は強化され、日本国内における相対的地位が押し上げられていく。とりわけ天皇や宮内庁を中心とする「皇」、各種政治・行政組織に代表される「政」、旧財閥に代表される大企業とそれ以外の中小企業等の「経」という三者の関係性のもと、〈皇－政－経〉の三位一体の空間の中心として組織化された東京駅の開業は、真の意味で東京の「都市の意味」の転換点として位置づけられよう。

② 「丸の内」のビジネスセンター化――「モダン東京」の誕生

他方で、三菱による丸の内地区を中心とするビジネスセンター化の道筋に目を向けると、陸軍から払い下げのあった一八九〇年までさかのぼることができるが、加速度的に開発が進展したのは東京駅完成以後から関東大震災前に丸の内ビルディングが完成するまでのあいだのことであった。折しも直後に起きた関東大震災によって、古くから経済の中心であった日本橋地区の被害が大きかった分、被害の少なかった丸の内地区へと事業所の集積が進んだこと、また大正天皇の崩御により昭和天皇が「強い天皇」として表に出てくることで、皇居－行幸通り－丸の内－東京駅の軸線は天皇のまなざしの下で組織される〈皇－政－経〉の三位一体の空間として完成するにいたり、東京は天皇を頂点とした「帝都」へと変貌していく。ここで生まれた東京における〈皇－政－経〉の三位一体の空間を中心とする、郊外へと都市が無秩序に広がっていく「一心型空間構造」は、長い期間にわたり東京の性格を規定し、定着していくことになるのである。

③　東京の「都市の意味」の再検討――「モダン東京」の相対化と「丸の内らしさ」の模索

そして第二次大戦を経て、丸の内地区での占領軍の占領政策により天皇の存在が相対化されはじめると、〈皇‐政‐経〉の三位一体の空間形式と強い中枢性にほころびが生じはじめる。高度経済成長下による都心部への中枢機能集中とそれに伴う高層化が進行し、オリンピックを目指した都市改造が行われる頃には、再び東京の「都市の意味」をめぐる議論が活況を呈する。それは明治初期と同様に、一部市街地化や全面移転を含め皇居を俎上に上げる形で論じられた都市改造の議論であり、東京の方向性を問い直す動きでもあった。丸の内地区における旧東京海上ビルと皇居の関係が焦点となった一九六〇年代の美観・景観論争もこうした文脈で理解する必要があるが、結果的に丸の内地区でのこの論争は、他の大都市地域とは異なる道を選んで自主規制という形で高層化を押さえる方向へと動いていく。

④　「世界都市」東京と新たな「丸の内らしさ」の構築――東京からＴＯＫＹＯへ

さらに「世界都市」化が叫ばれ、民活路線の進行と、バブル景気によって土地への投機による資本蓄積が行われる状況下で大規模開発が進行した一九八〇年代においても、丸の内地区に関していえば、東京駅の取り壊しは市民有志の保存運動によって阻まれ、丸の内の再開発計画も発表と共に大きな批判を受けた。

その後昭和天皇が崩御し、東京都庁も新宿へと移転していく中で、丸の内でも急速な形で超高層ビルの風景がヴァナキュラーな風景として根付きつつある。事実、二〇〇二年以降に急速に進められてきた「都心再構築」の流れは、ひとまず終息の兆しを見せつつあるものの、丸の内地区では、旧三菱一号館という歴史的建造物の「復元」（「特例容積率適用地区」制度の利用）と一五〇メートル級の「丸の内パークビルディング」の建設（「都市再生地区」制度の適用）をパッケージングした「丸の内ブリックスクウエア」の竣工（二〇〇九年九月）を皮切りに、東京駅前周辺の活気と賑わいを一〇年間かけて大手町や有楽町へと波及させる「丸の内再構築第二ステージ」（三菱）へと突入しており、日々刻々と姿を変えていくまちの姿を目の当たりにすることとなる。

こうして明治から現在に至るまで、東京／日本の心臓部（The heart of Tokyo）となっている丸の内地区における リストラクチュアリングの過程をたどっていくと、いくつかの疑義を覚えることになる。戦前において〈皇‐政‐経〉という三位一体の空間形式のもとに非常に強い中枢性を持つにいたり、社会的にも空間的にも中心となったはずの丸の内地区が、なぜ戦後に入って高度経済成長期やバブル期という、こぞって開発に進んだ時期に積極的な開発に進まなかった／進めなかったのか。またそのような形で独自の「都市の意味」をつむぎ出してきた丸の内地区が、なぜ今になって開発へと踏み出した／出せたのか。そしてその要因は何であり、天皇制や官僚制、市場原理などの諸原理が有機的に結合していく中で生成される秩序観を（空間的に）表象していた空間と社会のあいだにはどのような齟齬が生じたのか。東京という都市の存立構造をめぐる重要な課題が、丸の内というフレームの中には多層的に積み重ねられている。

このような問いのもとに、本書では丸の内地区を形成してきた都市計画や再開発、そしてそうした開発をめぐる数々の応答も含めた「空間の生産」のプロセス（さらには広義の「都市づくり」）の記述を通じて、丸の内を取り巻く〈皇‐政‐経〉、そして多様な形で丸の内との関わりをもつ一般の人々を含めた「民」など多様な歴史的行為者間の利害や価値をめぐってつむぎだされる「都市の意味」の変容とそれに伴う都市社会変動（すなわちあるひとつの近代）を理解することに関心を向ける。その上で景観・歴史・文化・社会構造上の普遍性とユニークネス（特質）の観点から浮き彫りとなる丸の内という「場所」の現在へとアプローチしていくことで、「世界都市」東京の基層に存在する「モダン東京」の現在を明らかとするのみならず、丸の内や東京都心、そして「東京」という都市をめぐる想像力のあり方も明らかとなっていくはずである。

2　本書の構成

本書における論点を大まかに整理すると、①東京の中心部に鎮座する天皇／皇居の社会的位置の変容を視野に入れた天皇制と資本制、都市空間の関係性の検討、②「移動」性と身体、そして空間・場所の関係性の検討、という二点に集約できる。

まずは次章で斯学における各種先行研究の成果を踏まえ、分析枠組みを構築した後（第一章）、丸の内誕生前史として、江戸時代から明治時代へと移行していく中で行われた、東京という都市空間構造の再編に際し、浮上する天皇（「皇」）の存在と、様々な「移動」性の構造転換が果たした役割を関連づけて考察を行うところから稿を開く（第二章）。この章を基点としながら、先述した二つの論点を往還する形で、各章の主題は結び付けられていく（図1参照）。

主に前者に軸足を置いたものが、「都市計画」という〈技術〉と「都市政治」という〈場〉の成立が果たした役割について考察を行った第三章、および数十年にわたる美観・景観論争を題材として望ましい都市像（「丸の内らしさ」）の変容について、主に「都市づくり」の観点から接近した第五章である。これらの章では、丸の内という「場所」の表象の歴史としてだけでなく、丸の内という「場所」の「問われ方（問題化）」の歴史を対象とした分析を行っている。

そして後者にあたるのが、空間と社会、身体の関係を大きく変容させる「移動」を媒介するメディアとしての鉄道など、「交通」の存在に着目し、様々な主体や身体が交錯する中で浮上してくる丸の内という、開かれた「場所」の存在について、「移動すること」と「見ること」による都市空間の生産という視点から読み解いた第四章で

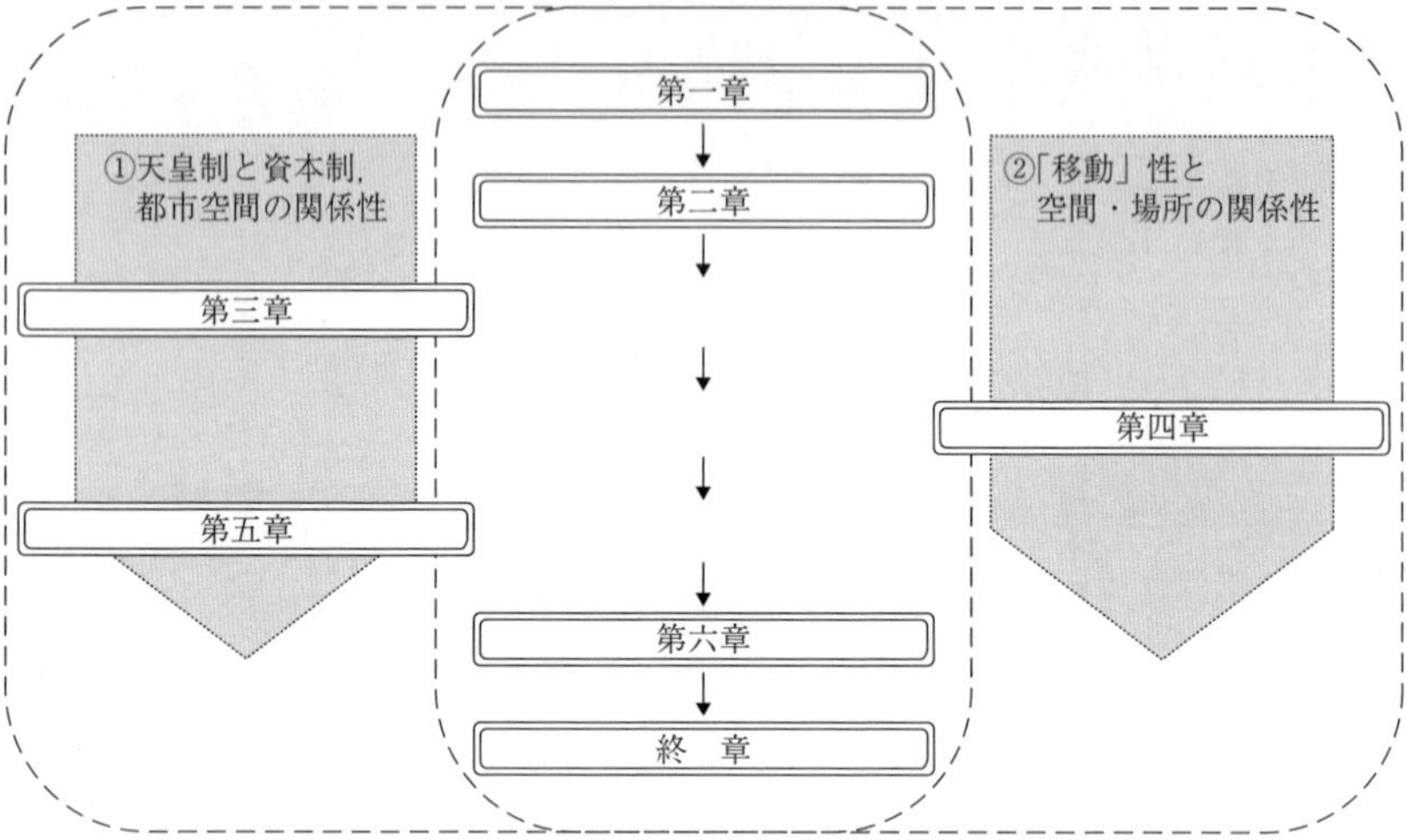

図１　本書全体の見取り図

出典：筆者作成。

ある。

　これらの歴史社会学的分析では、天皇制という知、そして認識のあり方が大きな影響力を有してきた中での歴史的行為者間の対抗・相補関係が分析の焦点となり、そうした認識のあり方のもとで成立した東京駅を頂点とする「交通」網によって物理的にも想像的にも覆いつくされる、「モダン東京」のあり方も浮かび上がってくる。

　さらにこの論旨を「現在」へと結びつけるのが、二〇〇六年に実施した「『丸の内らしさ』に関する調査」（「丸の内調査」）のデータを用いた研究成果にあたる第六章である。「丸の内調査」は、都市再生政策と開発主体である三菱の方針転換の中で浮上する丸の内という「場所」の現在を、立地過程（「移動」）に関わる事業者が丸の内にむけるまなざしから読み解いたものである。本章では、「経」、すなわち資本の論理が優越する「昭和」終焉以降の丸の内が対象となり、（資本にとっての）「場所」の差異を生み出す側と、それに引き寄せられる側の分析を行い、丸の内という「場所」を再構築していくプロセスとその実態が明らかとなっていく。

第一章　歴史的存在としての「モダン東京」

1　日本都市社会学における「都心」という問題構制——都市・空間・権力

(1)　本節の問題設定

一九八〇年代以降に現れてきた都心に関する議論は、都市・地域社会学において様々な意味で転換点であったといえるであろう。このことは奥田道大の「都心論は、都市社会学研究の古くて新しいテーマであるが、大都市郊外周辺部や地方都市をフィールドにしたコミュニティ論の割合には、大都市中心部、特に都心論のテーマ化は、調査研究面で『空白』をなしていた」（奥田 1988：7）という言葉に端的に表れている。

また、近年都心回帰や都心居住としてテーマ化される「定住都市」としての東京像や、六本木や丸の内、汐留など再開発と共に「集客都市」としての色合いを見せ始める「都心」に対し、われわれはどのように言及すればよいのだろうか。

こうした問題意識のもとで本節では、日本における都市社会学の「都心」に関わる論点について、主に空間と権力の関係からの接近を試みたい。「都市空間」と「権力」の問題はそれ程新しいテーマではないが、特に「世界都市」研究やグローバル・シティ研究が興隆した一九八〇年代以降、社会的不平等や階層分極化の文脈で論じられている〈アンダークラス‐ゲットー化〉〈アッパーミドル‐ジェントリフィケーション化〉など、空間形成という契機を伴った社会的セグリケーションという排除の問題に焦点があてられてきている。こうした様々な形で表出する「排除」の問題を「都心」空間と権力の関係性から整理しつつ、都市社会学研究の先行研究を逆照射することで、研究蓄積が手薄である「都心」研究の立脚点を形成したい。

(2) 都市社会構造図式における「都心」

戦後日本における都市社会学の研究は、一九五〇〜六〇年代にかけて提示された都市社会構造図式など生産‐消費の相互規定性を問題としたマクロフレームの研究と、一九六〇〜七〇年代にかけての地域集団／コミュニティ形成論というミクロフレームの研究とに分離していた。これは同時に、双方の研究の「対象」（中心部＝生産面、周辺部＝消費面）および「方法」（中心部＝構造分析研究、周辺部＝地域集団研究）の分離をも意味していた（和田 1989：16）。しかし都市「認識」の問題としては、都市社会構造図式や、都心論においてその基軸として設定されていたシカゴ学派に属するバージェスの同心円地帯理論のように、空間の機能的分類（職住分離）に縁由し、かつ中央（都心）‐周縁（郊外）という普遍的なコスモロジーと接続した社会学的近代主義のダイアディズムにおいて把握されているという点で同一線上に位置していたといえる(1)。

「都心」に関して言えば、とりわけその集積性や中心性、あるいは結節性（≠媒介性）の認識が問題化されるのだが、その力点の置き方は論者によって若干異なる。以下では代表的な四人の研究者の論点を整理しておこう。

たとえば戦前の都市研究において「最大の業績」と目される奥井復太郎の『現代大都市論』では、大都市の「都心・盛り場」についてかなりの言及を見せている。奥井は、都市地域構造が「都心‐交通機関‐郊外」から構成されていると論じた上で、高級小売商店街や行政・文化的中枢、それに金融活動の中枢などビジネスセンターとその付属地たる盛り場という特殊地域に、中心地としての「都心」を見ている（奥井 1940：302-303, 319）。

他方で奥井は、大都市発展過程上に位置づけられる特殊地域形成の徹底化と、その地域的拡大によってもたらされる都心地区の完成が、常に住宅地の解消による居住者排除というプロセスをはらんでいたと指摘している（奥井 1940：301-303）。こうした居住者排除を通しての特殊地域の形成は、同時に都市への「中心機能の地域的結集」や空間的交通網の「結節的機能」の集積を通じて行われる「支配関係の中枢」化のプロセスでもある。こうした知見は、現在までの「都心」研究を支える基本的視点であるといえるだろう(2)。

奥井の定義、とりわけ「結節性」（媒介性）の側面から都市間関係のヒエラルヒーを概念化したのは鈴木榮太郎である。鈴木は都市を社会的交流の「結節機関」として捉え、ビジネスセンターに力点を置いた、「結節機関」の集積した場としての「都心」論を提起した。鈴木の都市「認識」の基軸にあるのは、結節機関の集積と「正常人口の正常生活」という二つの空間的秩序によって支えられる（農村とは異なる）聚楽社会であり、その中心である「都心」とは、支配や統制、文化機能など上位の結節機関が集積し、また「その都市の範域をはるかに超出している」影響力を有する地域と定義づけられる（鈴木 1969：131, 421）。

しかしながら鈴木の「結節機関理論」では、実証的レベルでは都市間関係が所在する諸機関の上下（支配）関係に置き換えられて捉えられるため、理論的レベルで有していた個人の〈ニード〉という出発点も、媒介性の領域を含意している社会的交流の「結節的機能」という側面も等閑に付されてしまった。こうした媒介性と支配体系、また影響力と権力を混同した点について反省が求められるが(3)、都市／地域間関係の不均等を明示した点は評価できる。

また、鈴木の「結節機関理論」に前後して、矢崎武夫は「統合機関理論」を発表しているが、日本の都市研究に明示的に「権力」の視点を打ち出した点、つまり機関相互の厳しい緊張や激しい競争、葛藤といった動態的な中心性組織化のメカニズムと過程を明らかにした点にその独自性が求められる。

矢崎は、日本都市の歴史的形成過程に「権力」の視点を導入しながら、都市について、大規模化された統合機関の集中地点（その頂点としての「都心」）であり、また支配層が統合活動を行う中心的核であるという規定を行う。大量の人的・物的資源を統合しようとする様々な利害や目的を有する機関が種々の権力を行使しながら、垂直的・水平的に都市地区間、他の都市や農村、またそこに所在する機関相互を統合／関連させようとする動態的なメカニズムを理論化しようとしたのである（矢崎 1962：50）。

矢崎の統合機関理論は、奥井の「支配的中心」や鈴木の結節機関理論を政治的次元で明確化しており（中筋 2002）、「結節機関一般の支配性、搾取性、政治性を問題」化し得た点で鈴木のものより一歩踏み込んだ展開をみる。くわえて、それとほぼ同時期に都心構造の分析を正面にすえ、違う形で大都市の要件を求めた磯村英一についても言及しなければならないだろう。磯村における対象としての「都心」とその問題構制[4]は、一九二〇年代に立て続けに行われていたスラム、浮浪者、売淫《ママ》等の底辺社会における社会病理現象、そしてそこに見え隠れする（社会的）排除や差別問題に焦点を据えた都市社会調査群に出発点が求められる。そこから『区の研究』『防空都市の研究』を経由しながら、戦後の『都市社会学』『都市社会学研究』などによって徐々に結実していく「第三の空間」論は、「人間性」（⇒共同性）への着目を通して展開していく。

そのため「第三の空間」論では、地域社会や職場における役割や規範から解き放たれた人々が、「自由」と「平等」を享受できるマス的な「人間性回復」の場としての都心・盛り場が論じられる。タテ・ヨコに流動する人々の階層的な変動の中で、ある種の定着が図られる場として「なわばり」を有する「なじみ社会」が形成され、これが第三の空間と重なり合う過程において、〈地域的生活協同体関係〉に支えられた都心像が浮かび上がるのである。

ここまで四者の議論を概観してきたが、奥井・鈴木・矢崎の認識に共通するのは、機関の集積による都心地区の形成と、異なるレベルでの「空間的」排除という事態であった。

しかしながら結局のところ、奥井や鈴木、また矢崎にしても、実証的には都心の中心性組織化のプロセスに関しては、機関の集積という記述的かつ静態的な分析に留まってしまった点を指摘せねばならない。鈴木は「正常人口の正常生活」に見るように個人／行為レベルでの接近可能性を（理論レベルでは）残していたし、矢崎にしても東京都心を対象に実証的レベルから接近を試みていたのであるが、結果的に双方とも機関の種類や規模、数の集積状態からの分析に終始してしまったのである（和田 1989：24）。こうした要因としては吉原直樹が論難するように、空間の機能的分類に定礎し、支配の形而上学に陥った形態論特有の理論的バイアスの問題が伏在していたためだといえよう（吉原 2002）。このような経緯や、研究対象が水平的な観点からの地域集団の検討へとシフトしていったこともあり、これ以降の研究は一九八〇年代を待たなければならない。

他方で磯村の「第三の空間」論に関しては、底辺社会における「存在」の排除を逆照射する形で、「都心」を自由な空間としてシンボル的に見据えていた点において「異質」であり、その後の研究展開を鑑みると、こうした磯村の研究の影響がいかに大きかったかがわかる。

このように四者に共通しているのは、矢崎も含め、権力の行使による空間的排除のメカニズムそのものには目が向かなかった点である。しかしこれらの論者は、都市の中心的機能としての「中枢管理機能」が急激に蓄積されていった一九六〇年代の大都市の構造分析、とりわけ対象としての「都心」を焦点化するにあたって大きな役割を果たしたことは間違いない。

（3）　生活構造／コミュニティ形成論における「都心」

一九六〇年代までの都市社会構造の文脈を横目に見ながら、一九七〇年代半ばまでは文字通り「空白」をなしていた生活構造論、地域集団／コミュニティ形成論の文脈における「都心」研究であるが、七〇年代末に入り徐々に「都心」という対象が浮上し始めてきた[5]。

奥田はこれらの理由について、①六〇年代とは基調を異にする都市問題の発生といわゆる「都市の危機」認識、②深刻な大都市圏自体の相対的位置の低下と中心都市衰退現象、そして具体的な政策面で接点を見せる「都市再生」、③研究面における「都市の危機」に焦点をあてた、ヨーロッパ発の新都市社会学の台頭とシカゴ学派に立脚した既存研究の見直し・再読、という世界的潮流をあげている（奥田 1983：274-280）。そして、それを東京を見据えた自らの研究の流れと交差させ、①都市化社会から都市型社会への大都市社会構造の基調変化、②大都市中心地域の危機＝衰退化現象（インナーシティ問題）、③「大都市生まれ、大都市育ち」の自然増人口優位の時代、および中心地域志向をもつ彼らの「本格的都会人」の時代への移行、という三点の論点を提示している（奥田 1985：112, 270）。それではこのような時代認識は、どのような「都心」研究の展開を押し開いたのであろうか。ここでは最も端的な例である奥田道大と鈴木広の研究をとりあげる。

奥田は、自らの研究史上の流れを振り返りながら戦略としての都市社会学研究の再組織化を掲げ、住民運動からまちづくり型へとその質を変えてきた、コミュニティ形成論の蓄積にのっとった中範域の「都市像」の構想を行おうとしていた。それでは実際に奥田によって焦点化された「都心」とはどういうものであったのか。

奥田における「都心」は、「ＣＢＤ（中心業務地区＝Central Business District）」「ノーマンズ・ランド」といわれる単一機能のそれではなく、周辺の住商「工」混合地区などの既成市街地をもゆるやかに含む、業務空間と居住空間の二元的構成を特徴とした定義となっている（奥田 1985：111-112, 142）。奥田のこうした「都心」概念の構築に結びついていたのは、①研究上の目的（コミュニティ研究の再考、およびコミュニティ複合類型化を実現する質的再定義）、②居住人口の減少による地方自治体の危機意識の発現、③「都心」のリアリティを争点とした実態調査報告と政策提言という実践、という三つの事情であろう（奥田 1999）。

結果はともあれ、奥田はこれらの過程において、（業務空間化の進展との対抗の中でも）様々な経緯で集合的記憶をとどめながら存続している神田三崎町をはじめとした「町」の存在と、そこで繰り広げられる様々な生活上の動機（仕事や行事、人付き合いなど）を契機として「町」と結びついているネットワーク型の都市的居住形態、多様なライフスタイルから発想される多様な生き方や住みつき方、関わり方を発見する。この段階における「都心」は、多様な「住まい方」を契機にして関わっていく、「こと」（出来事）や「もの」（施設）によって媒介された空間として位置づけられるようになる。

また奥田における「住まうこと」概念の外延化（場所とネットワークのテーマ化）は、大都市都心部における主体形成についても大きな問題を同時に投げかけることになる。つまり当該地域で働く労働者も含めた非居住者や、行政を含めた主体の複合組織化とそれを支える規範の問題、またそこで問題化される都市政府の位置と対象となる「住民」の再審、ともいうべき今日にも通ずる問題の萌芽が見え隠れしているのである。[6]

他方でこの時期における「都心」への異なる側面からのアプローチとして、鈴木広の「価値空間」としての側面についての論考もまた示唆をもたらす。鈴木は、バージェスらの議論を参照しながら、①諸機関・施設の集中による職住分離と都心空間の非居住空間化の進行、②都心の一元的支配による都市生活圏全体の組織化、③都市依存圏、利用圏、支配圏、勢力圏という様々な都市間関係の結節点、という三点の都心の特質を述べる。そしてこのような状況下においては、「都心」に関わる契機としての居住は、仮に基底であるにしても、生活の全体ではなく、ましてや精緻な分業体系として成立している都市的世界の全体ではない、という認識を示すにいたる。鈴木はこうした都心のあり方を第二次生活圏と定義づけ、日用品以外の店や日々の生活に必要なもの以外の必要性を充足する機関が存在し、またそれを求めて日常生活圏である第一次生活圏から抜け出して様々な未知の人々が集まる、いかほどかのハレの行動圏であると説明を加えている（鈴木 1986）。

こうした観点に立つ鈴木は、「価値空間」としての「都心」へと言及し、「都心」を支える要素として、①全ての生活者が、何らかの程度において、必ず参与し共通の関心を持つ空間であるという参与の普遍性、②互いに未知なる人々の群衆状態、③多種多様なクライエント層を有する、創出する満足の社会的総量が最も大きい空間、という三点を挙げる。そしてこの三つの原則に従う限りにおいて、「都心」は「面白」感覚の焦点として、仮構的・気分的にせよ、日々の統合の意志の象徴として表出するため、資本にとっての利潤追求の空間、また生活者にとっては意識すると否にかかわらず価値空間として、両者の不可分の結束において反覆・再現される。それ故に「都心」構造は、権力や資本などが地域に面する空間として、徹底的に疎外された場合において、かえって最も充足した連帯への意志の残影が演出されるというメカニズムを有しており、市民は都心に匿名の存在として関わることで、逆に都市という集合体への主体的参与の意識を与えられるのだという（鈴木 1986：478-481）。

こうした居住のみに基軸を置かない「都心」への関わり方の模索は、その力点の置き方は異なるにしても、同時代の奥田などの議論と同様の認識を示している。奥田にしても鈴木にしても、「都心」が有する市民感覚を統合させるシンボル性の存在を認めており、過度の業務空間化によって人々がそうしたシンボルへの関与から疎外・排除されていく様子をそれぞれ異なる立場で描いている。奥田はシンボル的意味を持つ都心を舞台として、「こと」を通じて営まれる広義の「住むこと」の秩序づけを焦点とした「都心型コミュニティ形成に関わる問題」と「都市再生」をむすびつける戦略的立場を明示する（奥田 1983）。また鈴木は、それほど積極的な働きかけは行っていないが、都心から居住空間が排除されていく過程において、狭義の「住むこと」という基盤とは異なる「都心」への立脚点を提示した戦略的態度を採用する点で、同様の立ち位置を占めているものといえる。どちらにしてもこれらの知見は、D・ハーヴェイがいう所のシンボル性や場所性を媒介とした公共空間における、共同存在と共同の記憶によって達成される心と感情のコミュニティという、対面的な相互作用とは異なる次元でのコミュニティ感覚の問題を焦点化する礎を築いたともいえよう（岩永 1996）。

（4）「世界都市」研究のインパクト

一九八〇年代をとおして、「世界都市」に関わる様々な言説が交わされた。無論「世界都市」という言葉じたいは以前から使用されていたものであるが、ここでいう「世界都市」概念の有効性を簡単に説明するならば、「単なる世界規模の大都市という意味の概念ではなく、グローバルなコンテクストの中で都市の変動を考える視点」（町村 1994：3）ということになろう。

こうした視点に基づく「世界都市」研究において最も代表的な存在として挙げられるのは、一九六〇～七〇年代にかけて論争を巻き起こしていた「新国際分業論」や「世界システム論」などの成果を踏まえ、都市外部‐内部双方の社会過程を関連づけて論じたJ・フリードマン、そしてその視点を労働力移動や階級分極化などの局面から具体化したS・サッセンである。

フリードマンは「世界都市仮説」において、都市の世界資本制システムへの組み込みとそれに適応する社会‐空間構造の改変、という第一仮説を含む七つの仮説（拠点性、雇用、階級分極化、空間構造、国家財政などの変動）を提示した。「世界都市」研究は、フリードマンが提出した「世界都市仮説」やその後に続くサッセンの議論などを基に、そのモデルを修正する形で蓄積されてきたといっても過言ではない。

また、サッセンは、「世界都市」が有する中心性や結節性（媒介性）がどのようにして形成されてきたのかについて、多国籍企業の意思決定中枢の集中およびそれ以外の部門を外部化し分散させるプロセス（経済活動のグローバル化）と、現代の基軸産業ともいうべきサービス業の興隆、とりわけ法律事務や会計事務などの専門サービス、情報サービス、対事業所（法人）サービスが発達していくプロセス（産業構造のサービス化）を同一線上に位置づける形で、経済活動の新しい構造のありようを考察している（Sassen [1991]2001）。

同時にそうした状況は、規制緩和や民営化をはじめとした特定の制度的変化、およびそれを推進するような国家政策などの形で、都市空間や都市政治に対しても様々な帰結をもたらす。サッセンはそこからグローバルなプロセスが、部分的には都市への集中＝中心化を通して行われている点、すなわち「世界都市」化のプロセスがグローバルな経済に適応するべく、（一部の）空間的な組織化（経済活動を支える企業ネットワーク統合を促進する、情報回路が埋め込まれた都市空間の創出）を通して行われている点を看取する。

無論そうした経済的・政治的再編の影響は都市社会構造にもおよんでおり、①製造部門を中心とした中所得職種の雇用供給の減少、②生産者サービスを中心とした集中化による、管理専門職をはじめとした高所得層と、ビル清掃や警備をはじめとした低所得層双方の雇用増加、③高所得層の生活様式を支える低所得層のサービス職の雇用増大、という三点の生産面における社会的分極化の存在が、今まで以上に焦点化される。加えて、旧来の研究では見落とされていた、高所得層と低所得層の生活様式間の乖離という消費領域の社会的分極化の存在にも、「世界都市」研究の視野が拡大している点も指摘しておくべきだろう。

このような研究成果は、当然日本の都市社会学にも受容されていく。その要因としては、「貧困」や「社会的不平等」の問題など伝統的都市観との合致や、都市構造論の歴史に位置づけられる「都心論の再構築」という意味の保持、先述した鈴木榮太郎の「遠く隔たった地域同士の結びつき」を根底とした都市形成論（結節機関理論）との親和性の高さなど、過去から未来への研究の〈連続〉性を担保する土壌があった点が挙げられる（町村 2002）。(7)

（5）「都心」論の再構築に向けて

それでは、こうした新たな都市社会状況とそれに対応した「世界都市」研究のインパクトは、「都心」論にどのような帰結をもたらしたのか。結論からいえば、研究領域や方法の拡大・拡散と多様化という事態を生み出すにいたっている。これは中筋直哉が論ずるように、前述した鈴木広や奥田道大、それに倉沢進や高橋勇悦など、第二世代を自認する人々の到達点の継承と乗り越えを目指す一方で、新しい社会状況やそれに対応する理論や方法との間のギャップを埋め切れていない点、すなわち都市社会に関する構造化された問題関心＝都市社会学として必ずしも結実できていないことと無関係ではない（中筋 2005：219–220）。こうした事情を踏まえ、ここでは分析視角ごとに整理を行っておこう。

東京における都心空間再編の問題に限定すると、日本に関していえば従来から続くＣＢＤである「外堀内側」地区への高度集積と（地理的）外延化という経緯を見ている（和田 1986）。

都心地域における権力集中＝中枢管理機能、とりわけ「意思決定機能」のような高次の機能集中空間の拡大過程は、同時に生活化空間の縮小過程でもある。たとえば奥田道大と和田清美は、奥田の都心コミュニティ論構築と符節を合わせる形で、都心町内会調査によって看取される住民組織の形骸化からこうした問題への接近を試みる（奥田 1983, 1985）[8]。

なお和田が同時に示している、政治・行政・経済による都心空間の占有問題に対する「権力」という視点を媒介とした機能論的な見解は、先述した矢崎武夫以来の系譜であり、「世界都市」研究やバージェス流の（生態学的な）の図式化を伴う『東京の社会地図』プロジェクトも含めた「都心」論における一般的なものである（和田 1986）。しかしながら「世界都市」論的な視点が導入されたその後の研究において、こうした観点からの都市コミュニティ論の批判的検討がなされているが、機能論的な「権力」分析と奥田の都市コミュニティ論との接合に苦慮している様が浮かび上がってくる（和田 1989）。

結果的に和田は「権力」分析の機能論的バイアスの存在を否定した上で、そうした事態に対して都市コミュニティ論より枠の大きい「地域社会」論的接近を提案している。「地域社会」という概念によって「居住」に限定されがちな都市コミュニティ論を乗り越え、中枢管理機能や生産機能の場に限らない「労働」の場も含めた問題としての再定位を目指した和田は、ここで労働組織と居住組織の共同関係という、奥田がアイディア的に提示した「（地域）共同性」を媒介としたアプローチを導出するのである。(9)

ちなみにここで問題化される「共同性」とは、バージェスの議論を基礎に置き、徹底した生態学的なアプローチによってCBDにおけるコミュニティのありよう、つまり「共通の職業的関心に根ざした」空間的モラル秩序によって成立するビジネスコミュニティや、「民主主義的原理」に基づき「協同の生産と資金政策をとおして」形成されるインダストリーコミュニティの存在に言及したE・S・ジョンソンの見解をベースとしたものである。

こうした見解は、えてしてマクロもしくはミクロへと視点が分裂しやすい議論において、具体的な方法と「都心」空間へのメゾレベルの接近可能性を開いたという点で評価できる。

また、「権力」と「都市」論における新しい展開としては、「権力」観そのものの構造転換による新しい位相の「権力」と「都市」分析の可能性が開けてきている点を指摘できる。

たとえば浦野正樹らは、一九八〇年代の東京都心部における「土地問題の顕在化」現象の検討を通して、「高度経済成長」の邁進を支えていた社会的合意調達メカニズムと「社会的安心装置」の意味とゆらぎを再考しようと試みている（浦野ほか 1994）。浦野らによれば、日本における高度経済成長政策などの急激な社会変動を支え続ける要因として、社会的合意を調達するメカニズムと社会的コンフリクトを回避し人々の情緒的安定を確保する装置（「社会的安定装置」）の存在があったとする。(10)「社会的安定装置」のゆらぎとは、すなわち一九八三年からはじまり八九年までおよぶ「地上げ」や「地価高騰」という形で現れた「土地問題の顕在化」現象によって、土地所有規模の零細な世帯や借地・借家世帯の地域からの大量転出による社会的・空間的排除に伴う人間関係の剝奪や、資産額の増大に伴う相続をめぐる家庭内不和と近隣の利害の相違に伴う紛争の出現など、心理的安定や相互扶助システム、近隣社会に存在していた規範の解体へと結びついていったことを指しているものである。しかもこうしたインパクトの大小は、土地所有及び職業・事業内容による階層の差異によって異なり、上昇に乗り遅れたもの、あるいは拒んだものを都市生活の影の部分へ排除することによって成立した。その結果、各社会集団の下位規範や相互扶助システムなど「社会的安定装置」や社会的合意調達メカニズムに亀裂が入り、社会的合意調達システムの矛盾が表出し、構造的要因に端を発する公正－不公正の軸の意識化と、様々な政治的次元の問題の表面化へとつながっていったと指摘する（浦野ほか 1994：186-192）。

このような興味深い事例において着目すべきは、社会的合意調達システムの「様々な社会的紛争／問題を経済現象の文脈に押しとどめる政治手法（「所得倍増」政策とその後の保守政権による政策）と、生活領域への「公」の介入（マイホーム主義や住宅政策など）、そしてそれに適合したライフスタイルの普及という形」であり（浦野他 1994：169）、ここに権力観の転換、すなわち「ある不満が決定を求める『一人前』の争点へと成長する事を効果的に妨げる」という権力の「非決定」論的視座が看取される[11]。つまり社会的合意調達システムに入った亀裂の中に、「生活の豊かさに必要な要素とは何か？」という根本的な問いに対する、社会的・経済的システム、そして物質的に豊かな大衆消費文化を前提とした生活システムの組み替えという、政治的・社会的争点の排除と浮上が見据えられているのである。このように都市研究への新しい権力観の導入は確かに研究のカバレッジを広げつつある[12]。

また町村敬志は、こうした争点の相対化あるいは限定化について、より制度的・構造的要因に目を向けた検討を加えている。町村は、彼が明確に「都市構造再編連合」と名づける（「成長」の方策としての都市改造政策の具体化という目的実現のために）多様な利害を有するアクターが組織化する、あるいは組織化された状態についての動態的考察において、こうした「権力」観の転換とそれを支える組織論的転回を自覚的に摂取しているのである（町村1994）。町村は一九八〇年代に都心衰退問題を横目に見ながら行われた都市政策、とりわけ「成長」を目指す「都市改造」政策へと舵を切っていくプロセスの検討にあたって、まず新たな展開を迎えているコミュニティ権力構造論の再検討を行っている。その上で、個別利害が結びつくダイナミズムを明らかにする「コアリション（連合）」と、制度的形態を問題とする「コーポラティズム」論、そして都市政府を外部によって規定される受動的な存在として捉える旧来の研究の認識を乗り越えた、「都市政府の相対的自立性」への観点を導出している（町村 1994：104-106）。

これらの考え方には、本来利害を異にするアクターが「都市」というコンテクストの中で共通の利害を形成してくるのはなぜか、というアメリカの都市政治上の問いへの応答と（平川 1990）、同様の出自と見地に立った争点を「成長政治」に限定する政治経済学的アプローチに特化した都市政治研究の影響が大きく現れている[13]（中澤 1999）。

つまりこうした都市政治をめぐる問題構制は、権力の獲得と行使の水路づけを行う力そのものについて（たとえば都市間競争正当化のイデオロギーなど）や多様な非決定の権力の行使方法についても、同時に焦点化することを可能とするのである。

さらに、現代的文脈をふまえた議論として着目すべきは、園部雅久の「エステ化する都市」の議論であろう。これはメディア研究やカルチュラル・スタディーズによる議論としては一般的なものではあるが、都市研究においてはS・ズーキンらによって一九八〇年代半ばから俎上にのせられている。一般的な「世界都市」研究との違いは、サッセンなどの「世界都市」研究が政治経済的視点からの接近と、そこから透ける社会構造や階層構造を問題にしているのに対して、より都市文化や都市空間そのものの再編成に焦点を当てたものとなっている点である。

園部は、私的なものと公的なもの、また文化と経済といった様々な制度が錯綜しながら、（市場が）場所を侵食していく「空間の商品化」のプロセスを論ずるズーキンの議論と、都市の社会的不平等という古くて新しい議論との接合を図る。[14] その上で園部は都市の社会的不平等研究の射程として、①都市の社会的不平等をうみ出すプロセス、②様々な社会現象を統合する媒体としての場所・空間に焦点を据えた、より広い文脈での社会的不平等と空間形成の検討、③文化やライフスタイルの重要性、④社会的セグリケーションと都市政治の関係の四点を取り上げ、ジェントリフィケーションをはじめとした都市空間の商品化という事態が、これらの問題と大きく関わっていることを指摘する（園部 2001：23-25）。

このような空間形成をめぐる論理については、シカゴ学派で主題化された社会的セグリケーションの問題とは異なり、国家や政府の住宅政策や都市政策など広い意味での都市政治に注視する必要がある。具体的には郊外化やジェントリフィケーション、ゲットー化を伴う空間生産が、文化的価値やライフスタイルを共有した社会層形成にどう影響を与えるかという問題、とりわけ現在の都心居住を推進する政策や民間企業が行うジェントリフィケーションの動きの中にある、ゆるやかな形で見られる様々なバリア（家賃・家族形態・所得・税金など）の存在と、それに伴う特定社会層（階層）への対象特化（新しいミドルクラスの発見）、そしてその特定社会層が有する影響力という点が争点となるであろう。

こうした特定社会層とそのライフスタイルが有する影響力について、園部は最近の論文において、都市政治学者のH・ボシュケンの議論を参照しつつ（Boschken 2003）、特にボシュケンのいうところのアッパーミドルクラスの存在とその都市政治への影響力について検討を行っている[15]（園部 2005）。園部は、アッパーミドルクラスの人々が運動や圧力によって都市政治に直接影響力を与えているのではなく、この社会層の人々が社会の中核的存在として、その人々のライフスタイルを通して間接的に都市の開発政策に影響を与えている点に着目した上で、C・ストーンの「システミック・パワー」概念を用いた、都市政治に対するアッパーミドルクラスの影響力というボシュケンの考え方に対して一定の評価を与える[16]（園部 2005：56-57）。無論、「政策決定者が多様な価値観のどれをなぜ選択するのか」という争点の相対化・限定化に対しての説明力に欠けている向きもある。ただ都市間競争の旗印のもと推し進められる「世界都市」化の流れが、経済保守主義・社会進歩主義という政治文化に適合的な（理想としての）アッパーミドルクラスのライフスタイルや価値観に支えられているという認識はそれほど的外れなものではないし、政治経済的アプローチに特化した都市政治研究ではすり抜けていく、都市文化を焦点とした権力への視座の担保も可能であろう。

またこのような経緯を経ながら、パッチワークされた「きれいな」景観を有して生み出されていく都市空間では、近年そうした景観を維持するために必要となるセキュリティと空間の価値向上という観点からの新たな排除の問題も表出しつつある。高度な管理／監視下における「存在」の（視覚的／強制的）排除の問題と、それを可能にする新たな公民協働関係によってもたらされる制度改変のフレキシブル化[17]の問題である。こうした空間利用と空間占有をめぐるコンフリクトは、私的に所有／管理された公共空間の問題として、言い換えれば公共空間としての都心をいかに問うていくかという問題として重要なものであろう。これらの問題設定は、前述した鈴木広の価値空間の議論との接続可能性の検討も含めて、研究の蓄積は端緒についたばかりである。

ここまで一九八〇年代半ば以降の「都心」を焦点化した研究について概観してきたが、「世界都市」化や「世界都市」研究というインパクトは、「空間的」排除を経由した「社会的」排除の多様な現れ方やメカニズムの存在を意識的・無意識的に明確化させた点に求められる。

和田の研究は、そうした点に正面から取り組んだわけではないが、「都心」の現状を考察するにあたって、矢崎のような形での「権力」の視点導入の限界性を逆照射している。

それ以外の研究において、権力の行使についての制度的・構造的側面が明示的に取り扱われている点が大きな特徴となっている。「世界都市」研究はこうした点において確かな影響を与えているのであり、その結果として多様な構造や主体が大きな権力を作り上げていく過程や、権力の網の目が多様な形で張りめぐらされていく過程についての目配りがされ始めてきた。また、空間に関わる争点が特定の問題へと編成され、限定されていくことを通して、特定の主体を組織化していくことも同様に明らかになってきている。

そしてこうした特定の主体の組織化は、それ以外の主体を様々なメンバーシップから排除していくことも同時に意味している。この文脈における社会的セグリケーションの問題は、資本や政治をはじめとした諸主体の様々な権力の行使が、特定の主体によって組織化される空間の再編成を通じて、また特定の制度や利害布置を表現する空間の再生産を通じてなされている点へと必然的に着目させることとなる。つまりこの段階において争点としての空間が焦点化されるのであり、空間の社会的組織化という主題が浮上してくるのである。

2　都市社会学と歴史社会学のあいだ

(1)　対象としての「都心」と二つの「比較」

ここまで、都市社会学領域における「都心」論についての検討を行ってきた。「都心」という問題構制は、何らかの形で「空間的」排除の問題と向き合ってきた。それは「空間的」排除という事態そのものであり、またそれを契機とした「参与」や「関与」からの排除であり、そして「空間的」排除を通して行われる「存在」そのものの排除、あるいは組織化とその構造的要因への着目であった。

このように、「空間的」排除を通じて「(社会的)排除」を問題化してきた「都心」研究は、都市社会学の一般的な命題である「空間」と「社会」の関係性、そして空間の社会的組織化という問題と絶えず向き合ってきたのだといえる。

　日本における初発期の都市社会学は、一部の例外を除き、シカゴ学派のアーバニズム理論と日本都市の現実とのギャップを埋めることを共通の課題としてきた。倉沢進に従えば、その苦闘の末生み出されたのが社会関係、意識構造のアーバニズム理論の流れと、都市における「日本的なもの」の解明ということになろう[18]（倉沢 1999：157）。その後、巨大なムラ社会としての日本の都市に支配的な存在として、家族・地域・国家、国家と結びついた市場・資本が非難されるようになると、シビル・ミニマム論をはじめとして日本的なものの封建性を打ち破る存在としての「住民」および「市民」が焦点化される。このような文脈の上で論じられてきたのがコミュニティ（形成）論であり、日本的なものを無毒化しながら、国家や資本の支配に抗する形で組織化される主体としての「市民」が様々な形で「都市空間」に関与・参与していくことが目指されていたのである。そうした意味でインナーエリア化した「都心」は、支配の「すき間」として戦略的な意味を有することとなり、都市空間における「日本的なもの」は後景に退いていくこととなる。

　さらに学際的な流れとしての江戸・東京論をはじめとした都市論が文化論的視座から、イデオロギーを伴った「世界都市」化の議論が政治経済的視座から、それぞれ「すき間」を埋めていくようになると、対象としての「都心」はより東京に特化した問題となり、新たに発見され、構築された「日本的なもの」や「歴史」を通じて「都心」という意味空間が充たされていく[19]。また、ジェントリフィケーションによって特定の社会層による都心居住が現実化すると、「住むこと」に基づく空間形成への「参与」「関与」のイニシアティブも、編成された特定の社会層へと還流していくこととなる。このように狭義の「住むこと」を前提として研究を行ってきた都市社会学は、方法論的課題も含め大きな岐路にさしかかっているといえるだろう。

「都心」という対象を問題化する場合、ここまで見てきたとおり常に空間と権力の問題がついてまわる。そして、

表１－１　日本都市社会学における都心論の主な潮流

時代	第Ⅰ期 1950〜60年代	第Ⅱ期 1970〜80年代半ば	第Ⅲ期 1980年半ば〜現在
主な説明図式	都市社会構造図式	生活構造論・コミュニティ（形成）論	世界都市研究　ほか
主題	空間的排除そのもの	空間への関与・参与からの排除	空間的排除を経由した「主体（存在）」の排除・組織化とその構造的／制度的要因
主な対象	中枢管理機能を有する機関	過度の業務空間化によって都心が有するシンボルへの関与から疎外・排除される人々	空間再編を図る諸主体・機関，新たに編成された空間に適応する特定の階層，メンバーシップから排除された社会層

出典：筆者作成。

近年その問題構制は「空間をだれが占拠し、いかに占拠するのか」（Lefebvre [1974]1991＝2000：49）という点に集約されている。こうした視座は、都市空間を政治や行政、それに資本による（領域化を伴う）支配－従属関係が表出する権力作用の場とみなす点において、終始一貫した立場をとる。しかしながら、権力の「非決定」論や広義の都市政治研究の進展に見る「権力」観の転換や、ルフェーブルの都市論・空間論の再読み込みにはじまる一連の流れによってもたらされた「空間的なもの」の再審という（理論レベルでの）空間論的転回は、この「だれが／いかに」という部分を非常に多義的なものとした。そのため、どのような構造化された問題構制へと回収するかが、より重要視される[20]。

そうした意味で「都心」を研究対象とすることは、必然的に都市社会学の再審という作業へとつながっていく。都市社会学という研究領域が、「空間」と「社会」の関係性、空間の社会的組織化、そしてそこから透けて見える「都市的なもの」（都市社会構造）の解明に軸足を置く以上、都市空間形成をめぐる社会的諸関係のありかたと、それを支える共同性／公共性をはじめとした諸価値・原理の現代的位相を明らかにすることが課題となる[21]。その際の具体的な接近方法としては、社会・文化的特徴を焦点とした〈空間的な〉比較社会学的分析と、現在の問題意識も念頭に入れた〈時間的な〉比較を行う歴史社会学的分析という、「二つの比較」が（過去研究の相対化を図る意味でも）有効な補助線となろう。

（2）都市をめぐる歴史的視点の欠如とその要因

ここで改めて狭義の都市社会学における「二つの比較」のうち、とりわけ日本都市社会学のマクロ‐メゾ領域における歴史的視点の欠如とその要因について検討してみよう。

日本の社会学者は、何よりも「現代」社会の研究者であることにその意義を見出してきた。その中でも都市社会学者は、二〇世紀に入り社会学自体が哲学的思索を踏まえた文明評論と袂を分かって経験的方法による綿密な分析へと前進する中で、当時文明社会における人間行動分析の「実験室」として、急速に発展するアメリカの都市シカゴにおいて事実の観察に基づく多くの実証的研究を基に編み上げられてきたR・パークやE・W・バージェスらの人間生態学派（シカゴ学派）に自らの研究の準拠点を定めた結果、観察可能な社会現象を対象とする「現在」学としての色彩をより強めることとなった。

無論アメリカからの都市社会学の理論と方法の輸入に際しては、その適用を考えるにあたり、社会文化構造の違いが考慮されなければならない。M・ウェーバーの古典的業績を引くまでもなく、都市の社会学的研究は常に諸文化・諸時代の都市の比較的考察にあったことは自明の事柄であった。しかしながら現実問題として、都市間の「比較」研究は増加していくものの、歴史的研究については歴史学や建築・都市計画史などの他分野に比して研究の遅れが著しい。その理由として、①シカゴ学派の学史形成上の問題、②日本都市社会学の学史形成上の問題、という異なるレベルの背景が存在する。

まず①について見てみよう。たとえば倉沢進は、都市を独立変数、都市社会や都市的生活様式を従属変数とする問題視角への純化過程、すなわちG・ジンメルの都市論を参照しつつパークやL・ワースへと連なるシカゴ学派を軸とした都市社会学の形成が行われる中で、ジンメルの問題提起の内に含まれていたデモグラフィックな要因が先鋭化されることで、貨幣経済という他の要因——時代・文化による規定性を含む要因——が没却されていった理由を検討している（倉沢 1971：316-319）。倉沢は、中世的伝統が息づく貨幣経済が浸透していない地方都市や村落と近代的大都市が並存したジンメルの生きる一九世紀のドイツ社会と、都市・村落を問わず貨幣経済の中で息づいていた二〇世紀のアメリカ社会の違いにその理由を求めているが、このことは同時にシカゴ学派の学史形成がアメリカ社会の非歴史的性格を反映したものであることを意味している。

そのことを最も端的に示しているのは、G・ショウバーグが提唱した「比較都市社会学」の存在である。ここでの詳述は避けるが、ショウバーグが「アメリカ社会のデータのみに基づいて、都市生活一般に関する一般化を行うのがいかに危険であるかが、ますます明らかになってきた」と述べ、自らの研究の基点に「cross-cultural な都市研究」を据えた事実をまずは指摘しておく（Sjoberg 1960＝1968：4）。「近代アメリカの産業社会の事実のみから導かれた多くの社会学的常識」を「産業化以前の社会の過去の都市、そして今日、非産業的文明社会にあって、まだ産業化の洗礼を受けていない都市」である「前産業型都市のデータによって否定」する方法、すなわちアメリカ社会以外の広範な歴史的素材を駆使することで、歴史の変数が挿入された「巨視的な比較社会学的方針」に基づく都市研究を目指したのである。このショウバーグの見解は、非歴史的性格を持つアメリカ社会での経験を対象化する方策として、（パークやワースなどのシカゴ学派とは異なり）全体社会と都市の関係性に着目しつつ、各社会における都市の存立構造を「比較」することを通じて、「歴史」を問題化するアプローチを示している点で大変興味深い。

②については、もう少しナイーブな要因が絡まりあっている。藤田弘夫は日本都市社会学における歴史的視点の欠如について、都市社会学の源流をジンメルやパークではなく、イギリスのP・ゲデスによる Civic Sociology に求めつつ、パークやバージェスといったシカゴ学派の都市社会学に大きな影響を与えていたにもかかわらず研究史

上からもみ消された結果、都市社会学をイギリスからではなくシカゴから輸入した日本都市社会学には都市の歴史的側面に言及する風土が根づかなかったと述べている（藤田 2006）。これは①のシカゴ学派の学史形成上の問題と大きく関わる主張であるが、ゲデスに影響を受けたC・ゼブリンや、〈歴史〉や〈地理〉を十分理解しないままに研究を進めているとしてシカゴ学派の研究を批判するL・マンフォードの研究が、パークやバージェスらによって意図的に無視されてきた事実を同時に指摘するものである（藤田 2006：124）。

さらに藤田はその後の展開として、ショウバーグの歴史的視点をひきつつ、アメリカの都市社会学の拡散と共にそれが顧みられなくなった事実を嘆くわけであるが、ここで分析の方向を変えて、日本都市社会学における歴史的視点の導入過程を探るために、日本におけるショウバーグ受容の過程を当時の文脈から検討しよう。

たとえば先述した倉沢はショウバーグの一連の研究について、ショウバーグの方法を全般的に吟味しつつ、シカゴ学派が残した有名な遺産であるバージェスの同心円地帯理論を手がかりとして彼の類型論の有効性について検討を行った（倉沢 1968, 1971）。そこで文化を越えた伝統社会──ショウバーグの用語でいえば封建社会──に共通する性格を「前産業型都市」として全体社会との関係のもとで考察する意義を認めている。当時倉沢は、シカゴ学派のアーバニズム図式の有効性を一定程度認めつつ、伝統社会と産業社会の要素という非同時的存在が並立する現実の日本都市のありよう（＝日本的特質）とのギャップ解消に取り組んでいた。ショウバーグが示した前産業的都市の類型は、日本的特質だと考えられていたものが日本に固有のものではなく、封建社会に共通のものであることが明らかにされ、愕然としたのだという（倉沢 1968：298）。こうしたショウバークの研究を批判的に検討した後、倉沢は歴史的に形成された社会文化的な文脈を踏まえつつ、一方では日本都市の社会文化的構造の分析を経て伝統消費型都市など都市類型・分類の方向へと結実させ、他方ではバージェスの同心円理論を引き継ぎつつ、空間構造の側面から「二つの比較」を試みる東京の社会地図プロジェクトとして研究を組織化していくことになる。

また矢崎武夫は、先述の通り日本都市の歴史的形成過程に即した形で研究を進める際、やはりショウバーグの知見を一つの参照点として提示している（矢崎 1962, 1963）。シカゴ学派の人間生態学的立場に深くコミットした矢崎が一見そこから離れたアプローチを採るにいたった理由として、「私は米国の都市社会学が、優れたものであることを知っている心算であるけれども、米国の都市社会学が米国の都市分析の結果発展して来たように、日本の都市社会学は、日本の現実に密着したものであることの必要を痛感」した点を挙げる（矢崎 1962：1）。これはアメリカと日本の社会構造のあいだにある隔たりが、アメリカ都市社会構造理論を援用した際に全体理論としての欠陥を招く点に端を発するものであるが、「日本における近代都市は伝統的な日本文化の上に、……封建制を残存しつつ、産業革命を通じて近代化したのであって、……社会構造や人間行動の中に近代的として一般化され得る以外の、伝統的な文化が多く含まれている」という現状認識によって導かれた帰結であった（矢崎 1962：5）。そこで矢崎は、日本近代都市の発生理由や社会構造の変化や現状の把握には歴史的・文化的研究が極めて重要であると述べるとともに、日本都市のユニークな面のみを抽出するのではなく、ショウバーグが示したようなクロスカルチュラルに共通な社会学の概念を開いて日本都市を捉え、時代や文化、民族を異にする諸都市との比較を可能とする道具立ての構想を主張するにいたる。この主張を裏づけるように、矢崎の研究はその後、比較社会学的な見地から展開される発展途上国の都市化や近代化へと照準化していく。

しかしながらショウバーグの研究から歴史的知見を導入するにあたっては、ショウバーグ自身の立論の中に抱えていた大きな困難に突き当たることもまた事実である。たとえば倉沢は、ショウバーグの議論について、「前産業型都市」と「産業型都市」の差異に見る「近代化」「都市化」の主な要因として、「四変数」のうち結果的に「最重要な独立変数としてのテクノロジー」（Sjoberg 1960＝1968：7）にのみ求めた点を批判する（倉沢 1971：333-337）。テクノロジーが大きな影響力を持つ変数であるのは確かであるにしても、ショウバーグが「四変数」理論として掲げた他の変数である（生態学的変数としての）「都市」、文化的価値、社会的権力が文字通り「偏差」としか扱われていない点は重大な欠陥として指摘されねばならない。こうした背景には、ショウバーグ自身が「われわれは（前産業型都市と産業型都市という）両類型の相違点を注目する。歴史家とちがって、われわれは、ある時代の前産業型都市と、同じ社会の別の時代の都市を比較する方法は採らない。また、ある時代の前産業型都市一般と、他の時代の前産業型都市とを対比するつもりもない。われわれはむしろ、典型的な前産業型都市と、典型的な産業型都市を比較する」（Sjoberg 1960＝1968：6）という二つの類型間の差異に関心を示した際、その根底にパーソンズ流のパターン変数が定置されたことで段階論と類型論が無造作に組み合わせられた線的な歴史意識が導入された点、そして都市化や産業化のプロセスが全世界的なものとしてテクノロジー（技術）の発展段階と並置された結果として世界の諸都市の単なる技術比較に陥ったという、ショウバーグ自身が置かれた「現在」（時代拘束）性がある。この結果、ショウバーグが提示した他社会との「比較」を通じて発展段階に応じた「歴史」へとアプローチするモデルは、都市の全体的把握という潜在性を示しつつ、図らずも「歴史」を損なった非歴史性が浮き彫りとされる。

つまり日本都市社会学における歴史的視点の欠如を問題化するのであれば、その時々の「現在」性を視野に入れて改めて読み解いていく必要があるといえよう。そこで以下では、外部の視線を類推しながら内部において組織化されていく歴史性としての「日本的なもの」への自己認識を補助線として、形成期における一九五〇～六〇年代、さらには研究史上において大きな転機にあたる八〇年代の「現在」性から斯学における歴史的想像力の偏りを検討していきたい。というのも都市社会学の「現在」性は常に幾許かの都市の「現在」性であり、さらに東京を問題化するにあたっては、帝都－首都として絶えず全体社会との関係性がついて回るためである。

（3）「日本的なもの」から見る日本都市社会学の「現在」性

ショウバーグが有していた「現在」性は、日本の社会学全般、そして都市社会学にも符合する事実であったことをひとまず指摘せねばならない。日本の社会学における一九五〇～六〇年代の「現在」性とは、「日本的なもの」を乗り越えるべきものとして無毒化を目指す「近代化」論であり、またその仮想敵手として想定されていた資本制社会における発展段階の日本的特質を主題化するマルクス主義にほかならない。都市社会学における一九六〇年代の「現在」性もまた、「資本制生産様式を基礎にして構築される近代社会に、その研究対象を求めその発展法則を追求する」（島崎 1965：64）科学としての歴史科学を確立するために「構造分析」による実証研究を行うマルクス主義的な「社会科学的」都市論と向き合い、「近代化」論の歴史認識を受肉化しつつ、それとは異なる対象と方法を模索する途上にあった[22]。

このことは、この時期に「構造分析」と正面から対決してこなかったことを批判したある中堅都市社会学者に対して、当時シカゴ学派による都市社会学をリードし、今なお精力的に研究を続ける奥田道大が行った反批判の中に端的に現れている。「あなたのような世代の方はかえって構造分析にあこがれのようなものを感じるのかもしれませんが、私にとってあれは大変息苦しいものでした。戦後になって、都市研究が始まって、やっとそれから自由になれる気持ちだったんですよ」（玉野 2005：550-552）。この言葉どおり、同じくシカゴ学派の影響を受けた倉沢が、都市における日本的なものと向き合いながら組み上げた都市社会構造図式の内に、意識構造のアーバニズム理論を位置づけたのに対し、奥田自身は構造として定着したものを確認するよりも今まさに生まれつつあるものを発見する、徹底した社会過程へと着目する姿勢を示してきた。奥田の姿勢は、「構造分析」に主眼を置いた地域社会研究や村落社会研究を乗り越えるものとみなし、新しい可能性をはらみ、既存のものを越えていく革新性を都市や都市性に求めている点で「近代化」論の衣鉢を継ぎつつ、またそれが構造‐歴史性ではなく社会過程‐非歴史性への着目を通じてなされている点で「シカゴ学派以上にシカゴ的」であった。強固な枠組みを示すマルクス主義的な「構造分析」というマクロモデルへの強い反発から、それを乗り越えるために変動著しい中で組み立てられたアメリカ的なシカゴ学派を用い、さらにマクロモデルではなくメゾ－ミクロモデルを希求した姿こそ、奥田のさらには日本都市社会学の「現在」性であったといえるだろう。

こうした動向を横目に見ながら、日本都市社会学における中心的潮流から背を向ける形で「日本的なもの」と正面から向き合った矢崎武夫は、歴史貫通的な分析概念として「権力」をキーとする「統合機関」理論を構築している。その中で矢崎は、先に挙げた理由の他に、「特に近代日本都市は近世封建都市から明治維新、産業革命の過程をへて誕生したのであって、この過程に関する知識は日本の現代都市の社会構造や、都市的行動のみならず文明構造の理解に不可欠」（矢崎 1962：14）であるとして、近代都市の存立構造を問う具体的な地平での歴史社会学的研究の重要性を主張した。

矢崎の「統合機関」理論は、シカゴ学派の都市社会学（独立変数としての都市）とは異なり、全体社会と都市の構造関連（従属変数としての都市）という「中心・中枢性」の問題が主題であり、さらに奥井復太郎や鈴木榮太郎による類似概念や同じく歴史的発展段階を重視する「構造分析」派と比べ、非経済的な政治・軍事権力の分析にその力点が置かれている。一九五〇～六〇年代にかけて、かつての帝都が戦災から復興していく中で発見されたのは、地方からの出郷者によって作り出される「第二のムラ」（神島二郎）であり、その巨大なムラの中心に鎮座する天皇・宮城という統合中心であった。すなわち矢崎の「現在」性が批判的な形で切り取った「日本的なもの」とは、近代において社会的な統合核心となった天皇や天皇制およびそれがもたらす価値意識の存在であり、その天皇の居所である宮城（皇居）を中心として配置された官庁や会社、銀行などの新たな（第一次）統合機関[23]の増大と規模の拡大がもたらす、首都を頂点とした垂直的かつ多元的な権力体系であった。それ故に「新たな理論構成の若干問題」において、文化的価値を重視するW・ファイアレイや、四変数の組み合わせによる文化的・歴史的アプローチを重視するショウバーグの研究成果を多用しながら、従来の生態学の発展した過程の概念と組み合わせる必要性を訴えたのである（矢崎 1962：453）。

しかしながらその後の研究展開として、奥田と同じような「息苦しさ」を覚えていた都市社会学者を中心に、一九六〇年代後半の安保闘争を経て、都市社会構造図式から日本的なものの封建性を打ち破る存在としての「住民」および「市民」を焦点化するコミュニティ論へ、都心から郊外へ、構造から主体へ、過去－現在から現在－未来へ、「日本的なもの」から「一般的なもの」へとその関心を移行させていった。つまり日本都市社会学は、学問構造の成熟期においてあえて国際性・普遍性を志向することで、個別・固有的な「日本的なもの」を「方法論的ナショナリズム」の産物として忌避したことで、歴史的視点を導入する契機を失ってきたともいえる。

その一方で、一九七〇年代半ば～八〇年代にかけて、かつて特定の分野によって論じられていた都市は、文学をはじめとした多領域における対象として浮上してきた。磯田光一や前田愛らによる都市＝テクストを文学作品＝テクストに埋め込まれた視線から読み解いていくアプローチをはじめ、過去の図面や地図、また伝統的街区や建造物に残存する痕から都市の建物や街区の空間構成の連続性を読み解いていこうとする建築論的なアプローチ、「歩くこと」「体験すること」「蒐集すること」を通じて構成される歴史的・地理的・社会的な想像力を言語化あるいは映像化していくアプローチ、次々と生み出される歴史データを基に都市を民衆による祝祭的な空間として捉え、その認識を基に新たな歴史像・都市像を再構築していく社会史のアプローチなど、枚挙に暇がない。このような消費社会論や記号論、身体論や社会史が交差する形で構築された都市論・東京論は、政治や経済、交通や交換といった「有用性の機軸」から「そこに生きる人間の気分や欲望の感光板としてあらわれる都市の深層的な部分を記号論的に解読」（前田 1984：7）していく文化や歴史などの「有用性のネットワークからはみだす部分」を対象とするようになったのである（吉見 1987）。

ここで論じられる都市〈東京〉とは、西洋的なものが大幅に流入してくる中でそれに抗う形で残存する〈江戸〉の存在をクローズアップするような江戸‐東京の連続性を強調されたもの（文化型としての「日本的なもの」の再発見）、前近代的なものが根こそぎ失われた関東大震災および帝都復興期に解体されていく下町をクローズアップするもの（ノスタルジックな形での「日本的なもの」の再発見）や、山の手の住人やモボ・モガを主役とする「モダン東京」にバブル経済下での消費社会との相同性を見つけてその原型を見るもの（「日本的なもの」の解体と再生）など、新たな歴史意識を発現する対象として立ち現れている。

吉見俊哉は、一九八〇年代の社会学畑における都市‐東京論の最高峰と呼ぶにふさわしい著作の中で、「遊ぶこと」「働くこと」を突出させる形で進行する生活・消費領域の再編過程ではぐくまれてきた、「面白さ」を発見し、その「面白い」東京と積極的に戯れていくような「都市の感受性」の存在を指摘し、それを資本のイデオロギー戦略として告発することではなく、都市に向けるまなざしの変容として歴史的に捉え返す必要性を主張した（吉見 1987：13–15）。その中で吉見は、盛り場を「都心」という（都市社会学的な）機能論的視座ではなく、社会の局所における〈出来事〉が上演され、その上演に参与する演者＝観客のまなざしの布置の中で構成される社会的世界として位置づけつつ、全体社会レベルでの想像力や感受性のあり方の変容に呼応する意味的な場を焦点化することを通じて、都市の機能的構造や階級的構造とは異なる形で（「日本的なもの」という）全体性を獲得するような理論的回路の構築を希求している。

吉見において「日本的なもの」の様々な形での表出は、一九二〇年代の〈浅草的なるもの〉から〈銀座的なるもの〉への移行と、一九七〇年代の〈新宿的なるもの〉から〈渋谷的なるもの〉への移行の構造的同型性を規定する時間性の構造転換の内に求められた。つまり〈家郷＝過去〉と位置づけるまなざしは共有しつつも、後者（〈銀座的なるもの〉および〈渋谷的なるもの〉〉が〈外国＝未来〉へと続くある種の「近代化」論と同型のものである一方、前者〈〈浅草的なるもの〉および〈新宿的なるもの〉〉においては未来をさしあたり〈ここではないどこか〉に求めて群れること自体の中から存在の根拠となるような共同性を創造するという、異なる近代性のもとに成立していたものが、「家郷喪失」という〈過去〉の消失を経て、諸々の戦略的契機によって〈未来〉をアドホックに仮構されていくことで散乱していった結果なのである（吉見 1987：336-341）。

そうして歴史や文化を掘り起こし、再編される時間性の中で「日本的なもの」が散乱していく都市論に対し、都市社会学においては政治や経済の観点から、すなわち都心を舞台とした都市構造変動を、産業構造の転換などの諸要因による世界規模での空間再編の中に位置づけていくような「世界都市」研究という新たな世界観のもと、その状況下でのコミュニティのありようなど、社会生活の「現在」を国際的に読み解いていく形で研究が推進される(24)。そこで浮上してくる「日本的なもの」とは、あくまでも「世界都市」東京の構造的特質として論じられるロンドンやニューヨークとの「比較」において浮上するものであり、外からの目線によって対象化が図られるという意味で旧来からの連続性を保持していた。この都市変動の一般理論を仮装した「アングロ‐アメリカ的な視点」が、ロンドンやニューヨークという歴史的なヘゲモニー都市とは異なる対象として東京を発見したために、新しい文脈のもとで（東京が）位置づけなおされたのもまた確かである。

その基盤には、一九七〇年代に先進工業諸国を中心に顕在化していく様々な都市問題の深刻化と、それに対する都市暴動や都市社会運動の頻発に代表される「都市の危機」に対する説明図式として、（「都市的なもの」への）国家の介入や階級、そして紛争（社会運動）を問題化する新都市社会学派（ＮＵＳ）の存在がある。新都市社会学派の「新」たる所以は、シカゴ学派が見出してきた社会的無秩序の坩堝の中で浮上してくる新たな秩序や文化を資本主義社会全般の特質として位置づけつつ、それまで漠然と求められてきた「都市」という空間と社会の構造的関係の説明を国家や市場の役割を重視する形で再構成した点に求められる。

ヨーロッパを中心に展開された新都市社会学派はその内部に様々な立場性を内包しているものの、都市計画や都市社会運動、都市開発や不動産資本の位置をめぐり、全体的に「資本制都市化の諸矛盾と国家の調整形態」(吉原 1992：47)にまなざしが注がれていた点ではゆるやかな共通認識があり、同様の「現在」性を抱えていた。たとえば新都市社会学派の理論的旗手であるM・カステルは、H・ルフェーブルの都市論の批判的摂取によって「都市 city」と「都市的なもの urban」の概念区別を受け継ぎつつ、特定の歴史的位置を占める社会的容器としての後者を「空間的単位と社会的単位の一致」を見る科学的対象として定義を行い、国家や地方自治体による労働力再生産過程への空間的な介入(都市計画)とそれへの反発(都市社会運動)からなる集合的消費過程を都市社会学の研究領域とする方針を打ち出す(Castells [1968] 1977＝1982, [1972] 1977＝1984, 1978＝1989)。当時のカステルのまなざしは、集合的消費の拠点として都市への介入を深める国家へ、さらに(都市)システム内における歴史的行為者間の闘争や葛藤が表面化する場としての都市政治の局面に向けられ、問題関心を共有する多くの研究者を巻き込んだ論争が喚起された(25)。

その後カステルは、『都市・階級・権力』を経て『都市とグラスルーツ』『情報都市』『デュアル・シティ』へと研究を進めていく中で、資本主義の諸矛盾が表面化する集合的消費(過程)の機能的重要性と、国家介入を通しての供給のありようを問題化する立場からの離脱を表明していくのだが、このことを適切に理解するためには、カステルを取り巻く歴史的拘束性、すなわち一九七〇～八〇年代の「現在」性に目を向ける必要がある。

ただこの間のカステルを貫く問題意識はある意味で一貫しており、「都市・地域の生産を社会運動、支配階級、国家装置が矛盾する圧力に反応しながら相互に関係しあっている結果として把握」する弁証法的分析を進めることにあった(矢澤 1991：193)。そのためにカステルは『都市問題』発表以降、①都市政治決定過程の鍵としての地方自治体分析（『都市・階級・権力』）、②都市社会運動が都市や地域に与えるインパクトの分析（『都市とグラスルーツ』）、③当該社会の支配的論理が空間過程、都市や地域を規定する今日的なプロセスの分析（『情報都市』『デュアル・シティ』）、という三方面から考察を深めていくのだが、そこには国家の機能領域と権力作用の転態を見据えたまなざしが息づいている。

「都市的なもの」の変遷という観点から見ていくと、この点は一層明らかとなり、『都市問題』では集合的消費過程を介して労働力の空間的単位として捉えられていたものが、国家活動の内外で生み出される「都市的なもの」の社会の決定様式の多元性が示され（『都市・階級・権力』）、『都市とグラスルーツ』では国家を越える複数の行為者間の利害や価値をめぐる闘争に規定される歴史的・社会的な意味（＝「都市の意味」）として再定義を試み、産業主義から情報主義への歴史的変動が折り込まれた都市社会変動の中に位置づけられていく（Castells［1972］1977＝1984, 1978＝1989, 1983＝1997）。また『情報都市』や『デュアル・シティ』ではこの都市変動論がさらに精緻化され、生産様式と発達様式、技術と生産の社会関係の変遷から一九八〇年代に資本主義の構造再編と情報的発展様式が歴史的合体を果たす中で浮上してくるフローの空間の権力が形成する情報都市という〈場〉に対し、そのオルタナティブとして新たな「都市の意味」を創出する都市社会運動の舞台となる場所の空間の存在に新たな可能性を見出そうとしている（Castells 1989）。この変容の背後にカステルが見据えていたのが、資本主義の構造再編を規定する「資本‐賃労働関係の根本的転換」であり、国際的なレベルにおいてあらゆる経済過程の相互浸透性が増大していく資本主義ステムの国際化であり、そうした事態に対応する形で進展していく福祉国家の縮小や多岐にわたる規制緩和、プライバタイゼーションなど、社会再分配機能から政治的支配や資本蓄積機能の強化へと舵を切った国家介入パターンの転換であった（Castells 1989 : ch.1）。すなわち一九七〇年代に都市社会学全体で共有されていた社会＝国民国家の枠組みが政治経済情勢の大幅な変動により突き崩され、都市の抱える現実を出発点とした新都市社会学派、そしてカステル自身も自らがよって立つ理論的・政治的立場を見直す必要が出てきたのである（高橋 1993）。

しかしながら日本における新都市社会学派は、シカゴ学派への批判理論として輸入されたことで、シカゴ学派、さらには同じマルクス主義を下地とするかつての「社会科学的」都市研究との種差性という原理的な部分のみに目が向けられたため、カステルが有していた個別具体性に焦点化した歴史的想像力はそれほど問題とされてはこなかった。また新国際分業論を取り込みながらも政治経済的視点の強調という形でその延長線上に位置づけられる「世界都市」研究では、そもそも「世界都市」という形で共通の場所性を実現していく構造的機制に目が向けられており、背後にあるバイアスとして「収斂を強調した近代化論」の歴史意識の存在（White 1998＝1999：70）も、トランスナショナルな次元へと着目する革新性の陰に隠れていく。さらに「世界都市」研究における東京がロンドンやニューヨークと同列に置かれたことで、東京を研究することによる（普遍的な一般理論としての）都市社会理論の構築が目指されたのも確かである。

つまり現在の都市論と日本都市社会学のあいだに横たわる隔たりは、共に一九八〇年代に「東京」を研究対象とする契機を持ちながら、個別性や固有性を示す歴史性、すなわち日本的なものの扱い方の違いから生じたものとして考えることができよう。日本都市社会学は一部の研究を除き、理論構築において常に国際性や普遍性を追求してきた上、さらにマクロレベルの都市社会構造論における変動の欠如の問題が大きく立ちはだかっており、「歴史」に言及する回路が閉ざされていた。これについては、都市社会学が学問として制度化されていく段階で「構造分析」に連なる歴史的過程に焦点を当てたアプローチを等閑に付してきたこともその一因となろう。

こうした点を踏まえつつ、以下ではカステルの都市社会変動論で大きな転機となった『都市とグラスルーツ』においてとみに影響の見られるアメリカ的経験を踏まえつつ、都市社会学と「歴史」を扱う方法としての歴史社会学の関係性について検討していこう。

（4）歴史的想像力の再埋め込みに向けて

さて、カステルをはじめとした新都市社会学派の研究が、「社会学研究は現実の社会問題に対応してこそ意味をもつ」との認識の下、目の前で起こる様々な都市問題に対して説明力を持たないシカゴ学派を乗り越えることを目論んだものであったことは先に触れた。その際にカステルが選択したのは、シカゴ学派の〈非科学性〉を批判しつつ、都市・空間に関する社会科学の基礎にマルクス主義理論、とりわけＬ・アルチュセールやＮ・プーランツァスらによる構造主義的マルクス主義を据え、社会構成体の〈科学〉である史的唯物論の有効性を強調することであった（Castells［1968］1977＝1982）。これは「都市社会学の危機」、一方では産業社会がほとんど〈都市的〉となるにつれて（都市社会から包括社会へと移行する）都市社会学が一般社会学の応用としてしか機能していない事態に、他方では当時のフランスの状況、すなわち一九六八年の五月革命やその革命の要因を都市の機能障害によるものと考えていた研究者たちに大きな支援を行ったフランス政府の存在という政治的理由があり、二重のアイデンティティ喪失に陥っていた都市社会学に対するカステルなりの現実的対応でもある。つまり、都市社会学が国の学問的分業状態に組み込まれている状態でシステム全体の管理の問題として浮上している都市問題を論じるためには、国のテクノクラシーの要請である社会的要請を新たに定義するような都市「政治」を対象とする斯学の〈特殊性〉を画定する必要があり、同じ対象を扱う政治学や都市計画に類するような〈科学性〉を担保する必要があったのである。

このような背景の下でカステルは、シカゴ学派の対立軸として新たな都市社会学を構想していくのであるが、シカゴ学派都市社会学の知的遺産をフランスの知的伝統に埋め戻す際に焦点となったのは、社会構造に対する空間の独自の意義であり、その空間へのアプローチとしての人間生態学や文化主義的分析、主意主義的分析に内在する時間すなわち歴史性であった。このことを重視したカステルは、自らの研究計画として具体的な研究に向かう前にコード化され公理化された理論全体を構成しようとするアルチュセールの一定の説明に従い、認識手段の生産に関する仕事として史的唯物論の適用範囲の拡大を試みている（Castells [1972]1977＝1984）。ただ初期においてはそのことが史的唯物論への傾斜を招き、結果として理論的形式主義に陥ってしまっていたのも事実である。

このことは『都市問題』一九七五年版以降のあとがきや『都市・階級・権力』において、複雑化する都市問題に対する理論的限界として自己反省され、「都市 city」の一般理論化を一先ず棚上げしつつ、「都市的なもの urbain/urban」の歴史的変遷の探求を回路とする経験的研究の再定義と新たな方法開発へと重心が移行していくことからも見て取れる。ただこの段階では未だ理論が重きをなしており、経済的な階級関係の矛盾に分析の軸足を置きつつ、空間的経験主義を生産するモノグラフ研究ではなく、一般理論から導出された主要仮説に定義された社会諸状況のサンプルに従って選択される体系的に計画された事例研究が、比較研究に開かれた方法として提示されるに留まっている（Castells 1978＝1989：256-257）。

カステルにとって大きな転機となったのは一九七九年の渡米であり、その影響が一九八三年に出版された『都市とグラスルーツ』に色濃く表れている。「マルクス主義からの脱落」（D・ハーヴェイ）とも評されるこの研究は、理論的にはこれまで主要な役割を演じていた集合的消費は要因の一つという位置づけへと後退し、都市社会運動は「集合的消費」「文化的アイデンティティ／価値」「政治／権力」の諸関係に即して、社会が自らを構造化する文化的カテゴリを変容させるような新たな「都市の意味」を創出するものとしてその意義が強調される（Castells 1983＝1997）。ここでいう「都市の意味」は、これまでの著作において触れられてきた「都市的なもの」が集合的消費過程を焦点とする経済的な階級闘争によって生み出されるとする限定的な理解を越えて、テリトリーに関連したところで表現される文化的アイデンティティという価値志向的運動（N・スメルサー）や地域の政治的自律といったアメリカ的経験を吸収する形で、経済や宗教、政治や技術的操作を包摂する社会構造の表現としての文化を視野に入れた拡張概念として措定された。

実体的な意味での社会過程である都市社会運動などの諸行為によって生み出される「都市の意味」は、初期の頃からの闘争分析は引き継ぎつつ、「所与の社会の歴史的行為者間における（自らの利害や価値を照応する形で社会を構築するような）闘争過程によって、一般に都市の目標として設定された（また都市間分業における特定の都市の目標として設定された）構造的な成果」として都市機能を決定するような、社会のシステムを変革へと導く戦略性をも含意している（Castells 1983＝1997：534-535）。

またカステルは、K・リンチなどの都市デザイナーの諸研究を引きながら、「都市の意味」と都市機能によって共同決定されている都市形態／空間についても言及しており、都市形態という次元の特性と、「都市の意味」および都市機能に対する関係性を取り結ぶものとして独自の意義が析出されている。ここでいう都市形態とは、都市がとる空間的形態を物質性や体積等の組み合わせとしてだけでなく、流通や知覚、精神的連帯や表象の体系として、すなわち「都市の意味」の象徴的表現として、また形態も含むそれらの歴史的な二重焼付け画面の象徴的表現として、多様な歴史の中に埋め込まれたものとして位置づけられる。

このように、空間と社会の歴史的関係を取り結ぶ拡張概念としての「都市の意味」がカステルの都市社会変動論の核心となるわけであるが、当初は国家介入の形態として位置づけられていた都市計画も「共有された『都市の意味』に対応する都市機能についての、協議に基づく適合形態」と再定義される。また新たに都市デザインを「特定の都市形態において容認された『都市の意味』を表現するための象徴的試み」として位置づけるなど、様々な建築家や都市デザイナーが越境するアメリカの状況に応じて、国家の枠が取り払われたことは非常に興味深い。

このような行為者を強調することで初期の構造主義論からの脱却を目指す理論的な転換は、カステル自身の認識論的転換と共に、研究方法、とりわけ理論構築の方法の大幅な変更によってもたらされたものである。カステルが初期作品の理論的形式主義の反省として採った研究戦略は、信頼すべき調査研究に基づいて理論構築を行うことを基本にして、概念枠組みの性急な公式化を避けることであった（Castells 1983＝1997：9）。それまで調査の絶対的な基礎であったマルクス主義をはじめとした理論は、あくまでも暫定的な理論的枠組みの材料として利用され、その示唆に基づいて展開された歴史的・経験的調査研究を基礎として輪郭を修正し、議論を固めた後で仮説的な理論的枠組みを示すという、非常に慎重な姿勢を採る。これはカステルが必要としているものが、社会の超歴史的理論ではなく（適切性に裏打ちされた）社会現象の理論化された歴史であるという言明からも明らかであり、それゆえに現実に即した理論的枠組みの成長に応じて変更が加えられていく方法論的諸論点を重視して、「方法論的付論」として巻末部にまとめて記載するなどの措置を採ったのだといえる。事実、先に示した「文化的アイデンティティ／価値」や「政治／権力」は理論段階では予測できず実証段階から浮かび上がってきたものであり、「確立された体系的検証をおこなうことができないというものの、しかしそれらは新しい理論を生み出す際の開拓者的な努力という点で、極めて価値のあるもの」として事例研究を高く評価する姿勢へとつながっていく（Castells 1983＝1997：15）。

このようなカステルの研究姿勢の変化は、C・S・フィッシャーらシカゴ学派の遺産を現代的な形で継承するアメリカの都市社会学者との調査研究セミナーでの対話の中でより明確となったものであり、シカゴ学派が有していた社会統合の機制を素朴な経験主義によって問題化する姿勢を非難するものから、シカゴ・モノグラフの再評価という形で経験的調査の意義を一定程度認める方向へと移行するものである。ただそれとは別に、事例研究の中で新たに発見された多様な歴史性とそこで発見された都市変動が、あらかじめ決められた方向に進まず変動が進歩を示すとは限らないという形で、それまでの段階論的な歴史意識と決別するために用いた歴史的方法として、C・ティリーやT・スコッチポルらによるアメリカ的な歴史社会学が標榜する「比較」を通じた理論構築という方向性を選択したことに着目する必要がある。彼ら／彼女らの社会運動（あるいは革命）の歴史社会学的研究は、コンフリクト＝闘争理論を下敷きとしていたという意味でもカステル自身の研究との親和性の高いものであった。カステルの社会運動論は、初期の頃からA・トゥレーヌの影響を色濃く受けており、それはこの当時も変わっていない。しかしながらカステルのアメリカ的経験が、以前から有していた歴史的分析の比較研究的方法を現実化させる契機として、また事例研究の中で浮上してくる社会文化的文脈の多様性が、ティリーのアメリカに基礎を置きつつヨーロッパを指向する多くの経験的な業績に目を向けることにつながっていったのは確かであろう。

ちなみに歴史社会学は、古くはK・マルクスやウェーバーによって用いられた非常に代表的な方法であるが、アメリカにおいて一九七〇年代以降に自覚的に組織化されていくそれとはいくつかの断絶がある。アメリカの歴史社会学の起源は一九三〇年代に求められるが、一九五〇年代にパーソンズの一般理論を適用して歴史分析を行ったR・ベラーやスメルサー、一般理論を適用した歴史分析への疑義からウェーバーの理念型に依拠する形で概念を構築し歴史的解釈を行うメタ理論的な指向性を示したR・ベンディクス、さらに一九六〇年代に入り、先述したティリーやB・ムーアの古典的業績が相次いで発表されたことで、アメリカ歴史社会学再興の礎石を築くことになった（河野 1992：276）。この背景としては、C・W・ミルズによって主張された社会学において前提となる「歴史的想像力」の欠如、すなわち「誇大理論」の「反歴史主義」と「抽象的経験主義」という二つの傾向が主流を占めていた当時の学界の状況がある。その批判のまなざしは、一九六〇年代アメリカ社会学の理論的・方法論的中心であったパーソンズに代表される構造機能主義や数量的経験主義、さらにはシカゴ学派の研究者に向けられ、これらの社会学が内在している没歴史性——普遍的・超歴史的な概念を使用するという点で——が問題化されたのである。

ことに課題となったのは、「近代化」論や歴史的段階論が内在していた進化論的、かつ単線的な歴史意識であり、個々の社会特有の歴史的・文化的文脈を考慮していない点、具体的な形で時間と空間の中に息づいている社会を無視している点であった。こうした批判をもとに一九七〇年代には、ウェーバー流の歴史過程の「特殊性」を重視するような「社会文化的多様性・時系列的過程・具体的諸事象・有意味な行動と構造的決定要因との弁証法」(Skocpol (ed.) 1984＝1995：14) のもとで、資本主義の発展や国家の興亡、革命や民主化といった政治社会変動に関心をもつマクロな政治社会学を中心として歴史社会学のアイデンティティが構築されていった。

その中心的役割を果たしたのが、アメリカの歴史社会学を「比較歴史法」を用いた比較歴史社会学として組織化していくにあたり、理論的・方法的検討を行ったスコッチポルであったことは疑いようがない。彼女の理論的立場が一応の完成を見た『歴史社会学の構想と戦略』において、歴史社会学を定義づけるものとして、①社会構造や過程が時空間の中に具体的に位置づけられている、②時間軸に沿った過程が対象となり、結果の説明に対して時系列が重視される、③大部分の歴史分析は、個人生活や社会変動における意図的あるいは非意図的な諸帰結の展開を理解すべく、有意味な行動と構造的文脈との相互作用に留意する、④各社会構造あるいは多様な変化パターンを持つ「固有で多様な」特徴を重視する、という四点を挙げている (Skocpol (ed.) 1984＝1995：11-12)。その上でこの特徴を持つ過去の諸研究を歴史社会学的研究として、何らかの理論を利用して事例を分析する①「理論適用型（スメルサー)」、個別事実の意味を解釈すべく理論を利用する②「解釈型（ベンディクス)」、「理論から事実」ではなく「事実から理論」を導出する③「因果分析型（ムーア、スコッチポル)」の三タイプに分け、今後の歴史社会学研究は単一事例の分析ではなく、国際比較に基づいた第三のタイプの「分析型歴史社会学」による社会変動に対する一般化可能な因果律の定式化を目指すべきであると主張する（河野 1992：277)。そして統計分析の確率論的技術とは異なる少数の事例の諸側面を論理的に並置する比較歴史社会学固有の調査設計として、有効な原因と無効な原因を区別すべく変数を統御する擬似実験的な方法を示し、J・S・ミルの帰納法のうち一致法と差異法を併用することが提案される (Skocpol (ed.) 1984＝1995：351-353)。

このようなスコッチポルによる過度の図式化と科学性への希求は、歴史社会学の制度化に向けて尽力した戦略性からもたらされたものであるが、それ故に多くの困難を抱え込んでいる。この点をティリーをはじめとした他の歴史社会学的研究との関係から見ていこう。

一点目としては、「誇大理論」や計量研究に代表される「抽象的経験主義」に対抗するものとして歴史研究の重要性を強調したことで、その対立軸としてデータとしての数量データを回避した点が挙げられる。これはスコッチポルら歴史社会学者がアメリカ社会学界内部および隣接領域である歴史学に対し、優位な位置を占めるために差異を示して地歩を固めることを優先したためであるが、ティリーはそれに対して広くかつ時系列的な分析を行うために文書資料の検討とともに、社会学的諸仮説を検証するために数量化可能なデータを加工・標準化して、統計・数量的分析を併用するマルチ・メソッドな方法を採る。その結果として体系的な検討を可能とし、分析視角においても国家、あるいは個人のどちらかに偏った視角を否定し、個人と複雑な社会構造との相互作用からなる「社会関係」に焦点が当てられる。

二点目としては、理論構築のストラテジーの問題である。スコッチポルは比較を通じて社会変動が起こりうる構造的要因を特定化し、一般理論として法則性の定立を追求するのに対し、ティリーの理論構築は固有の状況や偶発性に留意しつつ、因果関係も含めて個々の状況を判断し、事例の比較を通じて政治社会変動過程の多様性を示すのと同時に、事例間に共有される因果メカニズムを明らかにすることによって行われる（大田 2006：24）。つまり事例間の類似性を特定し、それを必要十分条件を満たした因果として扱うスコッチポルに対し、ティリーは各事例の固有性や偶発性を重視するために（「都市化」等の）変数を指標として扱うことで、事例間の相違と変動の多様性を示すことに重点が置かれていたのである。この点については研究対象の位置づけや事例の選択、研究目的などに応じて差異はあるものの、過度の一般化による「結果」の強調は慎むべきであるし、何よりも「結果」という「点」に軸足をおく比較は因果を発生させる過程を欠落させる以上、没歴史的なものとなり、変動論としては難が出てくる。[26]

これらのことがより明らかとなるのが、三点目として挙げる歴史社会学（あるいはヨーロッパの社会史）の立ち位置の問題である。歴史社会学が明らかとしたのは、ある意味で近代化という一つの大きな流れを支える歴史意識のもとに覆い隠された複数の時間／歴史性であり、その時間を内在する様々な単位の社会＝空間であった。現時点でも共通了解のとれていない歴史社会学における最大公約数を仮に「中長期間にわたる社会変動論」とするのであれば、ヨーロッパのアナール派の影響下にあった社会史は時間と空間を拡大あるいは限定しながらそこでの変動の形態を理解するのに対して、アメリカの歴史社会学はそこからさらに比較という方法を通して因果連関を見ながら理論を構築することに重きを置くことを選択したのだといえよう。

歴史社会学じたいが、歴史学と社会学の相互浸透として成立した領域であり、境界が曖昧なのも確かである。そもそも歴史的想像力との接合において社会学の中に時間‐空間を埋め込むことが当初の目的であることを勘案すると、むしろ歴史社会学は一方では時間‐空間を無視してきた社会学の一般理論とは異なる理論構築ストラテジー（社会学の歴史理論の構築）として、もう一方では社会学の下位分野として位置づけるのではなく、社会学における歴史的想像力を顕現させる方法の学として再考していくことが必要となる。

こうした考え方は、社会現象が「いかに（How）」して起きるかは「いつ、どこで（When & Where）」起きるかに依存するという経路依存性を強調する立場をとり、社会学を時間・空間と向き合う「現在の歴史（History of the Present）」であるとするティリーが持つ〈前提〉に端的に表れており、都市社会学と歴史社会学のあいだを架橋する一つの方向性を示す（Tilly 1988）。重要なのは、歴史社会学のアイデンティティを構築する試みの中で多様な方法や「戦略」が模索されたこと、その中で方法論的重要性が認められる比較法を洗練化する方向へと動いたこと、そして歴史社会学が多様な時間性に関心を示す形で時間‐空間の社会・歴史理論を構築するための批判力を示したことなのである。カステルの『都市とグラスルーツ』を見る限り、都市社会学における歴史的アプローチとしてティリーらの歴史社会学的方法を下敷きとしたことで、時間−空間の社会理論という枠の中で、シカゴ学派の遺産をはじめとした多様な方法を取り入れることが可能となった。見取り図となる「理論構築の戦略」や「調査研究計画」が示され、事例に対応する最もふさわしい方法を組み合わせるマルチ・メソッドによる調査が進められる。また分析のスタイルも事例にふさわしい形で叙述による因果関係の解明や分析モデルを利用した分析を行うなど多様な形がとられ、最後には事例によって得られた都市社会運動の理論を都市と社会変動の理論という広い枠組みによる理論化をさらに図っていく、という歴史社会学が形成されていく中で磨かれた研究スタイルも根づいている。

このような形で行われたカステルの研究は、一方では方法論や理論構築のプロセスに大きな困難を抱えていることが指摘されたが[27]、都市社会学の中に歴史社会学的研究のアプローチを挿入した歴史的アプローチを採用する一つのモデルとなることは確かである。

本書においては、「比較」を経由して一般理論化を図る方法は採用できないが、「都市の意味」をめぐる歴史的行為者間の闘争過程を分析することを通じて、空間を媒介とすることで発現する都市社会変動の一つの形態を明らかとすることは可能となろう。次節では、この空間と社会、そして歴史との関係性を捉える仮説的な枠組みを検討していく。

3　「空間／場所の歴史」をめぐる諸論と方法論的検討

前節では、日本都市社会学における歴史的視点の導入の契機となった諸研究とその導入過程を検討し、また新都市社会学派における理論的旗手となったM・カステルによる『都市とグラスルーツ』による転換を取り上げ、歴史社会学的方法を下敷きとしながら都市社会学における歴史的アプローチの可能性を広げる可能性を探った。そこで見えてきた一つの方向性として、多様な形態をとる都市社会を理論化する方策として、時間 - 空間（とりわけ後者に重点を置いて）の視点を社会学的な想像力の中に置きなおすことが示唆された。

以下では「空間の生産」という問題関心のもとで、こうした問題に正面から取り組んできたH・ルフェーブル、およびその問題関心を引き継ぐ諸研究を概観していこう。そうすることで都心における「空間／場所の歴史」研究の見取り図が描けるはずである。

(1) H・ルフェーブルによる「空間の生産」論

一九八〇年代の「世界都市」化の言説に代表されるように、政治経済的なリストラクチュアリングに主導される形で表出した新たな空間再編の波やそれに対応した文化の誕生は、カステルをはじめとした新都市社会学派の研究者やD・ハーヴェイなどのマルクス主義的な地理学者などを、空間をめぐる研究潮流へといざなっていった。

このような空間論的転回ともいうべき大きな流れは、ポストモダニズムの影響下にあった建築学や文学からはじまり、それに歴史学が飲み込まれるといった、社会科学の周辺領域の出来事であった（吉原 2002：75）。社会学においてはP・ブルデューやA・ギデンズ、M・フーコーなど、社会構造に不可欠な構成要素として時間や空間に焦点をすえる理論動向の台頭と共に、空間に関していえば多様な空間性や空間的関係、空間化という社会理論に包含されるモーメントとして位置づけられよう。

その大きな流れの一つの橋頭堡となったのが、一九八〇年代以降に向けられたルフェーブルの空間や時間へのまなざしをどう理解するか、という点である。とりわけ都市研究においては、彼が空間に置くアクセント、すなわち社会における空間性はすぐれて経済的・政治的・文化的諸力の「都市の織り目（le tissu urbain）」として表徴し、それゆえ空間は物的場所であり、土地所有関係網の中の一片の不動産であり、社会的諸関係を編成する契機であり、実存主義的自由である、とする点において空間と向き合う契機が浮上した。ここには様々な諸力の結び目として捉えられている都市という存在を、空間を経由することで様々な分野へとつながる極めて重要な対象として位置づけるルフェーブルの認識が息づいている。

彼が注ぐ空間へのまなざしは、終生のテーマとなる日常生活批判に端を発し、以後都市論への展開を経て『空間の生産』に代表される空間論へと結実していく、ある意味で実践的な展望から発想されている。

「空間の生産」という問題圏から彼の研究史を散見すると、日常生活批判は一九四七年の『日常生活批判序説』にはじまり、一九八一年の『日常生活批判』の第三巻までの約四〇年をかけて論じられるのであるが、そこでは商品経済が進展していく中で芸術や聖なるものが切り離され、結果として日常生活からそれまで有していた能動性・創造性が失われ、次第に単調となっていく事態に向けられていた。ルフェーブルがそこで見出したのは、資本と国家による日常生活に対する究極の支配形態としての「空間の支配」であり、官僚主義のもとで行われる「空間に標柱をつける。財政の空間とか、管理の空間とか、司法の空間」という行為であった（Lefebvre 1968 = 1970 : 265）。ルフェーブルが日常生活批判で行っていたのは、否定の哲学を介した実践として、日常生活を支配する媒介としての空間の批判を行うことだった。この問題関心は『空間の生産』に至るまで貫かれていることを記しておこう。

このような問題関心のもとで、次に彼が目を向けたのが都市であった。ルフェーブル自身の研究は、農村社会学から出発しており、一九五〇年代末に農村調査を行う最中に都市論への関心を高めたのだという（斎藤 2000 : 612）。ルフェーブルが都市を論じたのは、六八年の『都市への権利』をはじめとした都市三部作を中心として研究の集大成として位置づけられる一九七四年の『空間の生産』まで（正確には大学にいた六五年〜七三年まで）という非常に短い期間であるが、その間に非常に多くの著書が刊行されている。これは、前節でも触れた先進資本主義諸国で頻発していた「都市の危機」と、その事態のもとでのフランス政府による都市社会学に対するテコ入れなどがあったためだと推測されるが、ルフェーブルがカステルらと共に研究を行い、都市に対して熱いまなざしを注いでいたことは紛れもない事実である。

彼はそのような研究環境のもと、眼前で行われる都市開発を日常生活批判で有していた歴史認識によって捉え返すことに主眼を置いた都市の歴史理論執筆へと向かうのであるが、そこでの問題は近代の工業化の進展が都市の新しい諸現象を誘発し、「都市的なもの l'urbain」を生み出す点にあった。これはカステルも参照した「都市 laville/city」と「都市的なもの l'urbain /urban」という都市の二重的な理解のもと、後者を形成途上であると同時に生きられる対象として、「分散され疎外された現実性とか萌芽とか潜在性の形で存続しているとみなす」という定義を行っている（Lefebvre 1968＝1969：265）。そして工業化によって誘導された都市社会における「都市的なもの」を認識されるために提唱されるのが、「遡及的‐漸進的方法」（転繹法）であり、遡行と前進という二重の運動を通じて所与の現実的なものから可能的なものへと接近する弁証法的な方法である（Lefebvre 1970＝1974）。ここには彼の空間のみならず、時間や歴史性のこだわりが見て取れる。

そんな中で彼が批判の哲学を通じた実践的契機として目を向けたのは、一方での土地や不動産投資の対象となり、「空間」自体の生産を通じて行われる剰余価値の形成・実現・分配という三側面で重要な役割を演じるようになった、意思決定と消費の中心として権力の集権化が行われる「都市中枢」、他方での都市計画によって「住まうこと」がもたらす同時性や出会い、生活が裁断された「居住」地であった。ここで実践として戦略的に定義されたのが、都市社会における「都市的なもの」を自己管理しつつ、都市の空間と時間を領有して排除されない権利としての「都市への権利」であり、「都市的なもの」に差異を作り上げる可能性を有した社会の全体性へとつながる窓口となることが目指されるのである。

『空間の生産』はその延長線上に位置する著作であると共に、都市論の問題圏を時間と空間の中に位置づけなおす試みであった。都市論との連続性でいえば、近代都市の歴史的傾向性、すなわち工業化が誘発する「都市的なもの」と「都市への権利」は、一方では国家官僚による都市計画や科学者の空間の科学による空間の支配と、他方における住民やユーザーの「生きられる経験」に基づく空間の領有との対抗関係として、社会空間における中枢化と周辺化の弁証法が生み出す空間の矛盾として捉え返される。すなわちルフェーブルのまなざしは、日常生活批判から一貫して資本や政治、そしてそれらを支える論理的・認識論的な諸理論に支えられた空間の支配に覆い隠された、日常生活の中から立ち上がる別の空間形成の契機に向けられており、この両者の関係が対等な形となっていない近代社会の困難を乗り越える実践として後者の意義を強調する形を採っている。ただ『空間の生産』においては空間概念の精緻化を経て社会的に構築されたものとして位置づけていくことで、異なる認識方法を定立する。

(2) 空間認識の方法概念とその射程――「空間の生産」論のカバレッジ

空間認識の方法概念の検討に入る前に、改めて『空間の生産』における「空間」と「生産」概念について見ておこう。空間についていえば、ルフェーブルは、デカルト的な物質的かつ均質的な空間やニュートンによる絶対空間などの「観念的」空間と、「現実」の空間を隔てる距離を問題としながら、空間を主観的な形式にも客観的な形式にも還元せず、あくまで社会的に構築されたものとして定義づける（Lefebvre [1974]1991＝2000：50）。すなわち心的なものと文化的なものとを、社会的なものと歴史的なものとを結びつけるという意味で、また社会諸関係の存在様態であり社会的実体でもあるという意味で多様な空間性を問題化するための戦略性をもたされている。また生産については、マルクスやエンゲルスのような物の製造や労働という狭い意味ではなく、社会的人間が自らの生活や精神、歴史や世界、意識、表象を算出することを示す広い意味で捉えている（Lefebvre [1974]1991＝2000：123）。

これにより社会的諸関係と空間的諸関係の弁証法的理解が可能となる。

それではここでルフェーブルが提示した空間認識の方法概念を見ていこう。この空間認識の方法概念を用いた「社会空間の三つの契機」の弁証法的関係の追求こそがルフェーブル空間論の肝となる（南後 2006）。

① 知覚されるもの——空間的実践

建造環境や風景の中で次第に具体化されてくる、個々人のルーティンから地区やリージョンの体系的な建設に結びつくような物理・物質的なフロー、移転、相互作用。

「空間的実践が確証され、記述され、分析されるのは……（中略）……建築、都市計画（この表現は公式の言説からの引用である）、道路や地区の実際の設計（「市町村の整備計画」）、日常生活、そして当然のごとく都市の生活」（Lefebvre [1974] 1991 = 2000：590）。

② 思考されるもの——空間の表象

都市計画や国家などを通じて空間を組織化し表象するような、あるいは人々の日々の常識として共有されるような、記号と意味、コード、そして知識や行為からなる諸形式。

「つまり思考される空間。科学者の空間、社会・経済計画の立案者の空間、都市計画家の空間、区画割りを好む技術官僚の空間、社会工学者の空間、ある種の科学的性癖を持った芸術家の空間、これらの空間はすべて、生きられる経験や知覚されるものを思考されるものと同一視する。……（中略）……これが社会（あるいは生産様式）における支配的な空間である」（Lefebvre [1974] 1991 = 2000：82）。

③　生きられる経験――表象の空間

精神的に創造されたもの、すなわち空間をめぐる象徴的差異化や集合的空想など、空間の集合的経験として浮上してくるものであり、支配的な諸慣行に対する抵抗とその結果生じる個人的・集合的逸脱の諸形式も含む。「映像や象徴の連合を通じて直接に生きられる空間であり、想像力はこの空間を変革し領有しようとする」(Lefebvre［1974］1991＝2000：123)。

空間を確証し、記述し、分析するということは、敷衍すれば空間的実践の経験的観察を通じて前記の三つの社会空間を生産する次元の弁証法的関係性を捉えていくということである。さしあたり「空間的実践」は人間の活動や経験の媒介かつ成果、「空間の表象」は思考される空間であり、知や権力と結びつく資本や制度などの抽象的空間、「表象の空間」は生きられた経験に基づく想像的な空間としよう。

このうち「空間の表象」と「表象の空間」は、それぞれこれまで演じられてきた政治や経済、科学による空間の支配と日常生活における空間の領有に対応するものであり、この対抗関係もしくは共犯関係のあり方が課題となる。その関係性を明らかとする手がかりになるのがここで新たに挿入された「空間的実践」という要素である。「空間的実践」を考えるにあたっては、「空間的実践」が「空間の表象」や「表象の空間」という二つの意識的・自覚的な空間編成を契機として成立し、かつこの二つの次元から反作用を受けることを頭に留めておく必要がある(斎藤 2000：624)。すなわち「空間的諸実践」は必ずこれら二つの空間の次元を経由しながら社会空間の編成を成し遂げるのである。ルフェーブルがここまでの研究で行ってきた空間の支配と空間の領有の対比は、前者が科学者や政治家・官僚の空間戦略という「空間の表象」を経由した都市計画や公団住宅の開発という「空間的実践」として社会諸関係の再生産を行ったのに対して、後者はまさにカステルが取り上げたような都市社会運動のような形態で新たな差異を創出するものとして理解できよう。

また、ルフェーブルがかつて取り上げた資本主義というシステムを考察する、あるいは都市中枢を作り上げるような土地や不動産に対する投資・投機活動や、近年の再開発を分析するにあたっても、私的土地所有という「空間的実践」が資本蓄積や不動産価値の向上を目的として土地の計画的利用や開発を推進し（「空間の表象」）、「表象の空間」の次元による歴史性や象徴性を発現したスペクタクルと結びつくような産業的実践を経て、再開発やその他まちづくりなどの新たな「空間的実践」として結実する、という絵を描くことも可能であろう。

そして「空間的実践」という次元を組み入れたことで、流動性や過程と共に構造や固定性も視野に入れた分析が可能となる点も見逃せない。町村敬志が論ずるように近年の都市はむしろ容易に変わっていかない、あるいは変わっていけない場所として浮上してきており（町村 2004）、そういったものが逆にリスク管理の観点から政治や官僚、科学などの「空間の表象」、あるいは古い建造物への愛着や歴史的環境保存に結びつく感情といった「表象の空間」との関係性の変化を促す場合がある。このように「空間的実践」「空間の表象」「表象の空間」の三者の接合関係を捉えていくことが、「空間の生産」論の一つの意義となる。

他方で存在論的・認識論的に空間を捉えた場合、空間はその内に時間‐歴史的な諸力を必然的に抱え込んでいるといえるだろう。ルフェーブルは、空間を客体であると同時に主体であり、物質的であると同時に隠喩的であり、社会生活の媒介であると同時にその結果であるとし、別々に切り離された個々の要因（社会的・政治的・経済的な活動のための空間以外の素材や資源）を取り結ぶ広大な運動と位置づける（Lefebvre [1974] 1991＝2000：586）。そこではルフェーブル自身のメタ哲学的企図、すなわち空間は歴史ないし社会的歴史性としての時間の社会的生産に結びついてきたものすべてを付加する性質を有するがゆえに社会生活の媒介／結果として浮上するのであり、あらゆる社会諸関係を具体・現実化する要件として社会性や歴史性と並ぶ（空間性の）存在論的・認識論的意義が強調される。

しかしながらルフェーブルによって主張された空間・空間性の強調は、あくまでも社会性と歴史性を強調する形で推し進められてきたこれまでの批判的な哲学や社会理論へと空間・空間性を結合することを通じ、その射程を再拡張することにその主眼が置かれていたことを再度述べておく必要がある。それはルフェーブル自身の研究の根幹にあるマルクスの空間／空間性をめぐる戦略的読み（物質的な「空間的な諸実践」／「知覚されるもの」を軸とした資本制の考察）というだけではない。M・ハイデガーの「住まうこと」「建築する」ことをめぐって展開される存在論（「空間の表象」／「思考されるもの」）やG・バシュラールが『空間の詩学』において「場所の愛（トポフィリ）」という概念を通じて夢想した親密で絶対的な「詩的空間」の現象学（「空間の表象」／「思考されるもの」と「表象の空間」／「生きられる経験（想像）」の区別）が有する豊穣な世界観を貫く歴史的なるもの（空間の歴史・歴史の空間）の観念を再浮上させることにもつながっていく。

「空間は時間を凝縮している。それが空間の役目なのだ」
「思い出は空間化されれば、ますます不動になる」
「記憶と想像力は分離できない。たがいに働きかけ、進化しあう価値の世界において、両者はともに思い出とイメージの共同体をつくりあげる」

（Bacherard 1964＝1969：40–44）

その中で見え隠れする人とモノの間に生起する「存在」をめぐる問いは、その力点の置き方は異なるにせよ、必然的に時間と空間の結びつきを経由する形でその社会性を照射する。ハイデガーとバシュラールにおいて強調された上記のような言説は、「存在」が、集合的記憶や田舎と都市、地域、環境、ローカリティ、近隣とコミュニティについてのわれわれのイメージに影響を与え、時間の流れとしてではなく身体に刻み込まれた記憶として、経験された場所や空間の思い出として刻印される可能性を示唆するものである。彼らの知見（とりわけバシュラールによる「生成」＜「存在」の姿勢）に従うのであれば、「社会を表現する素材として、歴史は詩に、時間は空間に道を譲らなければならら」ず、「空間的イメージは（特に写真において明らかなように）歴史にたいして著しい権力を行使することになる」（Harvey 1990＝1999：280–281）以上、時間‐空間的諸実践が埋め込まれたおのおのの社会関係の再生産と変容の過程（さらにいえば社会変動の歴史）を記述・分析するための枠組みが必要となる。ここではその分析概念を「場所」と名づけよう。

近年、社会科学にとどまらず地域や都市、さらには日常生活世界を語る上で「場所」の観点が注目されている。ただこの「場所」という概念は、社会階層上の一つのポジションという意味や、家屋敷や都市の中のオープンスペースといった実体、さらには美学的概念としてその立地に固有の特性がもたらす意味までを包括する、非常に曖昧なものである（Hayden 1995＝2002：38）。それゆえ認識論上の問題で悩むことが少ない形での定量化を志向してきた旧来の社会科学においては、抽象的で均質的な平板の「空間」に対する理解へと限定化し、都市の記述はその「空間」内における共同性を実体的な形で描写することに終始してきた。

しかしながら「空間の生産」をめぐる諸論考を通じてルフェーブルがもたらした空間論的転回は、「場所」を多層的な意味を包括した存在を規定する基盤として位置づけつつ、社会的、政治的、経済的、空間的な諸実践の相互作用について基礎的な統一を導き出すフレームを提示した。彼の説く社会的再生産の空間は、人間の身体の中や家の空間、そして社会的諸関係が再生産される都市空間までまたがるものであり、「空間的実践」を経て経験や知覚、想像力が接合するプロセスとして物理的空間と社会的行為の結びつきを明示したことにその特徴がある。そしてこれらの知見は、場所の構築における経験、知覚、想像力とのあいだの弁証法的相互作用[28]について焦点化したハーヴェイ（Harvey 1990＝1999）や、人や物財、イメージなど諸種のネットワークの層に身体が偶発的に埋め込まれ、それがシステムとして再生産されることを通じて場所が動態的に構築されるとするJ・アーリなどの研究（Urry 2000＝2006）へと引き継がれている。

こうした場所の構築をめぐる諸研究には、資本主義の下での場所の構築という主題、すなわち経済的諸過程と社会・文化的諸過程の関係性をめぐる問いが必然的に内包されている。たとえばハーヴェイは、場所構築の政治経済学において商業主義的で宣伝向けの投機的なものすべての表象として創造されたにもかかわらず、一九五〇年代以降に衰退するまで多くのニューヨーカーにとって一体感やコミュニティ感覚の焦点となり続けたニューヨークのタイムズ・スクウェアの事例を引きつつ、こうした点に着目している（Harvey 1993＝1997）。またアーリは、場所が次第に商品やサービスにコンテクストを与えるような、あるいは観光など視覚を通じて場所そのものが消費可能なものとして組織化される中で、歴史や文化の解釈やそれを支える社会的記憶を変容させ、結果として場所や人々のアイデンティティが消尽していくことを指摘する（Urry 1995＝2003）。ルフェーブルが示した空間認識の方法概念を自らの研究の内に取り込み、とりわけ「表象の空間」に軸足を置いたこれらの研究は、物質性、表象、想像を分離した世界であるとみなすことを拒否し、物質的な基礎づけが依然としてその力と特徴としている場所から、表象的かつシンボリックな力が場所の構築に対して大きな位置を占めているような場所まで、一元的な形での分析可能性を押し開く。

さらにこの研究領域は、経済的なものと社会・文化的なものの関係性を媒介するものとして浮上する「歴史」を対象とした、もう一つの「歴史」社会学の可能性を示唆するものである。日本の歴史社会学の研究動向を見ると、先に採り上げた「社会学の概念・モデル・理論を（程度の差こそあるにせよ）意識的・体系的に利用して具体的事例に即した、社会変動の因果的説明を志向する歴史社会学」（田中 2003：163）がある一方で、歴史そのものを「現在における過去の絶えざる再構築」として捉えるような構築主義的な歴史社会学が存在する。浜日出夫は複数の歴史社会学が存在している状況における歴史の新たな語り方の一つとして、「歴史の社会学」の可能性に言及する（浜 2005：50–51）。過去を想起して歴史を作り出す人々のネットワークを対象とするこの「歴史の社会学」では、近代文学や映画作品、戦争体験や自分史の語り、なにかの記念行事など、様々なものにまなざしが向けられる（浜 2002）。その中には文化遺産や産業遺産、人々の生活の中に根づいてきた歴史的建造物などの歴史的遺産も含まれ、独自の記憶を保存し、かつその独自性を再編成し、新たな適応を果たすことが求められる都市において、保存と開発のはざまでゆれる様々な主体の葛藤を自らのアイデンティティをめぐる問題として描いてきた歴史的環境の社会学も含まれるであろう。

このように場所が記憶の源泉として人々の存在を規定する基盤となりうる以上、空間や場所をめぐる資本の運動が技術的・組織的革新を通じて多様な形で発現している現在においてこそ、記憶や「歴史」を媒介としながら機能していく経済的なものと、社会・文化的なものの関わりから場所の構築を読み解いていくことが重要になると思われる。その際この「存在」をめぐる問いは、場所とアイデンティティあるいは社会的感覚に直結する「表象の空間」の問題として浮上し、一方では場所はスペクタクルとして資本蓄積に統合する契機として、他方では空間の抽象化に抗する新たな対抗空間を形成する契機ともなりうる。この「表象の空間」における特殊歴史性を問題化する方向性が、「空間の生産」論のもう一つの意義となる。このようなカバレッジを有する「空間の生産」論を経由する形で、丸の内という「空間／場所の歴史」を記述していくことが本書の方針となろう。

（3）分析枠組みの検討

社会空間の契機の結びつきを考察することが、時間・歴史性を包みこむ形で社会秩序の空間形成を主題とする

「空間の生産」論の主題へとつながっていく道筋が見えてきた。空間の生産者は複合的で多元的な主体である。それは空間を抽象化・数量化して処理する空間の科学者であり、都市開発や都市開発を推進する都市計画家や建築家や政治官僚であり、空間の諸矛盾を描き出す画家や写真家であり、空間の表象を表現する文学者であり、そして最後に空間を領有しようとする生活者やユーザーとなる。これらの複合的で多元的な空間の生産者のあいだで空間の生産をめぐる激しい紛争が繰り広げられ、空間はアリーナとしてだけでなく、再生産のメディアとしても浮上してくる。

この段階において、われわれはカステルの都市社会変動論、とりわけ「都市の意味」と都市機能、そして都市形態と空間の弁証法的な結びつきについての交差点を発見する。先見した通り、「都市の意味」は「所与の社会の歴史的行為者間における（自らの利害や価値を照応する形で社会を構築するような）闘争過程によって、一般に都市の目標として設定された（また都市間分業における特定の都市の目標として設定された）構造的な成果」として都市機能を決定するような、社会のシステムを変革する戦略性をも含意しているものである（Castells 1983＝1997：534-535）。また都市形態については流通や知覚、精神的連帯や表象の体系として、すなわち「都市の意味」の象徴的表現として、また形態も含むそれらの歴史的な二重焼付け画面の象徴的表現としてしか定義されておらず、むしろこの三者の結びつきについてはルフェーブルの提示する「空間の生産」の問題圏と接合しながら、空間認識の方法概念の弁証法的関係性から読み解いていく方が理解しやすいように思われる。

「モダン東京」の都心を形成する丸の内において表出する「ゆらぎ」を摑まえるには、弁証法的関係性を見る必要があるし、丸の内という「空間の意味」をめぐる歴史的行為者間の闘争過程（および権力構造）についても、現在行われている都心再構築の流れにせよ、過去の美観・景観論争にせよ、丸の内の「現在」性を明らかにするためには空間（と時間）から読み解いていくことが必要であろう。

表1－2　各章／時代ごとの分析フレームのイメージ――歴史的行為者と空間的実践の関連

領域	主体	「丸の内」をめぐる空間の諸実践			
		舞台となる主要な空間	物質的な空間の諸実践（知覚されるもの）	空間の諸表象（思考されるもの）	表象の諸空間（生きられる経験／想像）
皇	天皇				
政	官				
	自治体				
経	三菱				
	その他				
民	国／市民				

出典：筆者作成。

そこで本書における分析枠組みのイメージを、上に示しておこう（表1－2）。基本的にはルフェーブルによって示された「社会空間の三つの契機」と身体の三重性の結合、すなわち①「空間的な諸実践」＝「知覚されるもの」と②「空間の表象」＝「思考されるもの」、そして③「表象の空間」＝「生きられる経験」の枠組みを利用する。ただ特定の社会諸関係のもとで遂行される社会的行為の過程においてこそ空間的諸実践が重大な意味をもつとするハーヴェイの指摘等も踏まえ（Harvey 1990＝1999：282-285）[29]、先述のように歴史的行為者ごとの分析が可能な形に単純化した表を作成した。

まずこれまでの研究成果を踏まえ、縦軸には東京丸の内地区を構成する歴史的行為者、すなわち「主体」として天皇をはじめとした「皇」、戦前の内務省や東京府および東京市、それに戦後の東京都や千代田区などの「政」、三菱をはじめとした旧財閥系や旧丸ビルに入っていた家族的企業やその事業者に代表される「経」、戦前の皇居遥拝に訪れる国民や丸の内で働く従業者、そして来街者に代表される「民」の四つの区分を設けた。その上で各章／時代ごとにそれぞれ当てはまる主体を追加していく。もう一方の横軸には「空間的な諸実践」＝「知覚されるもの」と「空間の諸表象」＝「思考されるもの」、そして「表象の諸空間」＝「生きられる経験／想像」の枠組みに加え、「舞台となる主要な空間」の項目を追加した。

イメージとはいえこのような分析枠組みを示すことは、一方では自らの研究の立場性を表明することによって、歴史学や都市計画史、建築史や地理学など他分野の研究成果を利用する際の位置づけを明確にでき、さらに体系的な探求につながっていくという利点もあるだろう。しかしながらこうしたグリッド・マトリックスの作成は、分類の道具として用いることによる歴史的個別性が抽象化してしまう恐れや、特定の条件の場合しか利用できないという制約の大きさからの危惧が非常に大きい。そのため時間／歴史性に配慮した研究がかえって没歴史性に陥る可能性もある。さらにいえばただ分類を行っただけでは、この分類は何も語ってはくれないために、その読み下し方、そして記述の仕方こそが重要となる。

ルフェーブルが最も示したかったのは、近代において「知覚されるもの」が視覚に一元化し、「思考されるもの」と照応する「空間の表象」が支配的となる抽象空間の中で、圧殺されていた「生きられる経験」を掘りおこすこと、すなわち二分法的な世界観を有する近代が捨象してきた複雑性を身体の三重性の各領域を占める比重の変容（とりわけあらゆる現実かつ想像を内包する「生きられる経験」と照応する「表象の空間」に重点を置く形で）から描き出すことにあったといえよう。それはこれまでの都市社会学において、空間的・社会的な疎外や排除という形でしか「都心」を語れなかった説明図式に「表象の空間」という差異を入れこみ、そこから読み解いていく戦略として浮上する。

空間を容器として死んだもの、固定化したものとして扱ってきた近代の社会学においては、ルフェーブルのいうところの経験的に地図化できる「空間的実践」＝「知覚されるもの」の空間と、心的・認知的形態として再現・表象される「空間の表象」＝「思考されるもの」の空間、どちらかに没入する形で研究が進められてきた。とりわけ都市・地域を対象とする空間的ディシプリンである狭義の都市社会学では、シカゴ学派を中心に規模・密度・異質性・アノミー・機能的連帯・地理的中心や枢軸性によって「都市的なもの」は識別されるとして、参与観察による「空間的実践」＝「知覚されるもの」の記述に重点を置かれていた。記述レベルでの一般性から科学としての存立を目指した都市社会学は、二〇世紀初頭のシカゴという新たに発展した工業型都市の観察を通じた理論化を志向しており、一部の例外を除き背後にある「空間の表象」=「思考されるもの」や、「表象の空間」=「生きられる経験」が結びつくメカニズムを自覚的に扱うことはなかった。

そうした中で、草創期に文学作品等、様々なデータを取り上げながら、イギリスやドイツの都市研究の上にシカゴ学派の研究を導入して独自の都市理論を構築した奥井復太郎、シカゴ学派の研究を踏まえつつ日本の実情にあわせ都市の歴史的側面に目を向けた矢崎武夫、その矢崎の弟子として統合機関理論を継承しながら都市の歴史社会学を展開した藤田弘夫らによる一連の研究は注目に値する。とりわけ都市の最も基礎的な種別性を照射する結節性と権力の結合として焦点化した統合機関理論を核とし、古代から近代にいたる日本都市の発展過程を追った『日本都市の発展過程』に代表される矢崎武夫の研究は、「都市的なもの」については「空間的実践」=「知覚されるもの」と「空間の表象」=「思考されるもの」が結びついたものとして位置づけられている。ただ様々な機関の集積という形でしか統合機関同士の関係性を明示的に語ることができていないため、それを「空間的実践」=「知覚されるもの」と「空間の表象」=「思考されるもの」との関係性を通じて読み直すことが求められる。

また一九八〇年代の都市論・東京論ブームの中で生み出され、かつ磯村英一の盛り場論の戦略的読みを伴う『都市のドラマトゥルギー』からはじまる吉見俊哉の諸研究にも注目したい。都市論・東京論ブームという歴史性や文化が強調される時代に花開き、その後の空間論的・文化論的転回を経て、より「空間の表象」=「思考されるもの」と「表象の空間」=「生きられる経験」の結合に軸足を置く吉見の研究は、天皇制と資本主義、そして都市空間の問題を矢崎のそれとは異なるレベルで考察する上でも非常に重要となるであろう。吉見の研究については、「空間的実践」における争いが「空間の表象」=「思考されるもの」を経由して「表象の空間」=「生きられる経験」へと結びつき、その結末として新たな「空間的実践」を生み出すという非常にオーソドックスな理解に立っている。ただし他方では、「空間的実践」／「知覚されるもの」の記述による事実の集合をあくまでも政治的実践として読み解こうとした結果、新たに都市を語り東京を浮かびあがらせるという方向には進まず、都市一般の観念的理解へと進んでいってしまったとも評されている（中筋 1998）。しかし大事なのは経験的一般化と理論を峻別する視点であり、事実による経験的一般化を経て浮かびあがってくる都市の「現在」性であろう。

さらにルフェーブルをひきつけた都市を歴史や社会の所産とみなすアメリカ都市社会学の歴史主義的アプローチ（L・マンフォードやG・ショウバーグ、W・ファイアレイ、W・フォームなど）のうち（Castells [1969]1977＝1982：100）、特にファイアレイのものは本書が最も重視するものである（Firey 1945, 1947）。ファイアレイの研究は、これまでシカゴ学派に対する批判の一つとしてしか評価されてきていないが、「空間の生産」論を経由することで異なる「読み」の可能性が拓かれる。経済的土地利用に対して感情やシンボリズムといった文化的価値が大きな影響を与える場合があることを、ボストンの土地利用を通じて実証的に明らかにしたファイアレイの研究は、①「空間的実践」＝「知覚されるもの」の観察を通じて「空間の表象」＝「思考されるもの」とその向こうに透けて見える「表象の空間」＝「生きられる経験」の対抗関係を明らかにした点、②感情とシンボリズムの結びつきという具体的な形（「感情‐シンボル関係」）で「表象の空間」（と「空間的実践」の関係性）へと言及した点、③ビーコン・ヒルやボストンコモン、ノース・エンドなど異なる次元の「場所」（「表象の空間」）の存在を実証的に明らかにし、そこからシカゴ学派が前提としていた「近代都市」像に修正を迫った点で、本書において最も大きな意味を持つものとなっている。つまり「空間的実践」と「空間の表象」の関係性（「空間」）の中で「差異」としてきて浮上する複数の「表象の空間」（「場所」）に着目し、そこから他の次元との関係性を捉え返すことが非常に重要となるのである。

これらの参照軸となる研究に複合的な「空間性」の視点を挿入しつつ、本書は「空間の生産」のプロセス、すなわち「空間的実践」の中で表出する「空間」（≒「空間の表象」）と「場所」（≒「表象の空間」）のあいだの相互浸透を

表1－3　空間の諸実践に関するグリッド

	近接性と距離拡大	空間の領有と利用	空間の支配と制御	空間の生産
物質的な空間の諸実践（経験）	•財，カネ，ヒト，労働力，情報のフローなど •輸送と伝達のシステム •市場と都市のハイアラーキー •凝集体	•土地利用と建造環境 •社会諸空間と他の“なわばり”の名称 •通信伝達と相互扶助の社会的ネットワーク	•土地の私的所有 •国家と行政の空間分割 •限定的コミュニティと近隣地区 •排他的なゾーニングと他の形態の社会的制御（治安維持と監視）	•物的なインフラストラクチャーの生産（輸送と通信伝達） •建造環境 •土地のクリアランスなど •社会的なインフラストラクチャーの領土上の組織化（フォーマルな及びインフォーマルな）
空間の諸表象（知覚）	•社会的・心理的・物理的な距離の測定 •地図の作製 •“距離の摩擦”の諸理論（作用力最小限の原理，社会物理学，申し分の無い・中心的な場所の範囲，及び他の形態の立地理論）	•パーソナルな空間 •占有された空間のメンタルマップ，空間のハイアラーキー，諸空間のシンボリックな表象 •空間の“諸言説”	•忘れられた諸空間 •“領土に関する命令” •コミュニティ •地域文化 •ナショナリズム •地政学 •ハイアラーキー	•地図作製，視覚の表象，通信伝達の新しいシステムなど •芸術及び建築の新しい“諸言説” •記号論
表象の諸空間（想像）	•誘引／反発 •距離／欲望 •接近／拒絶 •“メディアはメッセージである”	•親しみ •温かい家庭 •オープンな場所 •民衆の見世物の場所（ストリート，広場，市場） •図像と落書き •広告	•不慣れ •恐れの空間 •財産と所有 •モニュメンタリティと儀式の構築された諸空間 •シンボリックな障害と象徴資本 •“伝統”の構築 •抑圧の諸空間	•ユートピアの諸計画 •想像上の諸風景 •サイエンス・フィクションの存在論と空間 •芸術家のスケッチ •空間と場所の神話体系 •空間の詩学 •欲望の空間

出典：Harvey（1990＝1999：282）を一部改変。

図1－1　千代田区丸の内地区の航空写真（戦前）

出典：日経ナショナルジオグラフィック社，2003，「1944年7月，B-29が撮影した東京の都心部」『ナショナルジオグラフィックが見た日本の100年』134頁。

図1－2　千代田区丸の内地区の航空写真（現在）

出典：国土画像情報（カラー空中写真）国土交通省（2008年9月15日アクセス）。

描いていくこととなるのだが、それを具体化するための仕掛けとしてさらに準備しているのが、「都市づくりの三角形」を踏まえた考察である（図1－3）。前述したグリッドは、都市空間をめぐる理解や審美的態度の差異がもたらす空間認識のゆらぎとその帰結について、異なる空間性のもとで成立する主体間関係と空間形成パターンから読み解くための見取り図作成を目的としたものであるが、先ほども述べた通り分類を行っただけでは、それ自体は何も語ってはくれない。そこで本書では、「空間の生産」のプロセスを広義の「都市づくり」と位置づけ、ひとまず田中重好の整理に従い、主体・内容・目的から「都市づくり」について考察を加えていく（田中 2005）。田中によれば、「土地の公共性」に基づき成立する高度に都市化した現代社会における都市空間は、「私的所有と私的活動に強く性格づけられ」るのと同時に、「都市住民の共同の〈場〉」としての公共的性格を持ち合わせているという矛盾・対立する契機を内包しているという。それ故に、「都市づくり」のような調整・合理的結合を伴う社会的制御システムの存在が重要となる（田中 2005：148-149）。だからこそわれわれは、行政・企業・市民の三者がいかに対抗・相補関係を結びながら（「都市づくり」の主体）、（狭義の）都市計画や都市開発、まちづくりといった選択肢の中でどのような選択をし（「都市づくり」の内容）、その帰結として「都市づくり」がいかなる都市空間

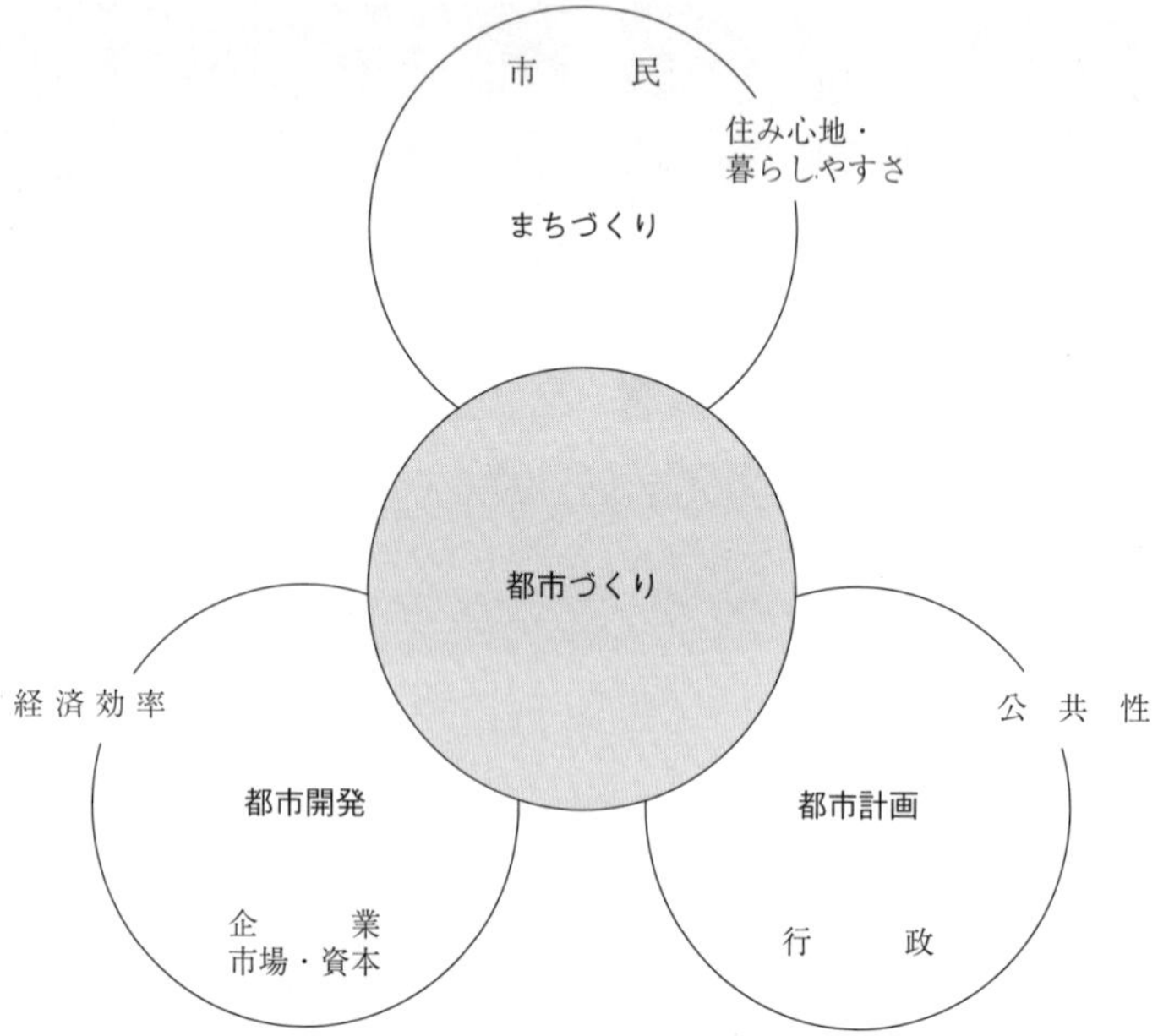

図1-3　「都市づくり」の三角形（主体・内容・目的）

出典：田中（2005：151）を一部変更。

を実現するか（「都市づくり」の目的）について、具体的に注視する必要があろう。

東京の中心部に鎮座する天皇／皇居の社会的位置の変容を視野に入れつつ、東京・丸の内地区における①科学者や政治家・官僚の空間戦略という「空間の表象」を経由した都市計画や公団住宅の開発などの「空間的実践」を行う行政による「都市づくり」、②資本蓄積や不動産価値の向上を目的として土地の計画的利用を推進し（「空間の表象」）、「表象の空間」の次元による歴史性や象徴性を発現したスペクタクルと結びつくような産業的実践を経て、再開発やその他まちづくりなどの結合により新たな「空間的実践」へと結実させていく企業による「都市づくり」、③ボランタリーな活動を通じて都市空間を維持・整序させながら、自らの活動を維持・拡大し、自己形成へとつなげていく市民による「都市づくり」、という三者の「都市づくり」の交差とその帰結について、「土地の公共性」を成立させる基盤としての空間／場所と、各主体が抱く空間／場所の複数性から具体化していくことが、本書における最終的な到達点となる。

4　研究対象地域の概要と調査方法

本書が採用する方法は、一つは、会議の議事録や、当時の主要人物の発言、そしてその様子を伝える新聞報道などの資史料によるドキュメント分析などの質的データの分析であり、もう一つは質問紙を用いた悉皆調査である。データとして用いるのは、現在でも様々な形で編集・刊行されている議事録などの組織資料、社史や、長期的に発行され続けており事態の推移が観測しやすい新聞記事を中心としている。組織資料については明治期以降のあらゆる分野の組織文書が掲載されている『東京市史稿』を中心に、東京都公文書館保存資料や他の編纂資料を補足的に用いている。新聞記事は各紙の政治的立場による論調の違いもあるため『郵便報知新聞』『東京横浜毎日新聞』『(東京) 朝日新聞』『読売新聞』など複数紙を用いることにした。なお複数資料を用いた背景として、歴史的行為者ごとの反応の違いを観察するという目的以外にも、それぞれの資料的制約に対する補足的役割を期待しているという点も付言しておく。

またそれに加えて、当時のリアリティの再構築と都市に向けられたまなざしを抽出することを目的として、戦前の分析にあたる章で写真や絵葉書、絵双六やパンフレットに掲載された視覚データの利用を試みている。ここでは特に絵双六について概観しておく。

日本における絵双六は、周知のように一枚の紙の上に描かれたコマを辿っていくゲームであり、情報伝達機能と教育啓蒙機能を兼ね備えた庶民のメディアとして生み出された。江戸時代に入って日の目を見始め、木版刷りの浮世絵の技術開発が進んでいく江戸中期以降、多種多様に刊行されるようになり、さらに幕末から明治に移行する中

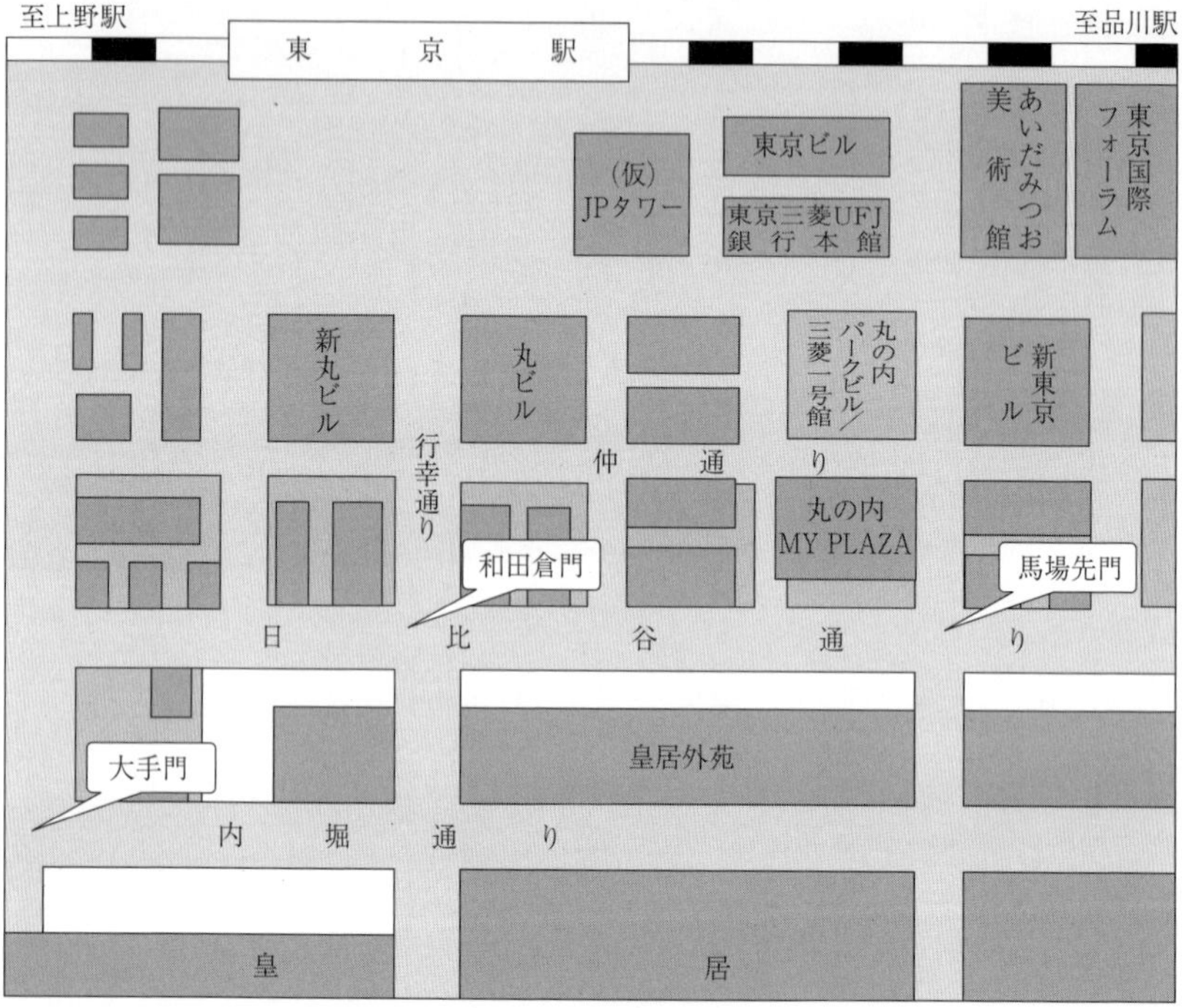

図1－4　千代田区丸の内地区（2008年時点）

出典：筆者作成。

で、江戸・東京を中心として多色木版刷りの錦絵に加え銅版や石版、さらには機械刷りによる絵双六が流通することで、より多くの人々の手に渡っていく。

さて、絵双六というメディアは、その一枚絵の中に多種多様な情報が集約されている（加藤・松村編 2002）。加藤康子らによれば、特に江戸時代の絵双六は、同時代の小説や俳諧、狂歌、歌舞伎、浄瑠璃、浮世絵など、他のメディアのテーマがふんだんに盛り込まれることが多く、これが明治に入ると江戸期に作られた絵双六の再現を行う一方で、新しい事物や風潮などを題材として取り込むようになる。さらにこれが明治中～後期に入ると雑誌などの付録を通じて対象が子供へと移行し、その主題もより啓蒙主義的な色彩を帯びていくという（加藤・松村編 2002：320-323）。また増川宏一は、絵双六のメディア特性を娯楽性・鑑賞

図1－5　千代田区丸の内地区を皇居方面から
出典：wikipedia「丸の内」（http：//ja.wikipedia.org/　2008.10.12アクセス）より。

図1－6　千代田区丸の内地区（東京駅周辺）
出典：筆者撮影。

図1－7　皇居方面から行幸通り，丸の内，東京駅
出典：筆者撮影。

図1－8　千代田区丸の内地区（戦前）
出典：小島又市，1909，『最新東京名所写真帖』9頁。

性・教訓性・広告性・賭博性に大別しつつ、双六の主題が時の政府による規制内容によって狭められたり広げられたりする事実を指摘し、その中で浮上する政治性への着目を促している（増川 1995）。つまり絵双六というメディアは、ある意味で政治的・経済的利害（「空間の表象」）と庶民のまなざし（「表象の空間」）の折衝過程が刻み込まれたメディアであるとみなすことができる。

さらに絵双六の中でも名所・道中双六を取り上げる理由としては、①当時の人々に共有された東京の「全体性」が浮かび上がること、②「振り出し」「上がり」の存在から時代性や社会的な評価・意識・感性を読み取ることができること、などが挙げられる。名所・道中双六は、多くの場合「廻り

表１－４　対象地区事業所数および従業者数

町丁目	1978年		1986年		1991年		1996年		2001年		2004年	
	事業所数	従業者数（名）	事業所数	従業者数（名）	事業所数	従業者数（名）	事業所数	従業者数（名）	事業所数	従業者数（名）	事業所数	従業者数（名）
東京都	743,249	7,167,810	797,483	7,956,742	777,470	8,777,116	771,655	8,982,413	724,769	8,608,749	664,562	7,752,604
区部	628,540	3,223,592	665,863	6,765,628	642,281	7,394,166	629,221	7,476,744	587,024	7,134,941	538,602	6,456,600
千代田区	33,559	811,190	37,260	860,119	36,233	953,833	35,943	937,990	36,104	888,149	34,036	765,092
大丸有地区	5,215	292,078	4,998	263,311	4,909	264,901	4,115	243,749	4,007	214,469	3,965	178,056
大手町	1,127	106,273	1,218	97,305	1,050	98,764	888	93,956	982	94,700	912	69,491
丸の内	2,684	141,919	2,408	128,592	2,375	124,537	1,897	113,709	1,826	81,727	1,972	76,551
丸の内１丁目	913	53,403	758	48,780	828	50,168	715	53,310	840	31,181	754	30,101
丸の内２丁目	933	51,394	911	49,044	881	52,270	576	41,818	421	30,740	613	28,673
丸の内３丁目	838	37,122	739	30,768	666	22,099	606	18,581	565	19,806	605	17,777
有楽町	1,404	43,886	1,372	37,414	1,484	41,600	1,330	36,084	1,199	38,042	1,081	32,014

出典：各年版事業所統計報告および事業所企業統計報告より作成。

表１－５　丸の内２丁目の産業大分類と従業者規模別事業所数

産業大分類	従業者規模別事業所数												従業員総数（名）
	総数	1～4人	5～9人	10～19人	20～29人	30～49人	50～99人	100～199人	200～299人	300～499人	500人以上	派遣・下請のみ	
総　　数	613	264	123	80	48	43	19	10	6	1	14	5	28,673
農　　業	-	-	-	-	-	-	-	-	-	-	-	-	-
林　　業	-	-	-	-	-	-	-	-	-	-	-	-	-
漁　　業	-	-	-	-	-	-	-	-	-	-	-	-	-
鉱　　業	2	-	-	-	-	1	-	1	-	-	-	-	222
建 設 業	20	6	6	2	5	-	-	-	1	-	-	-	445
製 造 業	20	4	5	3	-	1	2	1	1	-	3	-	5,735
電気・ガス・熱供給・水道業	-	-	-	-	-	-	-	-	-	-	-	-	-
情報通信業	15	4	2	3	-	-	2	2	-	-	1	1	1,072
運 輸 業	17	2	5	4	-	2	2	1	-	-	1	-	1,362
卸売・小売業	146	45	49	29	9	8	-	-	3	-	2	1	3,863
金融・保険業	33	7	2	5	3	6	4	2	-	-	4	-	8,017
不 動 産 業	16	2	8	4	1	-	-	-	-	1	-	-	591
飲食店，宿泊業	62	4	7	12	21	14	4	-	-	-	-	-	1,551
医療，福祉	13	5	3	3	-	-	-	1	-	-	-	1	185
教育，学習支援業	3	1	-	2	-	-	-	-	-	-	-	-	26
複合サービス事業	2	1	1	-	-	-	-	-	-	-	-	-	12
サービス業（他に分類されないもの）	264	183	35	13	9	11	5	2	1	-	3	2	5,592

出典：2004年事業所企業統計調査報告より作成（公務除く）。

表1－6　丸の内2丁目の主要建物／ビル群

ビル名	竣工年月	延床面積（㎡）	最高軒高／最高部	備考
明治安田生命ビル（＋明治生命館）	2004年8月	148,727.73（178896.43）	135.0m／147.0m	（重要文化財特別型）特定街区制度利用による容積率割増
岸本ビル	1980年7月	33,972	43.3m／50.0m	
丸ノ内三井ビルディング	1981年2月	20,373.21	—	
丸の内仲通りビル	1963年1月竣工 1971年3月増築	46,102	34.2m／42.9m	
三菱商事ビルディング	2006年3月	60,927.95	99.93m／114.83m	特定街区制度利用による容積率割増
郵船ビル	1978年2月	51,645.09	最高部70.9m	
丸の内ビルディング	2002年8月	159,838.66	180.0m／180.0m	特定街区制度利用による容積率割増
文部科学省ビル	1964年7月竣工 1973年3月増築	45,985	34.4m／43.0m	
三菱ビル	1973年3月	62,906.38	58.7m／69.7m	
丸の内パークビル	2009年春竣工予定	205,000	最高軒高157.0m	旧古河・丸ノ内八重洲・三菱商事ビルを一街区として統合。三菱一号館を復元
東京中央郵便局	1933年11月（新庁舎）	36,637.10	—	
三菱東京 UFJ 銀行本館	1980年6月	122,296	最高部110.65m	
東京ビル	2005年10月	149,335.85	164.1m／164.0m	特例容積率適用区域制度利用による容積率割増

出典：（株）三菱地所 HP（2012.3.2アクセス）および三菱地所株式会社社史編纂委員会編（1993）より作成。

双六」（サイコロを振って出た目の数だけ進む）であり、旅の道順に従って各コマが構成されていた。つまり当時の東京像が明らかになるのみならず、東京という空間の構想の仕方そのものが確認できるのである。

質問紙を用いた悉皆調査については、調査対象者を、「事業所の最上位者もしくはそれに順ずる地位の方」という形で指定を行った。これは本調査の問題意識に従って、新たな「丸の内らしさ」で絶えず強調される、組織・企業間および諸個人のネットワークを媒介とした他者との接触頻度や密度の高い情報交換頻度の高さが持つ重要性を理解しており、かつ長年勤め続けていることで良くも悪くも丸の内特有の価値観が染み付いていると考えられる層を拾い上げるための措置である。

表1－7　丸の内3丁目の産業大分類と従業者規模別事業所数

産業大分類	従業者規模別事業所数												従業員総数（名）
	総数	1～4人	5～9人	10～19人	20～29人	30～49人	50～99人	100～199人	200～299人	300～499人	500人以上	派遣・下請のみ	
総　　数	605	249	118	90	47	39	26	20	6	5	5	－	17,777
農　　業	－	－	－	－	－	－	－	－	－	－	－	－	－
林　　業	－	－	－	－	－	－	－	－	－	－	－	－	－
漁　　業	－	－	－	－	－	－	－	－	－	－	－	－	－
鉱　　業	－	－	－	－	－	－	－	－	－	－	－	－	－
建 設 業	15	2	5	2	3	2	1	－	－	－	－	－	298
製 造 業	24	5	7	2	1	3	－	1	1	2	2	－	2,663
電気・ガス・熱供給・水道業	1	－	－	1	－	－	－	－	－	－	－	－	12
情報通信業	27	7	4	9	1	3	1	1	1	－	－	－	771
運 輸 業	24	8	4	6	1	2	2	1	－	－	－	－	492
卸売・小売業	112	41	25	14	4	12	3	10	1	1	1	－	3,855
金融・保険業	25	4	4	3	6	2	4	2	－	－	－	－	852
不動産業	21	7	6	3	3	1	1	－	－	－	－	－	262
飲食店，宿泊業	107	24	31	28	15	3	4	2	－	－	－	－	1,620
医療，福祉	13	4	6	3	－	－	－	－	－	－	－	－	95
教育，学習支援業	7	2	1	－	2	2	－	－	－	－	－	－	133
複合サービス事業	－	－	－	－	－	－	－	－	－	－	－	－	－
サービス業（他に分類されないもの）	229	145	25	19	11	9	10	3	3	2	2	－	6,724

出典：2004年事業所企業統計調査報告より作成（公務除く）。

表1－8　丸の内3丁目の主要建物／ビル群

ビル名	竣工年月	延床面積（㎡）	最高軒高／最高部	備考
国際ビル	1966年9月	116,884	31.0m /42.0m	帝国劇場や出光美術館などと一体化
富士ビル	1962年3月 1971年12月 （新館）	81,876.97	31.0m ／44.8m	新館部分は東京會舘など
東京商工会議所ビル	1960年12月	23,571.9	31.0m	
新東京ビル	1963年6月竣工 1965年4月増築	106,004.58	31.0m ／31.0m	
新国際ビル	1965年9月竣工 1967年3月増築	77,484.41	31.0m ／43.0m	
新日石ビル	1981年7月	26,565.6	44.1m ／47.8m	
東京国際フォーラム	1996年5月	145,076	約60.0m	

その他：豊田通商丸の内ビル，インフォス有楽町など，有楽町方面にも一部建物あり

出典：（株）三菱地所HP（2012.3.2アクセス）および三菱地所株式会社社史編纂委員会編（1993）より作成。

また今回は調査方法の実験的な試みとして、個人・事業所情報の特定を必要としない旧日本郵政公社（現：日本郵政）の「配達地域指定郵便物」（現：タウンプラス）による調査票の配票を実施した。「配達地域指定郵便物」とは、当該地域担当の郵便局に差し出すと、町丁目の細かな地域単位で全戸に配布される宛名の記載を省略した郵便物のことである。本調査ではこの制度を利用して、東京中央郵便局を通じて丸の内二、三丁目への調査票や催促状の全戸配布を行った。

これは調査対象地が再開発地域というテナントの変動著しい地域のため、住宅地図を利用したサンプリング台帳作成は非常に困難であったこと、加えて現地での（ビル一階部分にある）入居テナントチェックおよび電話帳によるリスト作成も平行して行った結果、前者は一部ビルでの確認が全くできず、後者は住宅地図との合致率があまり高くなく、情報の精度（電話帳への掲載省略など）に疑問が残ったためである。さらに実査段階では、事業所調査という性質上、再開発ビルを中心にセキュリティの厳しいビルが多いため、一階部分の集合ポストへのポスティング（エリア・サンプリングの実施）の困難さも一因であった。

本調査が実施された二〇〇六年六月は、対象地域の一部ビル取り壊し（旧：古河ビル・丸ノ内八重洲ビル・三菱商事ビル⇒新：丸の内パークビル）によるテナントの引越し時期と重なったため、二丁目の総サンプル数（四三六：うち二三四が丸ビル該当分）が二〇〇四年度・二〇〇六年度の事業所企業統計の結果と比較して激減している点、また今回のサンプル数は東京中央郵便局に登録されている総配達箇所数を利用した点に留意する必要がある。

注

（1）このような社会学的近代主義特有の二項対立図式は様々な形で現れている。こうした二項対立図式によって導かれる単線的な近代化像は、都市構造図式に限らず地域集団・コミュニティ形成論にも共通するものであった（吉原 2002）。

（2）奥井は、都市間関係の序列化という知見の他にも、全国的な政治経済的枠組みの中での都市把握や、「職・住・遊」三空間からの都市把握など、後の研究に連なる豊かな発想を生み出している（山岸 1982）。

（3）こうした知見は、倉沢進が都市類型の文脈で都市間関係を整理した際に触れているように、生産領域の場合の上下関係（一方的な支配－被支配）と、文化・社会・政治・消費領域の場合のそれ（フィードバックの効く相互関係）との質の違い、という形でも語られるものである（倉沢 1999：162-163）。

（4）タイトルおよび本文中で使用している問題〝構制〟は、Problematique（プロブレマティーク）の訳語として充てている。

（5）この「空白期」をつなぐ大きな存在として、旧経済企画庁がある種の高次都市機能を「中枢管理機能」と定義をはじめた一九六四年の『中枢管理機能に関する調査』をめぐる一連の調査研究が挙げられる。これ以降公的機関や、それに近しいシンクタンクによって、政治色の濃い議論として展開されていく。研究上の流れとしては、経済的機能の局所集積に焦点を当てたCBD研究や広域中心都市研究など、公的機関の調査研究にも積極的にコミットしていた地理学において多くの蓄積が見られる。都市社会学においては、磯村英一が関与しており、その到達点として磯村ほか編（1975）が挙げられる。ここでの磯村や法学者の吉富重夫らの議論は、後述する奥田や和田の議論に大きな影響を与えている。

（6）こうした議論は、「自治体としての存続の危機」あるいは常住人口（夜間人口）の不足分を昼間人口で補塡する、という消極・防衛的発想から、個別事業への取り組みの中での行政課題としての認識と都市型（都心型）行政サービスの構築という流れの検討、地方行政体の存在形態、都市（都心）型コミュニティのシステム化という原則論的テーマから、民間機関（営利・非営利）の供給分野と連携した「高次都市サービスのあり方」という現実的なテーマ（生活関連の高次サービス供給に対して、民間部門がいかなる寄与を果たしえるか）まで、非常に幅広い論点を含むものだといえる。

（7）町村はこの他にも、変動イメージの体系的把握を可能とする表現の美しさや、ニューヨークやロンドンにおけるヘゲモニーの優位性を、歴史的蓄積とは違う観点で説明するために特別な位置を与えられた東京、という知識社会学的な背景の存在を挙げている。

（8）住民組織の形骸化とは、居住人口の減少に対応した法人会員の加入による組織の形式的維持と、それに伴う公的仕事の面等の機能低下（和田 1986）を視野に入れたものである。

（9）具体的な接近方法が、コミュニティ論の中心的方法である「地域集団」研究であることはいうまでもない。

（10）ここでいう「社会的安定装置」とは、生活保障の源泉であり続けた諸集団内の規範や相互扶助システムのことであり、家族や近隣社会・企業社会など、当時のあらゆる社会的単位に縦横に張りめぐらされていた。

（11）P・バクラックらは、R・A・ダールの多元主義的権力論が提示した三つの争点を、重要な決定作成選択の基準も明らかにしていない、として批判する。その上で、「自分にとって比較的無害な争点のみを公的議題として政治過程に出すような限定を加える社会的・政治的価値・制度を創り出したり、強化する」ことによっても権力は行使されるという「非決定」論の焦点化を図る（Bachrach and Baratz 1963：648）。

（12）「関心を強く持つ問題が必ずしも争点化されないことは、日常的に多々経験するところである」ような日本では、「非決定」論は受け入れられやすい（渡邉 1994：47）。中央集権的な性格を持つわが国では「他の条件では選択可能であった代替的選択肢が、独特の中央地方関係ゆえに決定前提群から構造的に排除されている可能性」（水口憲人）が高く、言い換えれば人称的な「非決定」ではなく、非人称的でシステム的な「非決定構造」が日本の政治行政機構には強く内在している（中澤 1999）。

（13）これらの「CPS（Community Power Structure）の嫡子」ともいうべき都市政治研究は、アメリカ的な特質を引き継ぐH・モロッチの「成長マシーン」論や、ヨーロッパ的な歴史性も視野に入れたS・L・エルキンの「レジーム理論」など多様な広がりを見せている。

（14）「都市空間の商品化」の議論では、資本が文化的なものを媒介として自らのランドスケープを作り出していく帰結として、ジェントリフィケーションの空間や、ショッピングモールなどのテーマパークの空間の増加という事態が見据えられている（Zukin 1991）。

（15）ここでいうアッパーミドルクラスとは、専門職や管理職など専門職的地位（プロフェッショナル・ステイタス）をもった、高学歴・高収入という特徴を有する社会層の人々のことである（園部 2005）。

（16）システミック・パワーとは、ストーンによれば状況依存的、間接的な集団間の権力関係であり、社会経済システムのある種の特徴（状況要素）が、政策決定者に他の利害を犠牲にしてでもそのシステムの利害を優先させるように仕向ける（間接的要素）ことで、集団間に利益／不利益を生じさせるような影響力のことをいう。詳しくはStone（1980）を参照。

(17) 現在の東京丸の内は再開発やエリアマネジメント事業を含め、まさにこうした「きれいな」空間形成に向けて邁進している。丸の内における官（公）民協働のまちづくりは、いわゆる市民を除いた都・区・地権者間で進められており、こうした制度的な意味での排除の問題も念頭に入れる必要があるだろう。

(18) 特に後者については、政治学者神島二郎の日本の出稼ぎ型都市化（シカゴ学派の純粋都市化に対して）などに代表されるように、「第二のムラ」（「群居社会」）として都市を位置づけるような論旨の影響が大きい（神島 1961）。

(19) こうした展開は鈴木俊一都政（特に再選を果たした一九八七年以降）の影響が大きい。

(20) 第一・二世代と第三世代以降の問題構制の断絶点として、「都心」の定義をめぐる問題が挙げられる。第一世代においては都市社会構造図式の一環として、第二世代においては都市社会構造論の構築と規範論としての都市コミュニティ論という異なるレベルの結び目として、それぞれ「都心」の定義が試みられていた。しかし八〇年代後半以降に言及される「都心」論は、あくまでそれらの定義を（便宜的に）踏襲してそれぞれの問題を論じているに過ぎず、新たな定義まで踏み込めていない。例外としては、「公共空間」としての「都心」という方向性を模索する園部の研究（園部 2001）と、第二世代の倉沢進を中心とした第二次『東京の社会地図』プロジェクトにおける空間構造の検討を通じた「都心」概念の更新（倉沢・浅川編 2004）がある。

(21) こうした論点は、これまで前提としてきた都市中間層的価値の相対化を受けて、入り乱れる諸価値の向こうに見据えられた新しい共同性／公共性論、その再編を促す新たな主体と原理の検討という形で、地域社会学において近年研究蓄積が進んでいる。

(22) この動向を最も端的に表しているのが、この時期に主題化していく町内会 - コミュニティ形成論の研究系譜である。一九五〇～六〇年代の日本はまさに都市化全盛の時期であり、都市社会学における中心課題は都市社会構造の分析、とりわけそのミクロレベルにあたる「町内会」を争点とした議論であった。この町内会論争は「近代化」論と「文化型」論の対立として捉えるのが一般的であるが、その内実はさておき、この論争における近代＝都市的なものと前近代＝村落的なものが並存する「日本的なもの」は、前者では前近代＝村落的なものを近代＝都市的なものによって克服して次の歴史的段階へ進むべきであるとする強烈な歴史認識に裏打ちされたものとして、後者では「文化」として自然発生的かつ非歴史的な形で発見されたものとして見ることができる。

しかしながら他分野での論争でも明らかな通り、「日本的なもの」が多くの場合、外部よりの視線に対する応答として構成され語られる関係から（磯崎 2003：11）、常に比較という回路を必要とする以上、前述した論争は基本的に同じ地平に位置するものとして捉えざるを得ない。近江哲郎や中村八朗によって主導された「文化型」論は、欧米に同様の地域集団が存在せず、かつ都市化や産業化といった「近代化」によっても消滅しなかった点、すなわち「現在」に立脚した「文化一般」の「比較」の結果から導かれたものである。ここに示された近代像は、抽象的次元での線的な歴史意識に立脚する点で「近代化」論と同様であり、「文化型」論は「近代化」の結果残存した「日本的なもの」を社会・文化的特徴という「近代化」論の枠組みにおける「偏差」として位置づけたにすぎない。つまりこの論争で問題であったのは、文化相対主義に陥った「文化型」論が通時態に定礎しない町内会形式の「構造的連続性」を強調して事実上歴史分析を回避した結果、「近代化」論とは異なる近代像を提示できなかったことであろう（吉原 2002）。

また方法という観点から見てしても、日本における都市社会学の展開としてシカゴ学派の存在が大きな影響力を持っていたことは疑いようのない事実であるが、その一方でＧＨＱの民間情報局（ＣＩＥ）などを介して導入されたアメリカ型の実証的社会調査法も、都市社会学の研究ツールとして定着していった点も見逃せない（岡田 1952）。

(23)　矢崎はその後の著作において、広大な地域に及ぶ活動を統合する第一次統合機関とローカルなニーズに応ずる第二次統合機関を区別している（矢崎 1988）。

(24)　「世界都市」研究の論点については前節で論じているので、ここでは省略する。

(25)　英訳された論文集の編者であるＣ・Ｇ・ピックバンスは、一九六〇年代に都市社会学の分野に史的唯物論を応用する関心が芽生えた背景として、当時のフランスの状況、すなわち一九六八年の五月革命やその革命の要因を都市の機能障害によるものと考えていた研究者たちを支援したフランス政府の党派性の影響を指摘している（Pickvance〔ed.〕1977＝1982：3）。

(26) これはある意味でショウバーグが示した「構成型」とも共通する困難である。

(27) この点に痛烈な批判を加えたS・ローは、実証的調査結果と方法論の有効性の問題、理論構築の段階でフェミニストの位置づけが明確にならなかった点、カステルが志向した都市社会変動の異文化間理論が都市社会運動の全世界的経験を説明するのに十分な比較モデルとなるかという理論的妥当性などの問題点を指摘した(Lowe 1986＝1989)。

(28) より具体的には、場所がいかにして物質性を伴う人工物として構築され経験されるか、それらはどのように言説として表象されるのか、そして現代の文化において表象として、すなわち「象徴的場所」としてどのように用いられるのか、という問題設定となろう。交換と移動とコミュニケーションの空間的障壁が解体していく「時間‐空間の圧縮」の中で生ずる排他的な領域的行動によって場所に新たな物質的定義をもたらすようなメタフォリカルな心理学的意味にまで分析の射程を広げた点に、ハーヴェイの研究の種差性が求められる。

(29) ルフェーブルのこの「モデル」を踏襲しつつ、新たに空間的実践のグリッドを構築したハーヴェイは、「社会空間の三つの契機」はともかく身体の三重性を因果関係ではなく弁証法的関係で説明する困難さを指摘する。その上で、階級やジェンダー、コミュニティやエスニシティなど、特定の社会諸関係のもとで遂行される社会的行為の過程においてこそ空間的諸実践が重大な意味をもつとして、モダニストからポストモダニストの思考様式の変化へと結びついた空間的経験の変容を簡略的に理解するという限定的な利用を推奨している(Harvey 1990＝1999：282‐285)。

第二章　丸の内の誕生前史
――江戸から東京へ――

1　江戸時代から明治維新へ

本章では丸の内誕生前史として、江戸から東京への移行過程で浮上する江戸期との構造的な連続性あるいは非連続性に着目し、東京という「都市の意味」を決定するにあたって大きな要因となった天皇・皇居・江戸／東京という三者の関係性を探るべく、明治期東京の政治・経済・社会状況などの検討を行った後、天皇の社会的位置の変遷を追っていく。その上で、天皇がどのタイミングで東京との接点を獲得していったかについても明らかにしたい。

(1)　封建都市の解体、明治維新へ

封建都市秩序の解体は、商品経済の発展に伴う武家の困窮、商人金融への依存、下級武家の賃労働化、都市農村にわたる請求の強化に伴う貧農の都市流入、町人の階層的分化、都市民衆の権力に対する抵抗、民衆の力の前に権力者の譲歩後退、在方商人の台頭と都市独占機能の衰退などが相互に絡んだ上で、最終段階においてこれらの変化と外国の圧力によって生じた幕府を頂点とする全体封建支配権力の崩壊と、江戸の全国に対する権力的統合中心と

しての機能喪失によって引き起こされた（矢崎 1962）。

だんだんと国内体制が崩壊していく中で、新たな近代国家体制を作る力が国内に熟さないときに、鎖国状態を常として構成されてきた国民経済は、開港という歴史的事態において激しい変動を生じていったのである(1)。その当時の主要産業であった綿織物・毛織物・金属工業といった加工業から、製糸業・石炭産業・茶・蚕卵紙・銅・水産物などの原料、粗製品へと産業の転換を強いられ、外国からは毛綿交織物・毛織物・綿織物・艦船・武具などの既製品が輸入される。このような国民経済の主要産業の交替は、先進国外国市場に規定された価格によって規定された。というのも、日本は国際市場と長く隔絶されていたために輸出価格と国内価格との間には数倍あるいは一〇倍近い格差があり、貿易商・地方荷主・仲買商・荷受問屋・唐物問屋などの利益は大きく、輸出が活発になったからである。しかしながらそのような輸出の増大に対し、産業整備が国際市場に適応していない状態においては生産力が追いつかず、商人の投機行為・社会不安も影響して、物価が高騰していった。その上、金銀比価の相違から金貨の流出が起こり、幕府がその流出を防ぐために改鋳を行って金貨の流出をある程度阻止したものの通貨の価値の下落を招き、物価高騰に拍車をかけた。その結果として一部商人は利益を得たが、下級武士や一般民衆の生活は行き詰まっていく。

さらに幕府の国防費・外交費の費用捻出のための臨時支出の負担を、俸禄などの不渡りのかたちで下級武士にかけた背景もあり、下級武士たちは物価高騰の責任を貿易、ひいてはその貿易を容認した幕府へと帰して、排外思想および攘夷思想を唱えていく。この攘夷思想は、①幕府が国論不一致の状態のまま外国の圧力に屈して開国したこと、②結果として武家・庶民の生活を困窮に陥れたこと、などを背景として、幕府に代わって過去統一国家の中心であった朝廷に望みをかけたものである。その朝廷および天皇を担ぎ出すことを選択した不遇をかこつ公家、世継ぎ問題などによって幕府の中枢から排除された諸侯、下級武士が実権を握るに至った薩長などが討幕運動へと邁進していく。つまり天皇の存在がこの段階において焦点化されるのである。

（2）天皇の位置づけと遷都をめぐる議論——大坂・江戸・二京併置

このような状況下において天皇の存在が表に出てきた理由について、矢崎武夫は皇室に対する崇敬の観念が神権的・族長的支配を基本とする徳川封建制を通じて社会構造の底に流れており、朝廷の権威を高めることで幕府の権威を高めることに役立っていたものの、幕府政治が破綻してきたことで朝廷の統合力が逆に幕藩政治の批判の核心になっていったためであると指摘する（矢崎 1962）。

しかしながら実際は、幕藩体制期においても堀景山、熊沢蕃山、本居宣長などの様々な学者が、天皇／将軍という二重の権力構造をどう理解するかについて頭を悩ませていた。実際天皇が真の主権者であり、将軍は単にその代理人にすぎないという、合理化された意見は幕末にならないと出てこない。江戸の権力論の内容や変遷がどうであろうとも、封建時代の天皇像は、概括的には藤田省三のような「将軍によって権威たらしめられ将軍の必要によって随時その制限をこうむる『消極的権力』」にすぎないとする意見や、それ故に権力主体としては未知数であったと指摘する多木浩二の意見にも見て取れる（多木 1988）。

このことを端的に示しているのが、江戸末期において物議を呼んだ、首都機能をどこに置くのかという遷都をめぐる議論であろう。現代東京の出発点は、西京の京都に対して、「東国第一之大鎮、四方輻輳之地」である江戸を、一八六八（慶応四）年七月一七日の東京に改称するという天皇東幸の詔書の布告をもって始まる(2)が、そこにいたるまでに討幕派から提出された「大坂遷都論」「江戸遷都論」「京都・江戸の二京併置論」などと関わりを持つ。これらの遷都論は進展しつつあった討幕運動の過程で、その背景にある歴史的条件の変化に対応しながら提起されたものである（石塚 1968a：482）。

三通りの遷都論は、幕藩体制内部における商品経済の発展において政治的中心であった江戸の役割と、全国市場の中枢であった「商都」大坂の歴史的位置が変化する中で、全国的な商品流通機構の再編成を試みようとした幕府の動きと関連を持ちながら構想された。

戊辰戦争の過程で維新期の最初に提案された遷都の構想は、討幕派の指導者であった大久保利通によって一八六八（慶応四）年に出された「大坂遷都論」である。同年の始め、鳥羽・伏見の戦いによって将軍徳川慶喜が東走することによって大坂を倒幕軍が占拠、次いで慶喜追討の大号令が出された時期である。

そうした状況の下で建白された大久保の主張は、「外国交際ノ道、富国強兵ノ術、攻守ノ大権ヲ取リ、海陸軍ヲ起ス」という点で、「遷都之地ハ浪華ニ如クヘカラス」[3]というように、主に外交上および軍事上の理由から大坂へ遷都する意義が強調されていた。その背景には、下関を中心に薩長二藩の交易関係が全国市場の中心たる大坂市場を含む形で、西南日本に新たな交易圏として形成・拡大される動きがあったが[4]、直接の意図は、徳川慶喜追討のための軍資金を調達するために大坂の商業資本と結びつきを深めようとする討幕派の態度にあった。それを含めても、明治維新の改革の最も重要な原因が対外関係の調整にあったこと、大坂が対外的に積極政策をとるにあたってより有利な立地であったこと、維新の改革が武家社会から市民社会への変化であり、農業を基本とする社会から商工業を中心とする社会の変化であることなど、「商都」大坂に首都機能を設置する理由は存在していた。

しかしながらこの段階においては、すでに幕藩体制をささえる商品流通の機構は崩壊していたこともあり、討幕派が特に大坂市場を確保する必要性は薄れていたことも確かである。

その結果、大坂遷都の必要性が後退し、それにかわって約二ヵ月後の一八六八（慶応四）年の三月、当時薩摩藩に登用されていた前島密によって、江戸への遷都を主張する建言が提出される。全六カ条に及ぶその副陳書において江戸遷都の利点が説かれ、その内容は①「蝦夷地（北海道）」統治体制整備と「開拓事務」管理の必要から、「帝国中央ノ地」にある江戸を「帝都」とすべきこと、②「浪華」は「大艦居船」の入港・繋留に不適当であり、江戸は「既築ノ砲台（品川台場）」を利用できる「安全港」であり、船舶修理施設をそなえる横須賀も近距離にあること、③江戸は「市外ノ道路狭隘」な「浪華」とは異なり、「人達ノ道路ハ広濶」であり、「地勢」「風景」ともに適当な土地であること、④「江戸ノ市街」は「車駕駆逐」「王公又ハ軍隊ノ往来」にあたって、新たに道路拡張ほか、新しい工事の必要がないこと、⑤江戸にはすでに「宮闕官衙第邸学校」などが建設されており、改めて新築する必要がないこと、⑥「市民四方ニ離散シテ寥々東海ノ寒市」となりつつある江戸を復興する立場からも、そこへの遷都が必要であること、などから構成されていた（東京都編 1951：51-55）。ここまで見てきたとおり、明治維新は市民階級ではなく、下級武士によって成し遂げられた。そのため武家の中心たる江戸が適地であった上に、財政難の政府は事実上、新たに政治都市を形成することができなかったために、将軍を頂点とした幕府勢力の権力を完全に否定するという意味もこめ、前島は江戸遷都を主張したのである。

江戸城総攻撃の中止を受け、一九六八（慶応四）年四月一日、今度は大木民平・江藤新平らが京都・江戸の二京併置の建議を提出した。その要点は徳川慶喜に別城を与え、「江戸城ヲ以ツテ東京ト相定メ」たうえ、「天子東方御経営ノ御基礎ノ場」として、将来、西京の京都との間に「鉄路」を敷設して二京を連絡しようというものであった。これが結果的に江戸遷都の決め手となり、前述した天皇東幸の詔書が布告され、「東国第一之大鎮、四方輻輳之地、宜シク親臨以ツテ其ノ政ヲ見ルベシ、因ツテ自今江戸ヲ称シテ東京トセン。是朕ノ海内一家、東西同視スル所以ナリ、衆庶此意ヲ体セヨ」との遷都の大詔が発せられるにいたる。

これらの議論の中で注目すべきは、天皇の位置づけであろう。大坂遷都を唱えた大久保利通は、大坂遷都の意見が朝議で入れられないとわかると、すぐに天皇の大坂親征を岩倉具視に建策して実現させた。さらに未だ東北、北海道で内戦が続いていたその年の秋には、反対を押し切って天皇を東京へ行幸させるなど、天皇を伝統と象徴に満ちた京都から引き出すことに異様な熱心さを見せている。遷都の提案に際して、大久保利通は誰も見ることのできない天皇の存在の仕方を、

「主上ト申シ奉ルモノハ玉簾ノ内ニ在シ、人間ニ替ラセ玉フ様ニ纔ニ限リタル公卿方ノ外拝シ奉ルコトノ出来ヌ様ナル御サマ」（天皇は宮廷奥深くにあって、公卿以外には誰も見ることの出来ないありさまだ）

と表現し、さらにこうなったのも、天皇を棚上げしてきた長年の積弊だとして、

「主上ノ在ス所ヲ雲上トイヒ、公卿方ヲ雲上ノ人ト唱へ、竜顔ハ拝シ難キモノト思ヒ、玉体ハ寸地ヲ踏玉ハザルモノト余リニ推尊奉リテ、自ラ分外ニ尊大高貴ナルモノノ様ニ思食サセラレ、終ニ上下隔絶シテ其形今日ノ弊習トナリシモノ」（天皇をあまりにも高貴なものと自他ともにみなした結果が、天皇と民衆の隔絶を招いた）

と述べている（『大久保利通文書』第二）。天皇という存在が民衆と隔絶していたことにより、天皇親政をスローガンにして維新を実行した当の大久保たちにとっても、封建的権威にとってかわり、にわかに権力主体になった天皇はあまりに未知数な存在であった。このことからも、天皇を行幸など様々な形で「見える権力」にしない限りは、必ずしも求心力になりえない状態であったことが見て取れる。

またこれと合わせて二京併置論の議論を見てみると、東京はあくまでも東方経営の基点に過ぎず、江戸城の名称を変えられた宮城もあくまでそのための一時的な居所に過ぎないという事実に気づく。天皇はあくまでも京都という地域社会と結びついており、便宜的に東京へと出向いて東方の政を行うという、局地的かつ部分的な存在に過ぎ

なかったのである。つまりこの頃の天皇の位置づけは、そのまま東京に東幸してきたとしても江戸幕府の権力体系を完全に否定するものにはなりえなかったのである。

2　場所から空間への解放

（1）明治維新と空間の近代

それでは首都に遷都された東京は、どのような形で江戸幕府の封建制的な権力体制を否定した上で、社会的な中心として特権的な立場へと位置づけられていったのだろうか。それはまず、相対的に閉じた空間の連続であった封建制下の空間を、首都に遷都した東京を中心とした「開いた」空間へと再編成することからはじまった。明治政府の近代化政策は、基本的にこの目標を達成するために進んでいったのである。

幕藩体制下の日本において、国土は複数の領邦的な国家である「藩」に分割され、それぞれ異なった空間－社会秩序を有していたといってよい。幕藩体制期における「国土」は、こうした諸大名が支配する諸藩の集合体として現れており、徳川幕府はそのような藩の集合体としての「天下」の覇者として存在していたが、諸藩はあくまで各大名の支配地であって、徳川幕府が直接支配する空間ではなかった。国土を分割する諸藩の間の地理的・社会的交通は藩および幕府の統制下にあり、通行手形制度と関所などの街道の要衝に設けられた関門によって物理的・社会的に取り締まられており、空間－社会秩序はそれが一体化した場所論的に構造化されたものとして存在していた（若林 2000：129–130）。

このような場所論的な秩序に裏打ちされた江戸期の閉じた空間に対し、明治政府は様々な政策などの諸実践によってこの場所論的な秩序を解体し、欧米など先進諸国が形成する国際市場によって作られる資本の空間に適応することを目的として、均質的で連続的な近代的領域国家の空間へと編成し直すことに着手する。

一八六九（明治二）年、戦乱の勃発とともに財政窮乏し、藩治の困難や国際情勢に関する認識から版籍奉還を申し出るものが増えていた。政府はこの情勢に応じて全国の人民の版籍と土地が明治政府へと「返還」させ、中央から再び旧来の藩主二六二人を任命するという形をとった上で藩の政治・経済・軍事をすべて政府に上申させることを通じて、藩の組織を地方組織化することで全国を制御しようと試みる。

このような形で大名の土地・人民の領有権を廃止して中央集権化を図ったが、大名が知事であったことが権力構造の変化を困難にした。旧来の主従関係や区域にも封建的なものが残っていたために、政府は一八七一（明治四）年、薩・長・土の兵力を首都東京に集中させた上で、この圧力下に大名・知事・藩事を廃して東京に居住させ、政府が任命した役人を知事とし、藩兵を解散させ兵部省の管轄におく廃藩置県を行う。(5)

それと同じ年、すべての人々を旧身分に関わりなく平等に土地空間上に登記する「戸籍法」を制定する。全国土を一律に対象とし、その平面上のどこかの地点に、戸を単位として全ての国民を登録する戸籍制度という新しい統治システムの成立は、人々を身分制的秩序によって分節されたものではなく、均一で連続的な空間の中に分散する均質な存在である国民として統治していくようになっていく。(6)

その後の一八七八（明治一一）年には、「府県会規則」「地方税規則」とならんで三新法と呼ばれる「郡区町村編入法」の布告によって地方行政の整備を図り、一八八八（明治二一）年には地方の自治分権の実行を旨とする市制・町村制を実施することで、地方自治制度に一応の落着を見ることになる。制度化された藩制・郷村制とそれに付随する名主・庄屋・年寄を中心とした旧来の権力構造の解体を目的とし、統治の空間スケールの転換による天皇の居所・東京を中核としたハイアラーキカルに構成された中央集権的政治方式へと再編成していった。

この過程と並行して、明治初年から翌年までの間に、政府は関所・番所の撤廃を行い、各藩の境界である津留を廃した上で河川に橋や舟を設けて輸送・交通を自由化する一方、座・株仲間の特権を廃し、政府や各藩が専売していた商品の製造販売の自由を認めるなど、資本主義的な市場に適応するための自由な交通空間を形成するにいたる。

このように藩によって分割されていた日本社会は、廃藩置県によって封建鎖国の封鎖性を破り、天皇の権威を背景とした全国的規模の官僚制行政組織の形成と強化、封建的身分制度及び租税制度の改革を通じて階級社会を発生させる。その上で、近代国家財政の基礎の確立など、全体社会の政治経済構造の変化に伴って、新しい政治・軍事・教育・経済の諸機関が都市に建設され拡大していくのである。

(2)　江戸の社会－空間構造

それではこのような明治の近代化の流れは、首都である東京を具体的にどう組替えていったのだろうか。それを論じる前に、簡単に江戸の空間構造について考察しておく必要がある。

江戸もまた、一面では他の城下町と同じように幕藩体制の隅々までを組織していた身分制秩序をめぐる場所論的な権力関係によって、その存在の根拠を与えられていた都市であった。無論、他の城下町とは違い、徳川家康によって幕府の所在地と定められた全国の政治的な中心として、幕府直属の旗本八万騎が置かれたのをはじめ、参勤交代などの諸制度により大名・その妻子・その家臣を常駐させるなど、飛びぬけた武家人口を持つ社会であったことは事実である。ただ、武家地が全体の七割を占めていたこと、江戸を中心とした交通組織の拡大（五街道の整備など）と、富裕かつ巨大な武家人口に対する商人・職人・寺社などの集中による人口の増大に伴う市街地の整備が進められていたことなど、統合的中心としての特徴を有しているためにその規模は大きく異なるものの、基本的な社会－空間構造は類似しているといってよい。

近世の城下は、都市全体の構造も封建社会の構造を実際の都市に移しこんだものとなっていた。幕藩制の領主である城の周囲（＝城下）に、領主に従う武士の家臣団と、労役や貢納などの「役」によって領主を片側に、家臣団の経済的需要にこたえる商工業者を街路を挟んだ反対側に配置し、街路を挟んだ両側を単位とする地域共同体である「町共同体」を単位として集住させるところに成立したのが、近世の城下なのである（若林 2000：127）。

基本的に近世の城下は、将軍や領主の居館である城を中心として、内堀・外堀によって同心円状に区切られていた。江戸の場合も同様であり、城から近い順に重臣や上層家臣が、その外側に中級家臣、下級家臣が配された。その外側の町人地では城に向かう道筋や町と町の間が木戸や枡形で区切られ、その町ごとに上層町人、下層町人、さらにその「外部」には被差別住人が置かれるなど、都市空間は社会構造の表現として身分制秩序を体現していたのである（図2－1）[7]。

こうした配置の第一義には軍事上・防衛上の理由があり、防御を固めた〈制度〉としての都市を成立させる条件となっていた。江戸市中三六ヵ所にも及ぶ枡形によって交通が遮断され、各町は木戸で仕切られ、それに加えて身分制的秩序に基づいた住み分けを課することで、結果的に機能的にも視覚的にも完全に空間が分節化されていく。

別の角度から見てみよう。土地所有の関係を見ると、武家地では「相対替」という手段で、町人地においては「沽券」の発行を通じて、身分の異なる土地でなければ売買は自由となっていた。江戸の町人地の場合は、江戸在住の武士や町人だけでなく周辺の豪商農も盛んに購入していたものの、口入れ業者を経て、町内社会の名主や五人組、町役人などを媒介とする形での土地売買と登記、売主への分一銀の支払いが行われる。さらには土地経営に関しても、地主より地代や家賃を借家から徴収しながら町での義務を負う家守の権限の方が上回るために、土地所有のシステムはこの社会－空間秩序を再生産する方向で機能していたといってよい。

つまり堀や石垣、枡形や木戸によって「キャベツのように」（藤森照信）閉じている都市空間は、身分制秩序における身分間の移動不可能性が物理的な形で表現され、身体的に経験しその秩序感を構造化していったのである。

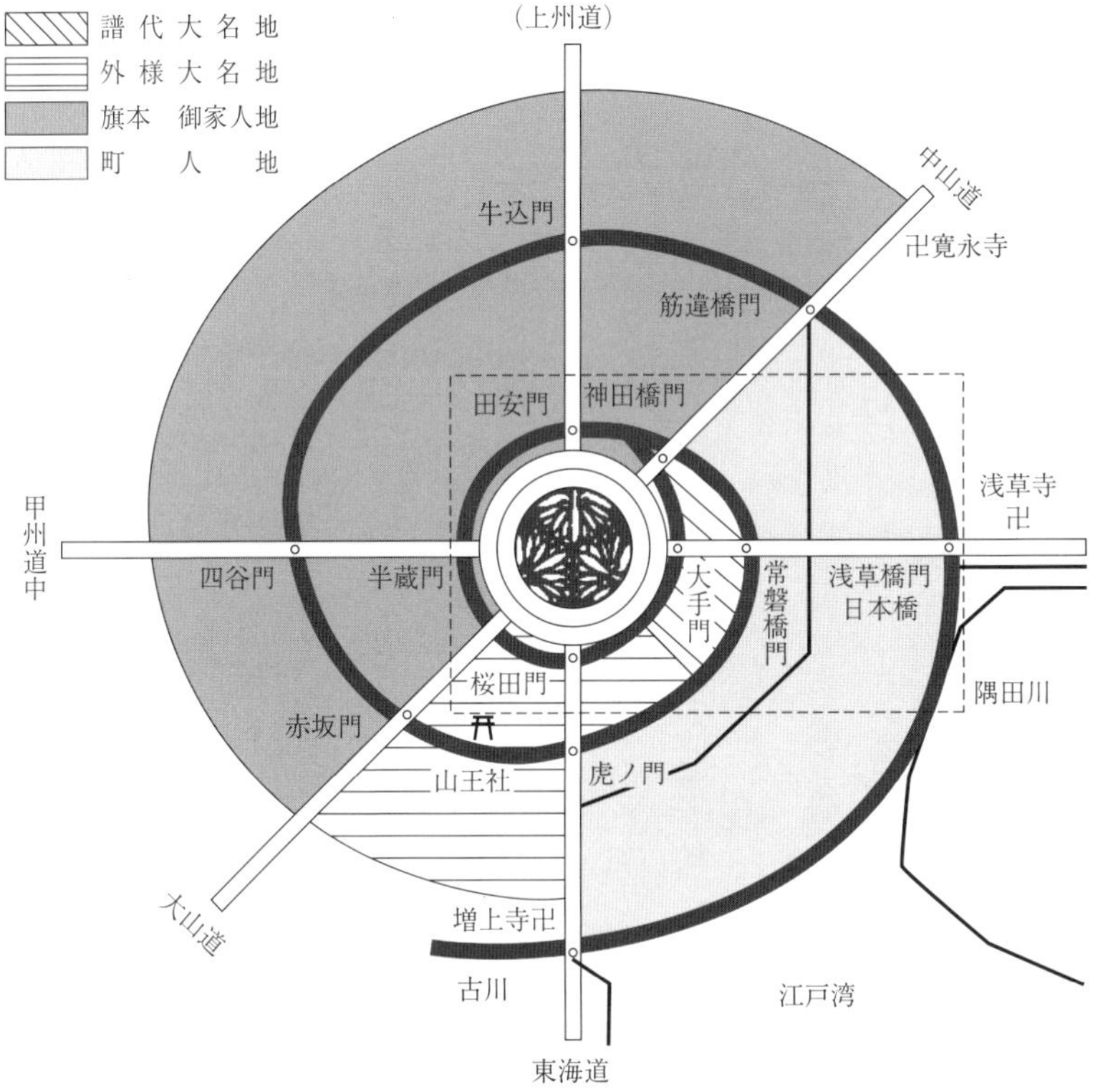

図 2 - 1　江戸の都市空間構造

注：破線内は慶長 8（1603）年以前の初期計画の部分。
出典：内藤（1966）を一部修正。

またこれに加えて、江戸の社会 - 空間構造は神話的な要素によっても支えられていた。これは江戸に限らず城下町全般にいえることであるが、界隈の構成に身分制秩序に対応した封建的社会構造を反映させながらも、おおむね風水（四神相応）の、または直交図面や陰陽道の規則に従って行われてきた。将軍となった徳川家康は江戸を造るに際し、開闢間もない江戸を千年の都である京都と等しく壮大な、権威あるものにしようとしていた。そこで京都から都市空間形成のモデルを持ってくるのだが、山間の盆地である京都とは地勢がまるで違った。江戸は入り江の奥にあり、土地は縁起のいい北から南の傾斜ではなく、西から東に傾いている。江戸はこの違いを、モデルを九〇度反時計回りに回転させることで克服しようと試みた。北から南に走る朱雀大路は大手町の西から東への軸になり、（北の）船岡山には（西の）麴町の丘が、（南の）巨椋の池には（東の）江戸湾が、（東の）鴨川には（北の）平川が、（西の）山陽道には（南の）東海道にそれぞれ対応しており[8]、鬼門である東北には比叡山の延暦寺の代わりに上野の寛永寺を配して一連の「見立て」（または読み替え）を行っていく（Berque 1993＝1996）。こうして町中にちりばめられた象徴が、完全に異なる都市構造にモデルを連動させることを可能にしていったのである（図2－1）[9]。

こうした風水的な「見立て」に基礎を置く神話的な要素は、近世幕藩体制の領主の政治的位置を担保するようなものとしても同時に機能しており、これは江戸幕府の所在地である江戸と日光東照宮の関係に端的に現れている。日光東照宮は江戸幕府の開祖である徳川家康を祀ったものであるが、京都における比叡山延暦寺と東京における上野寛永寺の関係と同じように、鬼門を守る存在として「見立て」られている。また、それと同様に江戸と日光東照宮の関係もこの「見立て」によって成立しており、江戸の鬼門の方角にある日光は江戸を守護する「聖なる存在」として位置づけられることになる[10]。ただこれは日光東照宮と上野に祀られ、死して「東照大権現」になった徳川家康を「聖なるもの」の地位へと同時に押し上げることを意味しており、「権現様」の子孫である徳川将軍はすぐれて政治的な存在であるだけでなく、高度に儀礼的な権力を有した存在として意味づけられ[11]、またその両義的な存在としての将軍が都市の中心に鎮座している江戸を中心とした政治体制、およびその江戸において繰り広げられている身分制秩序に基づいた政治的実践とそれを表現している空間構造を正当化することにつながっていたのである。

（3） 東京における社会と空間との関係――「ソフトな都市改造」の帰結

このように政治的・儀礼的なかたちで成立していた江戸を、天皇を中心とした国土空間の中核とする新しい統治システムや、経済社会システムの空間的装置としての「東京」（町村敬志）へと転換していくにあたり、どのような過程で都市空間の組替えが行われたのだろうか。明治の前半期まで（一八八〇年代まで）を中心に考察していこう。

明治維新後、江戸末期に一〇〇万人を越えていたといわれる東京の人口は五〇万人程度にまで減少し、「首都失墜」ともいわれていた江戸は、一八六八（明治元）年七月新政府の下で東京と改称されその活動を開始した。七月には鎮守府が設けられ、九月には府庁が柳沢藩邸に開庁する（東京都編 1972, 1994）。さらに一〇月には天皇が東京へと東幸し、翌年一八六九（明治二）年二月には版籍奉還を機会に、政治機関が東京に集中し始め、着々と近代的な統制方式を整えてきたのである（矢崎 1962 : 309）。

同じ年、かつて町奉行の支配が及ばなかった武家地が東京府の管轄に移管され、他の街区と同じ扱いを受けるようになり、東京府は市街地取り締まりのために戸籍の改正を布達、三月には江戸時代以来の名主制度を廃止して中年寄・添年寄を設ける。五人組を廃して家主に代わって町内の末端の公務を担う町年寄を置き、市内を五〇区に区分して中年寄・添年寄一名を、五区ごとに世話掛を置くこのような制度再編は、制度が変化しても人間が変化しないものも多かったため、名主の自宅で事務を扱っていたのを改め、役所が建てられたり、また世襲制であった名主を、府の任命へと切り替えることで官僚的な性格を強めていくことで、幕政下の町支配を解体させる方向へと進んでいく。

さらに一八七一（明治四）年には、全国統一の戸籍法の施行に伴って各区に武家地・町人地・庁治の区別なく人々を土地に登録し、その上で新たな行政区分として府下を六大区に分け、大区内を一六の小区に分割、その上で大区に総長一名、小区に戸長、副戸長数名を置くように定めた。

一八七八（明治一一）年には、三新法（「郡区町村編制法」「府県会規則」「地方税規則」）が発布されたが、東京府は

表2-1　明治期における都市空間と国土空間の解放

	都市空間	国土空間
1868（明治元）年	江戸を東京に改称。 市中を分断してきた木戸を撤去し，一般市街地の夜間通行を許可。 東京を外国人に開市し，築地に外国人居留地を置く。	天皇，東京に到着。
1869（明治2）年	名主制を廃止し，市内50区，市外5区の制をしく。 桑茶栽培を奨励。 武家地を東京府に移管。	版籍奉還。 「四海一家之御宏謨」を図るため，街道河川の関所・改所を撤去する。
1870（明治3）年	旧江戸城の竹橋・雉子橋・清水門・田安門・半蔵門の昼夜通行を許可。	
1871（明治4）年	大区・小区の設置。	戸籍法制定。 廃藩置県。 地租改正開始。 田畑勝手作の解禁。
1872（明治5）年	旧江戸城の外郭を画していた21門の門扉を撤去し，終日交通自由になる。 新橋・横浜間の鉄道開通。	壬申戸籍編成。 田畑の売買の解禁。
1873（明治6）年	旧江戸城内郭の半蔵門・竹橋門の終日通行許可。 馬車や人力車が通行可能な洋風の橋へと日本橋が架け替えられ，石造アーチ橋が次々に建設される。	地租改正条例。
1876（明治9）年	上野公園開園。	
1877（明治10）年	銀座煉瓦街計画終了。	
1878（明治11）年	大区・小区制を廃し，市内15区・市外6郡制になる。	
1882（明治15）年	新橋・日本橋間に馬車鉄道開通。	
1883（明治16）年		日本鉄道（上野・熊谷間）営業開始。
1887（明治20）年		東海道線（横浜・国府津間）開通。
1888（明治21）年	東京市区改正条例公布。	

出典：若林（2000：136）。

「郡区町村編制法」によって旧朱引地より若干広い麴町・日本橋・京橋・神田・下谷・浅草・芝・麻布・赤坂・四谷・牛込・小石川・本郷・本所・深川の一五区と東多摩・南豊島・南足立・南葛飾・荏原の六郡となり、官制区長と郡長が任命され新たな地方行政の基礎が固められた。

この過程と並行して、明治初年から一〇年代半ばの間に、東京では町々を区切っていた木戸の撤去、旧江戸城の城門の解放、石造りおよび鉄造の橋の新設、馬車鉄道の開通などがなされ（表2-1）、「東京」が徐々に押し広げられていくことになる。試みに空間を拡大するメディアとしての交通に着目すると、一九世紀後半は鉄道や汽船を軸とする世界へと接続する交通が整備される一方、内陸部の陸上交通としての人力車や乗合馬車の存在は人々の行動圏を拡大させた。特に後者については、東京について見る限り、誕生した一八七〇（明治三）年以降、飛躍的な伸びを見せる。これは人力車を引く車夫が、失業者や生活に困窮した人々にとって「あの時代の手頃な職業」（柳田［1930］1993）と称されるほど日銭を稼ぐ手段の代表的なものとなっていたためであるが、それは一方では安価かつ迅速な移動手段として人々の手に触れやすいものとなっていたことを意味していた。それまでの移動の基本であった徒歩、あるいは駕籠の利用から人力車への移行は、揺れさえ我慢すれば腰を下ろしたまま数箇所をめぐって早い時間で用を足すことを可能とするある種の公共輸送手段として、人々の行動様式を大きく変えるにいたる。(12)

これらの政治的・空間的実践は、空間的な区画であると同時に半自治的な共同体でもあった武家屋敷と町の集合体であった城下を、行政的な権力が自由に区画することが可能な連続的な平面へと変換する操作をうながすものであり、世襲制の名主や本町人たちからなる都市の権力関係を、府によって任命される官僚によるものへと移行させるものであった（若林 2000：135）。武家地・寺社地・町人地の区別の廃止は、城を中心とした場所論的な秩序からの解放を意味し、身分制的な秩序が反映した空間のスケールを等質な連続空間の上に帰し、領主や地主といった伝統的な権力からなる社会－空間構造からも自由にしようというものに他ならない。この空間と権力をめぐる関係の構造の変容は、同時に社会と空間の関係の変容であるともいえよう。それまで土地と結びついていた社会の秩序から、土地と身体の関係が切り離され、連続空間上に配置され国家＝社会に置き換えられる身体（国民）と「根源的財」から、売買され、賃借され、開発され、投機の対象になる交換可能な土地（連続空間上の一部）というように、徐々にその結びつきが乖離したものへと移行していくのである。

このように封建制社会においては「根源的財」として機能していた土地は、制度的な空間においては身体と結びついた社会から引き剝がされ、連続空間上の交換可能なものとして扱われるようになっていった。では実際に東京における土地はどのように扱われ、また身体との関係はどのようなものに変化したのだろうか[13]。

結論からいってしまえば、幕藩体制の政治的中心の江戸から近代国家の首都東京への制度的にはドラスティックな転換も、都市空間構造から見た場合、それほど急激な変化として現れたわけではない。陣内秀信は、現在の東京の都市構造が江戸のそれと連続性を有していると主張する論者の一人であるが[14]、大きな変化が起きなかった理由として、東京が「田園都市」かつ「水の都」として自然を取り込んできた〈生きられた空間〉によって形成されてきたこと、幕府が倒れ主人のいなくなった大名屋敷の跡地の存在が主要な都市機能をもりこむ恰好の器であったことなどを挙げている（陣内 1985：15–16）。明治の初年から、それまでの歩行を主体とした狭い道路が拡幅されたり、封建都市特有の自閉装置として節々に設けられていた枡形や曲の手が撤去されたとはいえ、全体として見れば東京は、中身だけを置き換えたり新しい要素を導入するように、江戸の都市構造を受け継ぎ、その上に乗っかりながら近代の都市形成に向けてその機能や意味を適確に変えていく「ソフトな都市改造」によって近代化がなされてきた。

それではこの「ソフトな都市改造」はどのような形で推し進められてきたのか。それを見るにあたって、最も適しているのは旧大名屋敷をはじめとした武家地の利用法であろう。

東京が近代国家の首都となりえたのも、そのために必要な政治・軍事施設、教育・文化施設、さらには華族・新興支配階級の邸宅など多くの施設や建物を受け入れるだけの恰好の器として、旧大名屋敷を含めた武家地の大きな敷地がそのまま流用できたからに他ならない。前述の通り、江戸の都市空間構造を考えた場合、武家地の位置づけは重要なものであった。江戸の中に占める武家地は、面積にして一一六九万二五九一坪におよび、割合にして全面積の六八・六％を占める[15]。この広大な土地をいかに利用するかは、東京の近代化を考える上でも中心的な課題となったはずである。先に見た前島密によって唱えられた江戸遷都論において、江戸城および諸藩の武家屋敷などの土地・建築物が新政府の皇室用地、官・軍用地として有利に転用されうることが指摘されていたことからも、当面の問題として浮上していた事実が理解できるだろう（東京都編 1951：51-55）。

とはいってもこの時期、土地の所有権は各藩にあり、その利用方法は各々の藩にゆだねられていた。そのため政府は、一八六八（慶応四）年八月ごろに開始された「邸第下賜貸付」[16]に対して、町人への貸し出しを厳禁し、京都から各藩の勤皇の志士や有力者をひきつけるために旧旗本の邸宅の確保を図る一方、旗本に対して「上地令」を布告後すぐに撤回するなど、武家地の処分をめぐっては試行錯誤の措置をとっていた。ただ基本的には新政府が国家建設と資本主義の育成を進める上で、旧幕府ならびに諸藩の軍事施設や生産技術などを継承するように、旧幕藩制力を支えていた藩主・家臣団の大名屋敷・武家屋敷を「上地」させる目的で進められたことは確かである。しかしながら一八七〇（明治三）年に実施された版籍奉還などによる土地・藩邸の無償没収をはじめとしたこのような政府の措置に対し、各藩はもちろん不満を抱いていたため、版籍奉還実現後、没収から替地支給による交換、あるいは買い上げの方向へと変更せざるを得なかった。このことが一八七二（明治五）年に大蔵省より布達された「地券発行地租収納規則」（武家地への課税）と共に、土地が全面的に交換可能なものへと変質していく契機の一つとして挙げられる。

当時の新政府において官用地の確保を直接担当した官庁は東京府であるが、陸・海軍用地の要求・獲得を主張した兵部省もこの点については強い影響を与えていた。明治国家の軍事力の基礎を構成する兵力の創出は、一八七二（明治五）年に発布された徴兵令によって始まるが、すでにその前年から薩・長・土三藩の「御親兵」七万人の兵力を結集しており、その威をかって廃藩置県の断行と、軍事力による監視と統制による全国支配の強化を推し進めていた。そのため現在の丸の内にあたる旧大名小路を中心とする麴町の中枢部には、太政官の各省をはじめ多数の省庁が集中し、また陸軍省大本営など軍事諸施設が集積する「官僚と軍隊の街」が構成されていたのである。

ちなみにその他の旧武家地も、京都から引っ越してきた皇族や公家華族たちや政府高官、新興資本家層の居住地として旗本屋敷が割り振られるなど、江戸城を中心とした身分秩序と対応する都市空間構造は驚くほど柔軟な形で読み替えられていく。これは武士と皇・官という共に公の色彩を帯びた社会的地位であったが故に比較的容易であったともいえるだろうが、封建制における社会＝空間的中心であった江戸城に、天皇の権威をかぶせるように読み替えようとした薩長を中心とした地方武士たちの意図と無関係ではないだろう。

この点は町人地が、結果的に商業地や工業地として適応していったことからも指摘できる。明治国家が進めていた政策の柱の一つとして、資本主義の育成を進める「殖産興業」が挙げられるが、「殖産興業」に関係する部局、工部大学校、（内務省）勧農局育種場といった明治国家の課題である「殖産興業」石川島造船所や（工部省）製作地を接収することで開設された事実が観察される（石塚 1968b）。

資本主義成立の契機となりうる自生的な産業資本の系譜を期待できなかった明治国家が、一九世紀後半、欧米列強の圧力のもとで、統一国家の経済的・物質的基礎を創出する方法は、国家権力により資本主義を育成することで、自ら資本主義国家へと急速に移行すること以外ありえなかったことは事実であろう。いわゆる「富国強兵」や「殖産興業」政策は、植民地化を防ぎながらも欧米資本主義諸国から生産技術体系を採り入れ、それを保護育成することによって資本主義体制をつくり出すことを目標としていた。それは必然的に財政・金融・貿易などの経済諸制度と結合し、相互に連関しながら市場に対応した新たな産業構造を創出するのに一定の機能を果たしたといえる。

しかしながら実際には、指導者の構想とその結果のあいだに「ずれ」が生じ、あるいは産業間の矛盾を生み出しながら、一八八〇年代後半に急速に破綻し後退していくこととなる。石塚裕道によれば、資本主義の成立・発展は「殖産興業」政策によってのみ触発されたのではなく、現実的には資本主義育成政策以前、すなわち幕末－明治初年の経済発展の中に産業資本生成の基盤が存在したとする見解[17]に注視しなければならないという（石塚 1968b：

35-43)。詳細については省くが[18]、目標としての「文明化」による近代化の過程において、洋風の生活様式や建築に転換していく中で需要が生じる生産物、たとえば洋服や機械、煉瓦などの製造が伝統的な在来産業から移植することで発達した可能性があること、また一八八〇年代における民間工場の分布と合わせてみたとき、京橋や芝、深川や本所、浅草[19]といった、江戸時代において身分制度上の「工」にあたる職人や商人が住んでいた町人地に集中していることを指摘しておこう。つまり「上から」の「殖産興業」政策は、職人層を中心とする伝統的な在来産業を、都市の工業生産として包摂しながら進まざるを得なかったのである。

こうした背景としては、東京の下町を中心に形成された掘割や河川を利用した経済・流通網が、この段階においても強固に機能していたことが挙げられる。先に見てきた通り明治維新後の新たな空間再編の流れは、制度的な空間スケールの見直しと共に、閉ざされていた木戸や枡形を撤去して「陸」の交通を押し開くことで行われてきた。ただその一方で、下町における都市の営み、すなわち都市の経済・社会・文化にまたがるすべての活動は、掘割や河川といった「水」を軸として成り立っていたこともまた事実である（陣内 1985：106）。物資の輸送や流通は基本的に水運に頼っており、小網町や伊勢町、小舟町などの河岸には商品を納める土蔵がびっしりと並んでいた。中でも五街道の起点となる日本橋は水陸両方の交通の要所であり、市場や商店が集積する商業地としてだけでなく、まさに江戸 - 東京の〈中心〉であった。このことは官から民の事業へと姿は変えたものの、無償払い下げを含め地籍の過半を手に入れた三井や銀行開業を目指した渋沢栄一によって、新たな企業や経済機構が集積する経済中枢として選択されたのが、水運による交通の利を最大に活かすことを意図した日本橋附近の兜町を中心とした地域であったことからも明らかであろう。

これらのことから以下のことが指摘できる。前述の通り、封建制社会において「根源的財」として機能していた土地は、制度的な空間（空間の表象）と結びついた社会から引き剝がされ、連続空間上の交換可能なものとして扱われるようになっていった。しかしながら、「生きられる経験」において浮き彫りとなる空間性（表象の空間）としては、身分制秩序に基づく空間構造からは脱しておらず、その後も生態学的構造として読み替えられている。

このようにもたらされる矛盾する二重の空間の経験は、この時期（一八七〇年代まで）においては必ずしもはっきりとは自覚されていない。小木新造がいみじくも「東京時代」と名づけるこの時期は、

「……東京時代の東京は、江戸時代の江戸とも、一八九一（明治二四）年以後の東京とも異なる様相を呈していた。……それはその主要な人口構成が、小商人層、諸職人層、雑業者が圧倒的であったように思われる」（小木 1979）

というように、特に下町の民衆は未だ江戸期の場所論的な秩序からは脱しておらず、その暮らしも江戸のものを引きずったままだったという。つまりこの時期においては連続的な国土空間に解放された、という意識には乏しく、この時期の土地・空間と社会（＝国家）の関係はいわゆる支配者層や新興資本家層と、商工業者層を中心とする町民層の温度差そのままに分離したものであったといっても良いだろう。

しかしながら、この場所論的な秩序が支配者層や新興資本家層に働いていなかったわけでは全くない。支配者層や新興資本家層が占める空間は基本的に旧武家地であったが、その場所に自分たちの拠点である官公庁などの政治的な拠点を持ってきている。さらに一八六九（明治二）年に荒れ果てた旧大名・旗本屋敷に桑と茶を植えて殖産興業に役立てようとする、いわゆる桑茶政策を行ったのと同じく[20]、あまりにも広大な物理的かつ意味論的に空虚さをいかにして埋めるかを考えた上で、こうした場所論的な秩序を有効に読み替えることを選択しているのである。

つまり支配者層や新興資本家層も下町の町人層も、形は違うにせよ東京という都市という場を、江戸という近世城下を都市たらしめていた枠組み以外の形で見ることが非常に困難であったことは確かであり、そこにはまだ近代

国家の首都東京の将来像という具体的なイメージもなければ、近代的な意味での都市の概念もイメージも存在していなかったと考えられよう。

3　天皇の「可視化」と浮上する「東京」

(1)「見える」権力としての天皇——天皇の巡幸をめぐって

明治の新政府の支配者層は、いかにして物理的かつ意味論的に空虚さを埋めた上で、近代国家の首都にふさわしい都市としての東京を造っていこうとし、また支配者層と民衆の意識の相違を埋めていこうとしたのであろうか。それは同時並行でいくつかの方法が採られたといえる[21]。そのうちの一つは天皇という様々な意味での中心的存在の権威を利用して、東京の中心である宮城に鎮座させることで、意味論的な空虚を埋めようとする場所論的な秩序を読み替えるという旧来の方法である。このための実践が天皇の巡幸や御真影の配布といった、天皇を「見える」権力として組織化し、その権威を高めようとするものであった。

江戸末期から明治維新における天皇という存在は、新しく政治家、官僚になった武士やもともと地方の支配勢力と何らかの関係を有していた上層の民衆とは異なり、一般の民衆には未知なものであり、無関心なものであったといってよい。いみじくもT・フジタニが、

「天皇の親政復古を宣言したとき、……それは必ずしも国家や天皇にたいして強い信念を持っていたことを意味するわけではない。むしろ、彼らは減税や土地の再配分といった具体的な利益を得ることにより、生活が向上することを望んでいたのである」(フジタニ 1994：11–12)

と述べるように、明治維新に対して一般の民衆が求めたものは、政治体制や理念の選択ではなく、江戸末期の度重なる飢饉などによって不安定であった自分たちの生活に直結する、減税や土地の分配といった目に見える形での利益にすぎなかった。

これまで見てきた通り、江戸末期から明治維新期における天皇の存在は、京都という地域社会と結びついた存在であり、全国的な影響力はあくまでも未知数であった。そのために大久保利通をはじめとする新政府の指導者層は、天皇の身体を京都という地域社会から一時的にでも引き離し、近代的な国家の中心となる存在として存立させるために様々な実践を行うようになる。それは一方においては、様々な儀礼的諸実践を通じて、それまで身分階層へと横に切断され、また多くの地域へと縦に分断されてきたこの領域を、唯一の支配者、唯一の正当性を与える聖的秩序、唯一の支配的記憶のもとに統合しようとの試みであり、またもう一方においては、その儀礼的実践を補強し、かつそれを利用するような物質的な要素を伴った諸実践であった。

それでは、そのような天皇を国家と一体化させていく諸実践は、どのような形で進行していったのであろうか。それは江戸期から消極的な形にせよそれなりの権威があった天皇を、文字通り儀礼的な意味での中心として押し上げることで政治的な根拠を作り出そうというものであった。そのためにこれまで皮肉にも知られていなかった天皇を中心とする国家の過去を想起させる記憶、あるいは時の国家的偉業を記念し、その将来の可能性を象徴的に表す記憶を構築する上で役立つような、物質的な意味の担い手を用いた「記憶の場」の形成が行われてきたことは注目してよい。その形成は、①言語によるコミュニケーションの利用、②政府の指導者たちの手によって、彼らの、さらには国民全体の利益となるべく、意識的または半ば意識的に作り上げるための政策、の二方面から進んできた。

まず一番目の言語によるコミュニケーションの利用であるが、これはシンプルに通達などの公の文書を必ず天皇の名のもとに行うことである。そうすることで天皇の権威のもとに明治国家の正当性を主張することにもつながり、また反対に軍事力を背景とした明治国家の権力を背景に天皇の象徴性や権威を高めることにつながるというように、再帰的に連関するのである。

二番目の、政府の指導者たちの手によって、彼らの、さらには国民全体の利益となるべく、意識的または半ば意識的に作り上げるための政策は、歴史的事実など様々な知による新しい認識や記憶を生産する作業が同時に付き従っていた。その象徴的な例としては、水戸学のような藩学の存在であろう。いわゆる水戸学は、一八世紀末から幕末にかけて論じられていたものであるが、その内容は内憂外患のもとでこの国家的な危機をいかに乗り越えるかについて論じられていた。水戸学については時代的な拘束性もあり、必ずしも明治新政府に対応するものではないが、民心の糾合の必要性を説きその背景として尊王の重要性を説いたこと、その根拠として『古事記』や『日本書紀』などの建国神話にはじまる歴史の展開に即したことは注目されて良い。これらの尊王論や尊皇攘夷論などの影響によって戦争を行ってきた明治新政府の中心的人物が、天皇の伝統的権威を背景とする国家体制の強化という発想に着目したのは当然であろう。

その結果として行われたのが、一八六八（明治元）年の神祇官の復活である。この神祇官の復活によって、政府は明治大正期を通じて国家の神々を祭る儀式を推奨し、すべての神社と神職を神祇官直属に置くことで、国内の神社で行われる儀式を統制するようになった。

そしてこのことは、「祭政一致」の原則に基づいた地方の儀礼の政治化を含め、全ての神々を祭る儀式が「記憶の場」として国家へと統合されていくことを意味した。つまり神田明神の祭神の格下げなどに見るように、天皇とそれをめぐる国家の神々を頂点としたヒエラルキーの中に各々の地域神を取り込むことで、その儀礼と結びついていた各々の地域政治を、天皇を頂点とした近代国家の政治的なヒエラルキーの中に組み込むことをも企図したのである。

これに加えて国家的祝祭日の設置と国家的儀礼の実施によって、国家共同体と皇室とが過去・未来ともに同一の時間線上にあるという観念を創出していく。そのことで、徐々に神話／歴史を記憶する場に民衆を取り込んでいくことになり、儀礼的中心たる天皇が政治的中心としての正当性を有した存在として、制度的な空間としての国土空間と結びついていくことになる。

また天皇の権威と制度的な国土空間を同一にし、ある意味で分断した民衆の意識を回収する、儀礼的諸実践を補強するような、あるいはそれを利用するような物質的な要素を伴った諸実践として、一八八〇年代後半まで行われた天皇の都市部への行幸啓や地方への巡幸が挙げられるだろう。特に①一八七二（明治五）年の近畿・中国・九州の巡幸、②一八七六（明治九）年の東北巡幸、③一八七八（明治一一）年の北陸・東海道巡幸、④一八八〇（明治一三）年の中央道への巡幸、⑤一八八一（明治一四）年の東北・北海道巡幸、⑥一八八五（明治一八）年の山陽道への巡幸（図2-2）、といういわゆる六大巡幸を中心とする地方巡幸は、各地で起こっていた自由民権運動を抑え、天皇にむけて人心を収斂させる明治政府の意図が強く働いていた。そもそも行幸や巡幸の目的は、「民情・風俗御視察のため」という建前のもと、「未だ全く朝意の嚮ふ所の知ら」ない「僻邑遐陬」の地にまで「王化」を行き渡らせて、「万世不抜の制を建て」ることにあった（宮内庁編 1969a：527, 674）。すなわち天皇の地方巡幸は、天皇の民衆への定着と、それを媒介にした地方支配の強化という効果をもたらし、明治国家の支配力を全国に浸透させる前提を形作ったのである。

それではこれらの地方への六大巡幸は、どのような「仕掛け」によって天皇の民衆への定着と、それを媒介にした地方支配の強化を図ったのであろうか。それを考えるヒントとして、この地方の六大巡幸に先だって行われた天皇の大阪親征と東京への東幸における諸実践が挙げられる。多木浩二によれば、この大阪親征や東京への東幸は二重の意味での視覚化を伴ったものだという（多木 1988）。この天皇の視覚化という政治的実践は、そもそも外交の

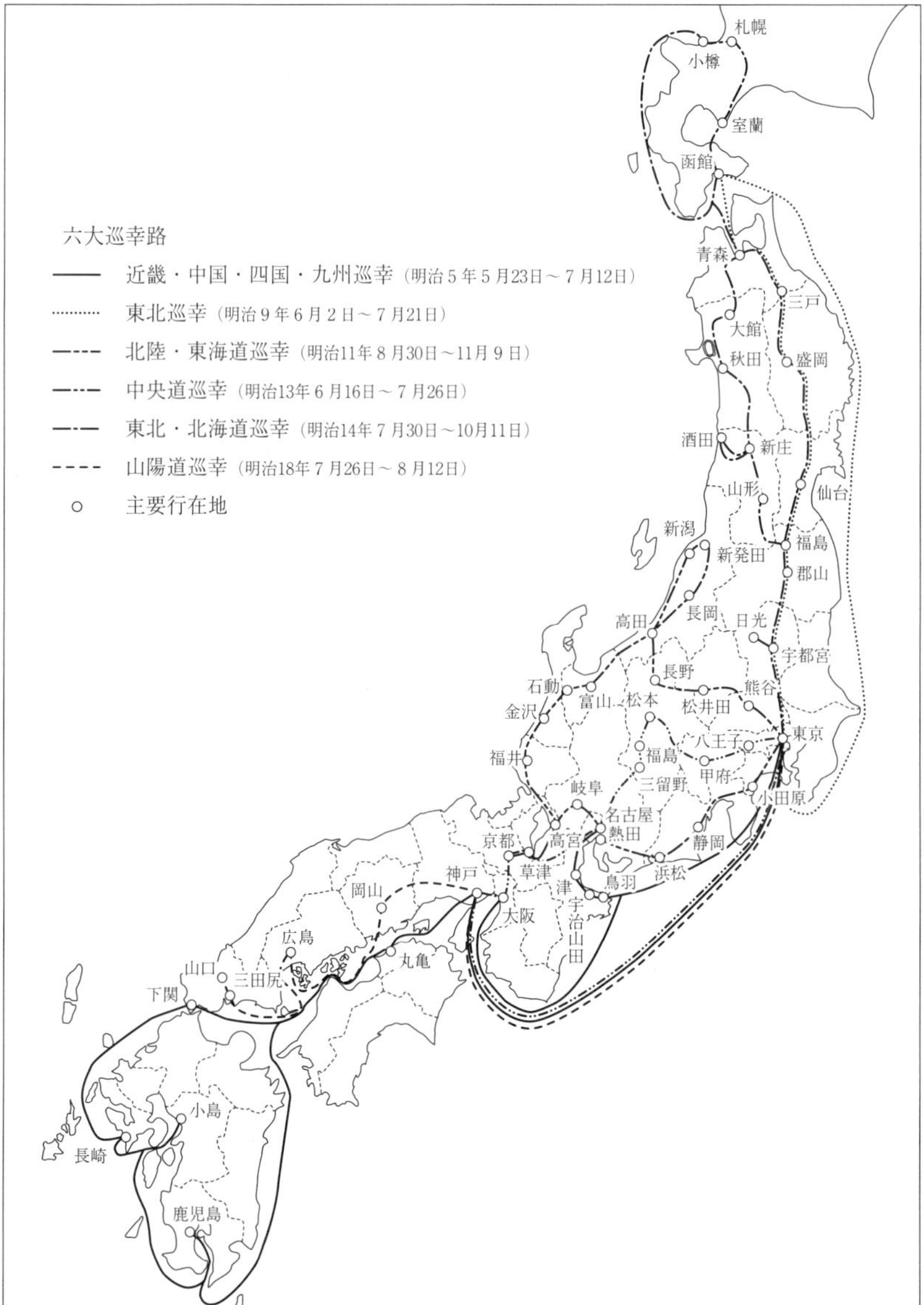

図２－２　明治天皇巡幸経路

出典：多木（1988：76）。

相手たる諸外国に対して天皇を頂点に戴いた新国家として承認させるという対外的理由が存在していたために、ある意味急を要するものであった。そのために積極的に進められてきたという背景があったためか、この時期の視覚化は権力を見せる、見ることを要求するという意味で、絶対主義の政治技術に似たものとなっていたという。

ただ強調するべきはもう一点の方であり、明治初期に民衆レベルにおいてでまわっていた天皇の即位や親征、東幸などの錦絵の存在である。それらの錦絵の多くが明治天皇を描いたとはうたっておらず、「神武天皇即位」[22]や、鉄砲を持った兵士に護衛された明治天皇の大阪親征を仁徳天皇の難波行幸と名づけたり、韜晦の修辞法[23]によって記される好奇心をそそる存在として、物語的なイメージを生産しながら民衆に対し、天皇の経験を差し出していた。

しかしながら、この事実を物語化していく操作（ここでは天皇）を通じた民衆の政治的経験は、「遊び」という価値の解体作用とそれに伴う価値の「揺らぎ」を楽しむものであったために、天皇の位置が明確となり天皇制が確立してくるにつれ、その「揺らぎ」故に、よりはっきりとした神話的構造を伴った政治的実践へと回収されていく。つまりこのような文脈で考えた場合、天皇をめぐるこれらの諸実践は様々な形で行われていた天皇の経験を、国家と一体化した政治的・儀礼的存在としての天皇という物語の構造に取り込んでいく現実的政治だったのである。

無論これはあくまでもメディアの発達した都市部の話であり、地方の場合はまた違う論拠を考えなければならない。しかしながら新政府は、少なくとも大阪親征と東京への東幸の段階で、巡幸という政治的実践の有効性については確認できたのである。

さて地方への巡幸である。この巡幸が行われた現実的理由としては、先述した自由民権運動の抑止、農民の地租改正の反発による農民一揆の抑止、徴兵令の反抗への抑止が考えられる。しかしながらそれ以上に求められた効能としては、天皇をまだ見たことのない地方の人々に天皇の姿を焼きつけることにあった。実際問題、地方の民衆、とりわけ農村部にすむ民衆には天皇に対する畏敬の念どころか、天皇に対する関心そのものが行き渡っていなかった[24]。そのため「臣民、途上に行幸・行啓に遇へる際の禮式」を公布したにもかかわらず、「通御の際、尚往々敬禮を失し、或は脱帽せざる者あ」るような状況であったため、内務省を通じて全国に礼式布告の趣旨を再周知させることが度々であった（宮内庁編 1969b：323）。

それではどのような形でこの巡幸が成立し、その目的を果たしていったのであろうか。多木浩二や吉見俊哉、そして原武史はその一つの理由として、視覚を伴う前近代的および近代的な視覚的支配の存在を指摘している。一方では政治的儀式として機能し、小学校の生徒が正装して整列し、時には軍隊さながらに敬礼するような光景に見るように、天皇は「見える権力」として全国を歩き、民衆がそれを仰ぎ見るという関係が確立した。これは明治期に入っての記紀神話の強調やそれに伴い新設された様々な祭祀によって形成される儀礼的な空間が身体的に経験されるものであり、巡幸によってお目見えした天皇は儀礼的な空間が有する神話的な構造と結びつきながら聖性をまとったものとして認識され、経験されるのである。しかしながらこれは天皇の権威もさることながら、旧来の名主などを中心とした地域社会構造が、新政府に国家的な権力によって中央と結びついた権力構造へと変化している影響もある。この巡幸という儀礼を成立させるにあたって、その地域の民衆が旧来の名主などを含めた支配者層に動員された事実を忘れてはならないだろう。

他方では、この巡幸によって民衆と天皇の「見る／見られる」視線の関係が反転する。巡幸のプログラムは天皇による視察（天覧）によって成立しており、陸路による巡幸が増加する一八七六（明治九）年の東北巡幸以降、民衆は天皇に何かを見せようとしなければならない機会が飛躍的に増大した。ある時は学校で生徒の授業を、またある時は県庁や裁判所で職務の様子を、またある時は路上で田植えの様子を、そして軍事施設では兵士の運動や演習を見学するなど、天皇はかつての将軍や大名とは異なる「慈愛あふれる」政治的身体と民俗的生き神という複数の身体性を持った存在として民衆に視覚的に把握される中で、天皇自身が「見る」存在として浮上してくる。つまり政治的儀式などを通じて、天皇は民衆に見られなければならず民衆は天皇を見なければならなかった視線の関係が、天皇は民衆を見るものであり民衆は天皇に見せねばならないという視線の関係へと転換したのであり、このことが世界の客体化という認識論的な転換[25]を招いた。

多木浩二は巡幸の公式記録である『東巡録』における記述方法の変化に着目し、この編者である金井之恭が従来の単なる日乗（日記）的な記述方法では「何かが変わった」かわからないために、適切な形へと記述方法を変えていくプロセスから、民衆の世界が客体化していく様子を看取している（多木 1988：84-86）。この変化は、〝天皇が見る〟ということから生じる世界の客体化からくるものであり、それによって民衆は、天皇によって「見られる側」として整序される存在として、天皇が頂点である価値づけの座標に沿って秩序づけられた連続空間へと回収されはじめる。つまり民衆は種々の政治的・儀礼的な実践とともに連続的・均質的な国土空間の中に自らの身体を置いていくことになるのである。そのような関係において天皇は、依然として仰ぎ見られる存在でありながら、見る側（統治する側）の象徴となり、文字通り政治的・社会的・象徴的中心として国家の中に位置するようになる。つまり天皇巡幸は、「天皇」の威光を各地の民衆に知らしめるという前近代からの戦略だけではなく、「天皇」の姿を直接民衆の眼前に晒し、その可視化された「天皇」の視線によって、今度は逆に人々を可視化し、透明な空間の中に整序していくという、より近代的な戦略を伴ったものだったのである。

こうして一定の成果を残した後、一八八〇年代の後半に入り天皇による巡幸は一時取りやめられることになる。その理由としては、これまでの儀礼としての巡幸が全国的に地ならしを行った結果、天皇が現前する／しないにかかわらず、儀礼的視線が中心に集まる空間関係が残ったこと、写真の複製技術が普及し生身の天皇を写した「御真影」が学校行事など様々な儀礼に結びつけられて儀礼的中心の役割を果たしたこと、東京が天皇の居所にふさわしく部分的にせよ[26]国家の儀礼的・象徴的中心へと変貌を遂げたことが考えられる。つまりこの時期にはようやく、文字通り明治国家の政治的・儀礼的中心としての帝都東京という方向性が見え始めたといえよう。

（2）天皇・皇居と「東京」像の組織化

それではこうしたプロセスを経て、天皇と皇居、東京へと向けられる民衆のまなざしはどのような像を結んでいったのだろうか。以下では絵双六を手がかりとして見ていこう。

絵双六、とりわけ道中双六に焦点をあてると、その原点は江戸時代の徳川政権下における里程標の設置と参勤交代制度の確立に求められよう。あくまでも強制的な形ではあったにせよ武士層の参勤交代に端を発する交通上の整備を伴う旅程の確立は、民衆にも寺社参詣を理由とした比較的自由な形での「旅」の経験を差し出した。

江戸期の道中双六において中心となったのは、江戸日本橋を「振り出し」に京都を「上り」とする東海道を舞台とした双六であった。これは東海道が参勤交代の主要幹線であっただけでなく、江戸期を通じて伊勢参りの移動経路となっていたためである。「振り出し」となっている江戸日本橋は、幕府による里程の基点となっており、まさに江戸の要衝をなしていた地域である。それに対し「上り」となっている京都は、江戸から伊勢参りへと向かう年平均三〇～四〇万人ともいわれる信者集団がその「ついで」として観光に向かう先であった。「東海道五十三駅道中記細見双六」や「東海道遊歴双六」など多くの道中双六において「振り出し」となっていた日本橋には、水辺と橋からなる風景と共に江戸城と富士山が描かれており、この絵柄が江戸時代を貫く「江戸」像として定着していた。

この固定的な図式が大きく変わり始めたのは明治維新以後であり、明治一桁台には「新撰東海道五十三駅電信明細双六」をはじめとして、ちょうど江戸期のそれとは反転する形で京都を「振り出し」として東京を「上り」とみなすような形が現れ始めてきた。

こうした背景には、薩長連合が天皇親政を掲げ京都から東京へと向かったという理由に加え、先に見た天皇の身

図2－3　「東京名所繁栄寿語録六」全図
（1896〔明治29〕年）

図2－4　「東京名所繁栄寿語録六」振り出し
（日本橋）（1896〔明治29〕年）

体性が確立し、東京へと定着していく過程が大きく関係している。そこで描かれる天皇像も、明治初期の行列や鳳輦によって表象されるものから、立身出世や教育、西南戦争など戦争を主題とした双六において軍服を身にまとい髭を蓄えた天皇の身体が露わになっていくという、巡幸によって目指された身体性を表象するものになっている。

その一方で江戸・東京を舞台とした名所双六では、「新版狂歌江戸花見双六」や多くの双六において橋の擬宝珠と富士山と江戸城が描かれていた日本橋を「振り出し」（あるいは「上り」）として、浅草や深川八幡など明確なイメージを有する象徴的な「場所」によってコマが占められていたものが、明治に入り日本橋を「振り出し」とする意識は変わらないものの、第一国立銀行をはじめとする石造りの建物や新たに架け替えられた石造りの橋、そして新橋発着の鉄道や人力車など、文明開化の記号が江戸期のコマ割りの中に盛り込まれていった。すなわち日本橋を基点としながらも、それぞれ強いイメージを持つ場所同士の連鎖として表象されるある意味で中心をもたない江戸から、文明開化のシンボル同士が結合していく中でかつての「場所」性から遊離しながら、新しい空間秩序を持つ東京という抽象的な像を結びはじめるのである。この頃の「振り出し」は日本橋だけでなく、尾張町（銀座）や品川、新橋停車場に、「上り」は上野の博覧会場や浅草など、下町側を中心に様々な地点へと拡散していった。

一八八〇年代に入ってもそうした過渡的な状況に変わりはないが、「上り」としてにわかに下町から見るとまち外れ（縁）にあたる皇居の存在が浮上してくる。

図2－5 「東京名所繁栄寿語録六」上り（二重橋）（1896〔明治29〕年）

東京の出発点は、前述した通り一八六八（慶応四）年七月一七日の東京に改称するという詔書の布告であり、それに伴う天皇の東京東幸であった。そして一八六九（明治二）年三月には、東京着輦の上、西丸を皇居の位置と定め、山里に賢所を奉安し、東京城を皇城と改称し天皇の居城と定めた[27]。とはいってもこの東京東幸によって東京に遷都されたわけではなく、二京併置論の議論に見るように、東京はあくまでも東方経営の基点にすぎず、天皇は二京の間を巡幸する存在である以上、江戸城の名称を変えられた宮城（この時点では皇城）は、一時的な居所（行在所）に過ぎないものであった。

このような皇居が一時的な居所（行在所）にすぎないという意識は、皇居に対する取り扱いに端的に現れていた。一八七三（明治六）年五月五日に、皇居・女官部屋から出火し全焼、天皇の居所として機能しない状態になったのである。そのため天皇は、以降赤坂離宮に居所を一時的に移すにいたった。しかしながら、実際に皇居修繕を開始したのは一八八三（明治一七）年、つまり皇居炎上から一〇年経ってからであり、しかも天皇が実際に修繕された宮城に移ったのは一八八八（明治二一）年一〇月と一五年経った段階である。

ここまで修繕開始が長引いた背景には、明治政府の財政難、新しい皇居の様式をめぐる論争、技術面の遅れなどが考えられるが、いずれも決定的な要因となっていない。事実、修繕が開始された一八八三(明治一七)年は松方正義大蔵大臣のデフレ政策の真っ最中であり、積極的に修繕に乗り出す時期であるとも思えない。もちろんこの時期まで天皇が頻繁に行幸に出ており、数ヵ月東京を空けていたという事実も無視できないであろうが、それが頂点であるはずの天皇の居所である皇居を修繕しない絶対的な理由にはならないはずである。

こうした点を踏まえ、このことは、明治初期の一五年という天皇の大巡幸の時期を経て、支配エリートの皇居に対する考えが、皇居を天皇の居所という意味合いから、皇室の権威と国家の名誉の表象であり、国家の公的儀礼の中心であるという認識へと転換していった結果として捉えるのが妥当であろう。事実、明治政府成立から三〇年経った一八九八(明治三〇)年に、雑誌『太陽』の臨時増刊号として出版された「奠都三十年」[28]という特集において、当時の政治家の福岡孝弟が、遷都から三〇年を経ているということはありえないとし、東京が正式な首都になったのは、首都を天皇の居所と定義づけた一八八九(明治二二)年以降であり、同年までの東京は、少なくとも「行在所」にすぎないと主張している。福岡によるこの発言は、当時の福岡の立場を差し引いて考える必要があるにせよ、首都としての東京の象徴性が行き渡ったのが、せいぜい新皇居完成の一八八九年のわずか数年前にすぎないという事実を示すものである。この間に起きたことは、天皇と皇居の関係性の成立であるのと同時に、東京に対する位置づけ、そして天皇(皇居)と東京が一体的なものとして扱われるようになった東京認識の変化に他ならない。

そうした社会状況を反映する形で、一八七〇年代の地方巡幸の際に行われた天皇への直訴は不敬罪の対象となり、さらには天皇を描くことに対する線引きが難しくなってくる中で、天皇を皇居(そして二重橋)を通じて「上り」に置くことで畏敬の念を表現する方法が表れてくる。結果として、一八八九(明治二二)年の憲法公布により「天皇ハ神聖ニシテ侵スヘカラス」と定められた後は、天皇の具体的身体を描くことが以降も黙認された錦絵全般の傾向に対し、イメージを象徴化・単純化することを旨とする双六の中における天皇の身体は抽象化していき、最終的には皇居や二重橋へと置き換えられていくのである[29]（図２－３・図２－４・図２－５）。

4　江戸との連続性と非連続性

本章では丸の内誕生前史として、①明治維新期における天皇と東京の社会的位置の変化、②土地と身体、社会と空間の関係の変化、③天皇・皇居・東京の同一化過程とその実践の三点に着目して検討を行ってきた。以下では得られた知見をまとめておこう。

（1）　明治維新期における天皇と東京の社会的位置の変化

天皇および東京の社会的位置に関しては、江戸末期から明治にかけての遷都をめぐる議論（大坂遷都論・江戸遷都論・二京併置論）を参考にしながら、天皇と東京の社会的位置について言及した。当時の東京が必ずしも天皇の居所ではなく行在所にすぎなかったこと、また東京が日本の首都という現在の認識とは隔たったものであったことを確認した。

遷都をめぐる議論の中で見られた天皇の位置づけは、にわかに権力主体になった天皇があまりに未知数のものであり、天皇を行幸など様々な形で「見える権力」にしない限りは、必ずしも求心力になりえない状態であったことが見て取れる。

この点を勘案して二京併置論の議論を見てみると、東京はあくまでも東方経営の基点にすぎず、江戸城の名称を変えられた宮城もあくまでそのための一時的な居所にすぎないという事実に気づく。天皇はあくまでも京都という地域社会と結びついており、便宜的に東京へと出向いて東方の政を行うという、局地的で部分的な存在にすぎなかったのである。つまりこの頃の天皇の位置づけは、そのまま東京に東幸してきたとしても江戸幕府の権力体系を完全に否定するものにはなりえなかった。

（2）土地と身体、社会と空間の関係の変化

それと並行して第二点目では、明治維新に入り廃藩置県や三新法など旧来の権力構造の解体を目的とし、統治の空間スケールの転換による天皇の居所・東京を中核としたハイアラーキカルに構成された制度的な（国土）空間と、江戸期から続く身分制と結びついた場所論的な秩序に裏打ちされた閉じた空間（「生きられた空間」として読み替えられていく）という二重の空間の経験が、一八八〇年代まではいわゆる支配者層や新興資本家層と、商工業者層といった町民層の温度差そのままに乖離したものであったことを、旧武家地および町人地の利用などの観点から論じていった。

幕藩体制下の日本においては、国土は複数の領邦的な国家である「藩」に分割され、それぞれ異なった社会－空間秩序を有しており、「国土」はこうした諸大名が支配する諸藩の集合体として現れていた。それに対し、明治政府によって行われた国土空間の転換は、様々な政策等の諸実践によってこの場所論的な秩序を解体し、欧米など先進諸国が形成する国際市場によって作られる資本の空間に適応するために、均質的で連続的な近代的領域国家の空間へと編成し直すことによって成立していた。

このような明治の近代化の流れは、政治的・儀礼的な形で成立していた江戸を、天皇を中心とした新しい国土空間の中枢とする統治システムや、経済社会システムの空間的装置としての「東京」（町村敬志）へと転換していく

にあたり、制度的にはドラスティックな転換を行いながらも、都市空間構造から見た場合それほど急激な変化として現れたわけではない。全体としてみれば東京は、中身だけを置き換えたり新しい要素を導入するように、江戸の都市構造を受け継ぎ、その上に乗っかりながら近代の都市形成に向けてその機能や意味を適確に変えていく「ソフトな都市改造」によって生み出されたためである。

武家地は大名屋敷の跡地という主要な都市機能をもりこむ恰好の器として膨大な敷地を背景に、必要な政治・軍事施設など多くの施設や建物がそのまま流用され、江戸城を中心とした身分秩序と対応する都市空間構造は驚くほど柔軟な形で読み替えられていく。これは武士と皇・官という共に公の色彩を帯びた社会的地位であったが故に比較的容易であったともいえるだろうが、封建制における社会＝空間的中心であった江戸城に、天皇の権威をかぶせるように読み替えようとした薩長を中心とした当時の政治家や役人の意図も無関係ではないだろう。

またこのことは町人地が、明治政府が進めていた「富国強兵」や「殖産興業」政策に適応しながら、結果的に商業地や工業地として対応していったことからもいえる。「上から」の「殖産興業」政策は、職人層を中心とする伝統的な在来産業を、都市の工業生産として包摂しながら進まざるをえなかったのである。制度的な空間においては身体と結びついた社会から引き剝がされ、連続空間上の交換可能なものとして扱われるようになっていったはずの土地と身体の関係は、「生きられる空間」としての身分制秩序に裏打ちされた社会－空間構造からは脱しておらず、いわゆる支配者層や新興資本家層と、商工業者層といった町民層の温度差そのままに分離したものであったといってても良いだろう。しかしながらこの場所論的な秩序が支配者層や新興資本家層に働いていなかったわけでは全くなく、下町の町人層と形は違うにせよ、東京という都市という場を江戸という近世城下を都市たらしめていた枠組み以外の形でみることが非常に困難であったことは確かであり、そこにはまだ近代国家の首都東京の将来像という具体的なイメージもなければ、近代的な意味での都市の概念もイメージも存在していなかったといえよう。

（3）天皇・皇居・東京の同一化過程とその実践

これを受けて第三点目では、転換点としての一八八〇年代に何がおきたのかを明らかにするために、天皇・皇居・東京という三者が重なり合っていく過程に着目し、その理由の一つとして天皇という様々な意味での中心的存在の権威を利用して、東京の中心である宮城に鎮座させる、つまり場所論的な秩序を読み替えることで意味論的な空虚を埋めるという京都や江戸を造ってきたような旧来の方法を取り上げた。そしてその具体的な実践としての天皇の都市部への行幸啓および地方への巡幸など天皇をめぐる実践が、天皇の権威と制度的な国土空間を同一にし、ある意味で分断した民衆の意識を回収する性質のものであり、天皇を「見える権力」として儀礼的・象徴的中心へと組織化することで、天皇が現前する／しないにかかわらず儀礼的中心として視線を集める存在になったことを多木浩二や吉見俊哉の議論を参照しながら論じた。

江戸末期から明治にかけての遷都論を見る限り、当初の江戸・東京は天皇の行在所であり、しかも天皇自身も京都と結びついた局所的存在にすぎず、別の空間秩序の中にあったといえよう。

しかしながら明治維新を経て、旧来の構造解体と統治の空間スケールの転換を目的とした諸施策が、天皇の居所・東京を中核としたハイアラーキカルに構成された制度的な（国土）空間と、江戸期の身分制と結びついた場所論的な秩序に裏打ちされた「閉じた空間」という、社会層の分化に対応する二重の空間の経験をもたらした。

それが大きく転換したのは一八八〇年代であり、この時期には天皇・皇居・東京という三者が重なり合っていく。これは、明治政府が天皇をあらゆる形での中心的存在へと組織化するために、東京の中心である宮城に鎮座させる、つまり場所論的な秩序を読み替えることで意味論的な空虚を埋めるという旧来の方法を利用したためであり、その具体的な実践として天皇の巡幸が大きな役割を果たした点が明らかとなった。

このように「江戸」からの移行期にある明治前期の東京をめぐるリアリティは、「移動」し、「見る／見られる」存在としての天皇を中心とする「皇」の組織化とパラレルな形で構築されてきた。「皇」を旗印として進展する空間の再編成は、必然的に土地と身体、そして社会のあいだの関係性の変容を迫るものであり、国民国家形成（「政」の組織化）と国内市場の整備（「経」の組織化）によって、次第に資本制化を加速させていく近代日本社会の祖型を築くにいたるが、当然ながらその拡がりは一様ではない。メディアやテクノロジーの発達が限定的に留まる明治前期の東京においては、先述の通り土地と身体、そして社会の関係性が、未だ江戸の延長線上にある以上、分化する社会‐空間構造を組み替えていくのにあたっては、より具体的な形で土地や身体にアプローチするための実践が必要とされるのである。次章ではこの点について言及していこう。

注

（1）似田貝香門は、この開港という歴史的事態を日本資本主義の創出過程を規定した要因の一つとして位置づけている（似田貝 1975）。

（2）東京都編、一九五八、『東京市史稿』市街編四九、および東京都編、一九五一、「江戸から東京への展開」『東京都史紀要』一など参照。

（3）『大久保利通文書』二および立教大学日本史研究会、一九六五〜一九七一、『大久保利通関係文書』一〜五、吉川弘文館、など参照。

（4）田中彰、一九六〇、「幕末薩長交易の研究」『史学雑誌』六九巻三号・四号、史学会、など参照。

（5）その翌年の一八七二（明治五）年に徴兵令を発し、東京・仙台・名古屋・大阪・広島・熊本など、以前大藩のあった主要都市に鎮台を置き、一八七四（明治七）年には内務省の統一指揮下に東京の警視庁をはじめ全国に中央集権的警察の体系がつくられて、中央から全体を統制する組織がつくられていった。

(6) 戸籍制施行の詳しい経緯については、北原（1993）を参照。
(7) ここでは特に内藤（1966）より引いている。
(8) 深川には京都の三十三間堂を模した江戸の三十三間堂があり、様々な形でこのような「見立て」（読み替え）が行われている。
(9) この他にも琵琶湖の竹生島が上野不忍池にある弁天堂に、清水寺が同所にある清水堂にそれぞれ対応させられており、鬼門の位置は副次的ではあるが、いっそうはっきりとした「見立て」が行われた。
(10) 死して「東照大権現」となった徳川家康は、この「見立て」により、上野と日光東照宮の双方に祀られている。
(11) これは天下の中心である将軍が行う日光参拝＝「御社参」などの儀礼によって補強され「東照大権現」となった家康を、この世の最高権力者であり子孫である現在の将軍が参拝するこの儀礼は、神聖なる始点に向かって遡る象徴的なものであり、将軍を中心とした社会に神話的な意味と永遠へと接続するような空間－時間的な広がりを与えるのである。詳しくは渡辺浩、一九八六、「御威光と象徴――徳川政治体制の一側面」『思想』七四〇号を参照。
(12) 人力車が世に姿を現してから一年半後の一八七一（明治四）年一二月には、東京府内に一万八二〇台の人力車が確認され（「府下地坪人力数調」）、その五年後の一八七六（明治九）年には保有台数が二万五三八台となるなど（『東京府管内統計表』）、激減していく駕籠屋に取って代わる存在となった。齊藤俊彦は、こうした爆発的増加を支えた技術的側面として、一台一台を通して作るのではなく、下請けが造った部分品を組み立てて作るアセンブリ生産形式の存在を挙げている（齊藤 1997）。
(13) 地租改正に始まる土地所有関係の流動化とそれに伴う社会－空間構造の再編については次章にて論じるため、ここでは立ち入らない。
(14) このような江戸と東京の連続性を強調する視点は、江戸東京学などの学際的なアプローチをはじめとして、八〇年代のいわゆる都市論ブームとともに脚光を浴びた。
(15) 内藤（1966：133）および東京都編、一九五八、「区政沿革」『東京都史紀要』五などを参照。
(16) これは大名邸を改めて貸与したり、下賜したりするものであった。

(17)この見解について、石塚は、揖西光速、一九六五、『日本産業資本成立史』お茶の水書房、などを参照している。

(18)一八八〇年代までの東京における工業生産は、技術力が飛びぬけている官営工場や田中久重創設の機械工場（後の東芝）や明工社（後の沖電気）といった諸機械工業、川崎造船所・石川島造船所といった造船業または化学工業などの民営工場、京橋における活版製造や印刷業など、評価すべき水準に到達していた。

(19)特徴的なものとしては、京橋の印刷業、芝の繊維工業、江戸川流域の雑貨品（製紙・染物・鉛筆）工業、浅草の皮革業、深川の食品加工などがあり、それぞれ特定部門の工場が一定の地域に集中していた。

(20)若林幹夫によれば、この桑茶政策は城下という都市の存立を支えていたユートピーな審級である将軍も、それに恭順していた大名や家臣団もおらず、かつての城下に生じた物理的かつ意味論的な空虚を文明開化の記号で補充しようという試みであった、と論じている。

(21)そのうち、市区改正などの都市計画を通じた空間的実践については、次の章で取り上げるためここでは触れない。

(22)長谷川貞信画、一八六八、「御即位之図」小西四郎、一九七七『錦絵　幕末明治の歴史』五、講談社より。

(23)錦絵というメディアとその表現技法は、もともと写実的であるよりもたぶんに想像的な戯作的要素が残り、比喩の戯れが強く、古い出来事に見立てて現在の出来事を描く〝擬古画〟や〝寓意画〟によるものが普通であった。

(24)『東京日日新聞』に掲載されていた岸田吟香による随行の記録『東北御巡幸記』には、一方で奉迎する人を記述すると共に、泥の中に足を投げ出して腰掛けたままの農夫や娘たち、裸の赤ん坊に乳を飲ませる女性などの姿が描かれており、その人達には畏怖の感情はなかったものと思われる。

(25)吉見俊哉は、M・フーコーを引用しながら、この時期の明治国家が数々の手段、とりわけ工業文明の産物である上野で行われた内国勧業博覧会などを例にあげ、国民の間に新しいまなざしを呼び起こし、認識論的な転換を促そうとしていた、と指摘している。詳しくは吉見（1987）を参照。

(26)ただ実際は、東京だけに首都性が表現されたのではなく、依然として京都は国家儀式（大嘗祭）が行われていたし、宗教的トポグラフィーにおいては伊勢神宮が、「皇統が歴史に出現する以前の超時間的時間とでもいうべきものに融合する過去を通じて、政治秩序の連続性を表象するものとなった」というように、中心的位置を占めていた。詳しくは、フジタニ（1994）を参照。

(27) 矢崎武夫は、当時の皇居／皇城が一〇万八三九八坪を有しており、二重の濠をめぐらし、依然として東京市民の生活から隔絶したものであり、神秘性をたたえた半近代国家の中軸としての天皇の居城になったと論じている（矢崎 1962）。

(28) 政治学者の御厨貴は、正式に都を移すという意味の「遷都」ではなく、一時的に都を移すという意味の「奠都」という言葉が使われたことに対して、一時的であったはずの明治天皇の東京への東幸がなし崩し的に定住の形になり、そのまま首都になってしまったこと、また儀礼的中心としての京都という意識が色濃く残ってことなどから、このような中途半端な状態を「官」が認めたくなかったからである、と説明している（御厨 1984）。

(29) 錦絵全般で考えると、これ以降も宮内大臣を通じて販売を黙許する旨が警視総監や地方長官宛に通達されたが、肖像写真（御真影）の複写販売は固く禁じられた。

第三章　「新しい」都市空間の創出と「都市政治」の成立

――丸の内の誕生とその背景――

1　「近代都市」東京を「都市計画」から考える

現在様々な領域において、近代都市に焦点を当てた研究が盛んになりつつある。その中でも特に歴史学における近代都市への着目は、一九九〇年代以降に一九八〇年代以前の様々な分野の作品を反省的に捉え返す形で、自らの研究史上に位置づけなおすという作業を通してなされている。

翻って社会学では、主に一九二〇年代の大正・昭和初期に焦点を当てた歴史社会学的研究、都市問題と社会調査の発展を関連づけて論じるような社会調査史的な研究など、個別的な発展の仕方を見せている。

狭義の都市社会学に絞ると、一九九〇年代に入り日本都市社会学会のテーマ部会・シンポジウムの開催という形で一定の展開を見せてはいるが、この間に近代都市そのものに焦点を当てた、もしくは対象化を志向する研究が進行したのかを考えると、（自覚的に扱ったものは）一部の研究に限られているといわざるを得ない。しかし研究史上の流れを考え合わせても、また現在の都市において見え隠れする構造的制約として「近代都市」が立ち現れる状況から考えても、この作業は避けては通れないものであろう。

本章では、歴史学など他領域の研究状況を念頭に置きながら、近代都市空間形成において都市計画などの空間的諸実践が占める位置について、文字通り近代の産物であり都市計画によって誕生した東京丸の内をめぐる社会－空間形成過程に着目した考察を行う。さらに、とりわけ成立期として重要な位置を占める一八八〇年代前後に対象を限定する。というのも、この時期が「近代都市」東京の開発政策の方向性と都市空間の（近代的な）あり方が決定されたのみならず、社会に対する認識構図が転換したという意味でも重要な時期だからである[1]。

具体的には、東京における市区改正の基本構図ともいうべき都市改造の必要性の「発見」（現状認識と問題構制）⇒〈都市像〉の構築⇒その実現（法規の整備と人・財源の準備）からなる社会的過程に着目の上、①市区改正をめぐる資史料および先行研究の内在的検討、②一八八〇年代東京の社会－空間構造からの外在的検討、という二点から丸の内誕生の文脈についての考察を加える。

2 「社会的過程」としての都市計画とその都市認識

（1） 東京市区改正条例の位置

近代的な意味での都市計画は、①近世の場所論的な秩序から遊離させ、均質的な空間の下の秩序に統合する実践であったこと、②同時に都市空間の意味性や機能性を政策的・工学的な介入によって再構造化しようとする実践であったこと、③いわゆる社会問題を解決するための実践であったこと、など「実践」に関わる性質を持たされていた。

しかしながら東京市区改正条例に関わる一連の議論を見ていくとわかるように、実際にはこうした「実践」としての都市計画は、その実施を支える都市の現状認識と問題構制、そしてそこから練り上げられていく都市の思想・

哲学によって形成される〈都市像〉に大きく左右される。

ここでは東京における市区改正の端緒ともいわれる「東京中央市区劃定之問題」をめぐる議論に着目し、その主要なロジックである〈中央市区論〉と〈貧富分離論〉がどのような経緯で〈都市像〉の構築に結びついていったのかについて、争点としての貧困層と「防火」「衛生」の関係性から論じていく。その上で、これらの議論がいかなる社会的過程を経て「都市計画」という文脈へと回収されていったのかについても併せて検討したい。

（2）原因としての「貧困層」の創出――〈中央市区論〉と〈貧富分離論〉の接合

江戸から明治への転換期における東京では、幕末以来の治安悪化から秩序安定が求められていたのと同時に、外国からの視線を意識しつつ、国内の秩序の頂点に立つために、近代国家の首都たるにふさわしいモデルであることが求められた。成田龍一に従えば、一八七二年の銀座煉瓦街の建設や一八七六年から取りざたされる東京市区改正計画などの一連の動きや法規の制定は、「文明化」を規準・指針としており、江戸期の「伝統社会」から人々を引きずり出し、人々の身体への介入と馴致を通じた公的・匿名性を特徴とする新たな空間秩序を形成する試みであったという（成田 2003：46-48）。

こうした身体への介入とその馴致による新たな空間秩序の形成は、当時の政治家や内務官僚、また知識人層や新興資本家層といった「開明的」な態度を特徴としたエリートを自負する層によって主導されており、無知な国民を指導し育てていく「牧民官」を目指した内務官僚に見るように、西洋近代文明の優越性を主張する啓蒙思想などに裏打ちされていた。

ひろたまさきは、西周の「人世三宝説」に示されるような三宝（健康・知識・富有《ママ》）が、近世的な秩序による諸束縛から解放され「文明」の指標として人々に求められたと同時に、そうした「文明的諸価値」を軸とした制度的な秩序から外れるものとして観念する存在を排除／差別する様式を生み出したのだと論ずる（ひろた 1990：471-500）。その代表的な存在として、「貧困」「不潔」「不徳」というネガティブな「視線」を向けられ、また「囲い込み」によって排除されていく貧困層の存在が挙げられる。貴賤貧富の差を学問（理性）の有無や怠惰などに、つまり全ての責任を「自カラ招クモノ」として個人に帰するような蔑視観は、議論の是非はともかく明治前期の政府や啓蒙家、また民権家の一部など立場を問わず共有されており、それに異議を唱える勢力（民権派の貧民救済を唱えるグループ）にしても「暴動化しかねない危険な存在」として貧困層の姿が映っていた。

それは銀座煉瓦街建設に始まり、市区改正計画へとつながっていく一連の「明治の東京計画」の議論においても同様である。明治初期の東京は、コレラなど流行病の蔓延や度重なる火災への対応に追われていた時代でもあった。当時の東京府知事である松田道之が発表した、将来へと続く東京の改造計画の方針を示した「東京中央市区劃定之問題」においてもこの認識は貫かれている。

そもそも中央市区論は、一八七〇年代～八〇年代前半にかけて東京市区改正の必要が議論される中での中心的論点であり、当時の新聞雑誌などの論調でも顕著に現れていた。そして主要な論点として浮上してきたのが、一八八〇年一一月に松田が発表した「東京中央市区劃定之問題」であり、一万戸を超える焼失戸数を出した前年の日本橋箔屋町大火後に火災予防事業を計画し提案するにあたって、将来の東京をいかにして改良していくかを示した（事業の進め方も含めた）戦略的な文書であった（松田 1880）。そこには、貧困層駆逐と共に、市区を縮小しそこから貧困層を追い出して富人だけの地区をつくる思想が色濃く現れている。

中央市区論と貧富分離論を密接に関係づけたこうした考え方は、森鷗外など一部の例外を除けば一般的なものであり、かつそれにいたる現状認識、すなわち火災や伝染病の原因として「不潔さ」を体現する「貧民《ママ》」とその「貧《マ》民《マ》」が居住する裏長屋の密集の存在を指摘する点は共有されていた。その一部の例外であった鷗外にしても、政府案や他の専門家が示す解決策に痛烈な批判を加えながらも、裏長屋に住む貧困層が衛生に注意しない（野蛮な）生活をし、自ら伝染病にかかり、他人を害する結果となっているという〝事実〟認識の部分について大きな違いはない。

（3）焦点としての「防火」「衛生」

それではこのような〝事実〟認識はどのような状況から生まれ、またどのような推移を見せていったのか。結論から言ってしまえば、「東京中央市区劃定之問題」の発表と前後して、原因としての貧困層と「防火」「衛生」という争点は結びつきを見せるようになり、これらの争点を軸とした消極的／積極的な貧困層の〈囲い込み〉が目論まれることとなる。

そもそも市区改正計画の方向性をめぐる議論は、松田の前任にあたる楠本正隆の段階で既に意識されており、一八七六（明治九）年に市区改正の調査に着手し、一定の成果を見せていた。そのため一五区は人口に比して「土地頗ル広濶ニ過キ」るとして一五区内を地区区分して土地利用の適合性を考え、商業に適する日本橋・京橋・神田東部・浅草南部・芝北部を「内町」として市街地改良を行うという基本方針じたいは、一八七九（明治一二）年の松田知事への「事務引継演説書」にてすでに見られるのだが、その中心的問題は時期によって移行している。

「東京中央市区劃定之問題」は、府会議員に頒布後、各省庁、諸団体・会社に送付して意見を求め、さらに新聞広告を出した上で広く意見を求めていたため、ある程度の人々に関心を持たれるに足るテーマであった。これらの四つの転機に特徴的な社説を「東京中央市区劃定之問題」発表以前と併せて年ごとに概観していくと、図3-1のように、わずか一年たらずの間に中心となる論点や論拠が大きく揺れ動いている様が見て取れる。

江戸期からの構造を横目に見ながら、土地利用の適合性を考え、「貧民《ママ》」追放を結果的に予測するという消極的な姿勢を示していた発表以前に比べ、田口卯吉の「東京論」が一八八〇年八月に発表されたのを受けて、「東京中

「東京中央市区劃定之問題」以前

1880年1月20・21日の『郵便報知新聞』の「東京市井之区画結構」という社説

徳川時代に「中央市区」が拡大し「広濶ナル市区」になってしまった結果，現在は「貧人ノ陋屋ハ富人ノ高楼ト接シ賈人ノ商店ハ官吏ノ住宅ニ鄰シ」という状態だったので，これに対しては，「市井ヲ縮小シテ中央市区ノ経界ヲ立ツル」ことが重要だと中心市街地の限界を定める必要性を繰り返し述べる。そして「今日ノ施政」は「将来ノ規模ト合一スルノ方法」で行うことを主張し，そうすれば「貧窶ノ小民ハ固ヨリ中央市区ヨリ退転スルニ至ラン」と，貧民追放を結果として予測。

1880年末まで

1880年11月5・6日の『郵便報知新聞』の「東京中央市区ノ改正ヲ論ス」

従来から東京に新港を築く論は多く，自分も意見があったと述べた上で専ら築港論を展開。そして「東京ヲシテ全国ノ首府タル地位ヲ保タシメント欲セハ又之ヲシテ全国商業ノ中心タラシムルノ実ナカル可ラズ（傍点原文）」とし「則東京ニ新港ヲ開クノ一事ハ則東京ニ商業ノ中心タル実ヲ与フルモノニシテ寧ロ市区劃定ノ基礎ト云フ可シ」と結論づけ，中央市区の限界を定めたら「東京湾ヲ開キ埠頭船渠ノ地位等ヲ定メテ直ニ先ツ其工事ニ就クヲ以テ着手ノ初歩トナサヽル可ラズ」という主張。

度重なる大火後の1881年

松枝町大火直後の1881年1月28日付『東京横浜毎日新聞』の「東京之大火」および「火災予防策」

まず東京の大火は「東京府民ガ此災害ヲ助タル者」であるとし，それは借家所有人は「三年一火ハ東京ノ常ナリトシ火災ハ予テノ覚悟ナリ」と考え，借家人は「火災ヲ怖ルルヨリハ寧ロ之ヲ愛スル者少」くないからであり，そしてこのような「無情ナル借家人借家所有人」が繁華都城の中央に居住していてはどうにもならないので「東京市区ヲ定メ家屋建築ニ制限ヲ立ツル」事が必要であると主張。そして現実的な火災予防策として「劃定之問題」も「繁華ノ市街ノミ」に限って街区の「路幅ノ改正」と家屋を塗家とし「勝手口下屋物置ノ類ニモ多少ノ制限ヲ置キ其屋根ヲ瓦ニシテ其壁ヲ土ニセシメ」る家屋制限をした上で，「貧民賤夫ノ東京ノ中央ニ雑居スルハ市街ノ平和ヲ保護スルニ害アル」として，その分離を求める。

図3－1　1880～81年にかけての「東京中央市区劃定之問題」をめぐる論点の変遷

出典：各新聞および石田（1979）を参照の上，作成。

央市区劃定之問題」の論点が専ら東京築港問題との関係で論じられるようになると、八〇年末には一般的な関心が「中央市区劃定」から経済・商業活動へと向いて市区改正が二義的になってくる。しかしながら、八〇年暮れから八一年にかけての度重なる大火を受けて、再び木造長屋や木賃宿に住む江戸以来の、もしくは東京へと流入してくる「貧民《ママ》」「窮民《ママ》」「細民《ママ》」、「火災ヲ怖ルルヨリハ寧ロ之ヲ愛スル」ような「野蛮」な存在である一般の「普通営業人」を含めた「無情ナル借家人借家所有人」へと焦点があてられるようになると、「防火路線並ニ屋上制限規則」の制定による防火を中心とした都市改造を目的として、神田橋本町スラム改良事業のような強制的な貧困層の追い出しが行われた（八一年）。当時の東京府議会では自由民権派議員も含め全く反対が出なかったことからも見て取れるように、〈囲い込み〉の姿勢はより強くなったのである。

3　土地所有関係の流動化と社会‐空間構造の再編

こうした原因としての「貧民《ママ》」を特定化し、かつ（事後対策としての）「防火」や「衛生」を争点とした都市改造へとつなげていく流れは、江戸期からひきつぐ諸問題の構造的要因（とりわけ「貧民《ママ》」・スラム）を解消した上で、文明の都にふさわしい社会‐空間構造をいかに再編するかという問いを含んでいた。特に明治一〇年代まではその傾向が顕著であったが、こうした具体的な対象を措定しながら共通の〝事実〟認識を形成していく過程において、空間と身体、社会の関係性を再定義するのに大きな要因として働いたのは、地租改正にはじまる土地所有関係の流動化とそれに付随する（表象／地図化を伴う）土地の市場／商品化であろう。

土地所有関係の流動化は、地租改正による土地私有権の承認、すなわち土地所有関係に見る「官‐民」関係の成立に定礎する。地租改正法の制定や「地所名称区別」によって、土地私有権が承認されるようになると、私有地に属さない一切の土地が官有地（一種～四種）として囲い込まれ、共有地を簒奪する強烈な本源的蓄積の発生が目指される。結果として、土地をめぐる関係性は政治的対立へと発展していく（永井 1990）[2]。

東京に焦点を絞って考えると、江戸という歴史的文脈によって形成されてきた武家地（六八・六％）および寺社地（一五・六％）の解放と[3]、中間層としての家主の（制度上の）排除という経緯を経て、大土地所有地主の形成と「土地の市場／商品化」が進行する。

一八六九（明治二）年二月の版籍奉還を機に、政治機関が東京に集中し始め、着々と近代的な統制方式が整えられた。その同年に、武家地が東京府の管轄に移管され、他の街区と同じ扱いを受けるようになると、政府に「上地」された以外の所有地に対しても、一八七二（明治五）年の「地券発行地租収納規則」の交付により課税が実施されるようになった。さらに身分制の撤廃における「禄制改革」や「秩禄処分」によって旧武士層、とりわけ中下級武士層の窮乏化が明確になると、江戸期より公然と行われていた貸地・貸家の慣行が拡大する[4]（旗手 1992）。加えて「地所永代売買禁制」の廃止と「壬申地券」の交付、そして翌年の地租改正条例の発布が行われると、地券の売買・担保を通じて自由に土地取引が行われるようになり、封建的な土地所有権は解体されていくのである。

また中間層としての地主や家主、そして管理を委託された差配人である地守／家守を媒介とした封建的な身分関係の解体／排除は、一八六九年に名主の罷免、町役所・五人組の廃止、戸籍編成を目的とした五〇区制の編成によって、家主や家守の町政参加を禁止するという形で進行する[5]。このような（家主／差配人など中間層の排除を目的とした）制度改編を経て、（五〇区制で）割り振られた番地〈場〉との対応によって新たに編制される戸籍は、社会‐空間の対応関係を置き直す契機として機能していく[6]。

こうした土地所有関係の流動化と「土地の市場／商品化」をさらに促進したのが、地価の確定と、地籍編成事業をはじめとした各省庁による各種調査の存在であった[7]。詳述は避けるが、このような表象／地図化を伴う諸実践は、土地を均一で連続的な平面として対象化し、〝客観性〟を担保された空間として諸主体の前に差し出すこととなる。

この〝客観性〟のもとで形成されていく〝事実〟認識は、異なる位相の様々な利害を包摂する空間の定義をめぐって、必然的に権力性を帯びていく。前述した日本橋箔屋町大火跡地計画や神田橋本町スラム改良事業に即していえば、福地源一郎や安田善次郎、益田克徳や田口卯吉、果ては益田孝といった当時の民間有力資本家層や言論人（イデオローグ）からなる府会議員が、それぞれの立場に基づいて活発な発言を行っている[8]。彼ら有力者は、不潔さを体現する「貧民《ママ》」や火事を楽しむような「野蛮」な存在である一般の「普通営業人」を含めた「無情ナル借家人借家所有人」、とりわけその集住がもたらす弊害についての認識を共有しつつ、そうした集住をもたらす（江戸期から続く）社会‐空間構造の再編を、土地を所有する地主への規制と、土地売買による焼失地処分という形で実現しようとしていた。つまりここまでの議論からわかる通り、①土地が資本に転化され、土地所有権に定礎した（資本に適応した）空間配分が可能となったこと（＝「貧民」を「偏鄙」に配置し、中央市区には富裕層を住まわすという発想の誕生）、②土地所有（空間）を縁由した権力の行使が現実化したこと、③それも含めて土地＝空間は重要な資源となり得ること、という三点がこの時期より明確化してくる。

さらに地租改正および改正地券の発行に伴う私的な土地所有権が確立し、上からの「防火」対策による地所や家屋の「不動産」化が現実化してくると、必然的に資本蓄積の手段として、そしてビジネスチャンスとして資本家層に発見されるようになる。結果として防火や衛生を中心とした都市改造という考え方は、地価高騰や、「貧民《ママ》」が「逐ハスシテ自ラ退去スル」という事態のみならず、これらの規制・制限に耐えうるような資本を有する新興資本家などの富裕層による大規模土地所有を加速させ、三菱＝岩崎家に見るような特定の地域に大規模な土地を所有する「集中型土地所有」地主と、三井家のように小規模な土地を分散して大量に所有していた「集積型大土地所有」地主を生み出すに至る（鈴木 1999：168‐179）。

このような形で発生した利害は、官の政策や関係諸主体との調整を行う〈場〉、より具体的には市区改正など「都市計画」という「技術」を経由して成立する、（広義の）「都市政治」の局面での解決が図られる。そこでは土地（場所）と切り離された身体と空間の不確定な関係という近代社会特有の問題に対して、「新しい」都市空間の創出による基盤（〈場〉）の形成を手段とした、江戸とは異なる都市社会‐空間形成の可能性も同様に模索される。この段階の中央市区すなわち都心は、江戸期とは異なる秩序を有する空間として、また巨大な地主をはじめとした土地所有者の土地経営を軸にした社会諸関係を形成する空間として組織化されていくのであり、ここに丸の内誕生の下地とその開発の方向性が浮かび上がってくる。

4　「近代都市」東京への道程と丸の内の誕生

具体的には、どのようなプロセスを経て「都市計画」という「技術」を縁由した、（広義の）「都市政治」という局面が成立したのか。

ここでは、芳川顕正が東京府知事に就任した一八八二（明治一五）年以降に行われた一連の都市計画的実践をめぐる議論について、とりわけ焦点としての「天皇／皇居」に着目した上で、①市区改正芳川案に見る「東京」像の位相、②丸の内の誕生をめぐる諸過程、という二つの観点からの検討を試みる。

（1）　市区改正芳川案に見る「東京」像の位相——転換点／過渡期としての芳川案

芳川顕正が東京府知事に就いた一八八〇年代前半は、まさに〈都市像〉の構築とその実現（法規の整備と人・財源の準備）という社会的過程が、現実化し始めた時期であった。松田道之の「東京中央市区劃定之問題」によって示された「全國ノ首府」としての東京という〈都市像〉は、一八八一（明治一三）年一一月に設置された市区取調委員局での度重なる議論を経て、中央市区論を押しのけて出された築港論に代表される、ダイナミズムに溢れたものへと結実した。

しかしながら松田の急逝を受け、一八八二（明治一四）年に府知事となった芳川は、建前上はこの〈都市像〉を踏まえながらも、当面は技術・予算関係上、実現可能性の高い市区改良への漸進的取り組みの方針を示す。

そして一八八四（明治一六）年一一月、二年にわたる調査の成果として内務卿山県有朋に「市区改正意見書」を提出する。この市区改正芳川案ともいうべき「意見書」は、①基本方針としての改良主義、②諸調査に従った計画範囲の確定、③（改良主義に定礎した）用途地域制、④道路・鉄道など交通計画優位、という特徴を有している。

この市区改正芳川案は、基本方針からして、よくいえば柔軟性に富んだ、悪くいえば現状追認的な技術決定論的な計画案であるといえる。この意見書に見る芳川の基本姿勢は、徹底した調査によって構築された〝事実〟に基づく（財源なども含む）実現可能性の高い計画設計とその公示、そして漸進的施工による〝事実〟の積み重ねであり、計画実現の具体的道筋をつけたという意味では大きな転換点にあたる案だろう。

それでは芳川が追求した実現可能性はどのような〝事実〟認識に定礎したものだったのか。そもそも芳川の問題意識は、西洋文明（その象徴としての人力車・馬車・電信・鉄道馬車などの交通）に対応した都市をいかに実現するか、という点にあった。

「意見書」に散見される芳川の現状認識は、少なくとも一八八〇年代の東京が近代化に対して対応不可能であり早急に対応しなければならないのは明白だが、今後の大勢の予測が難しいため計画実行が「困難」というものである（芳川 1884）。

こうした芳川の現状認識は、「意見書」提出までの二年の間で直面した現実によるものであろうが、考える限り芳川は二つの「困難」にぶつかったように思われる。

一つは異なる位相の利害を有する諸主体間の対立という問題である。(9) 初期官僚制‐内閣創設‐帝国議会開設という国家機構／レベルの問題からはじまり（御厨 1984)、省庁レベル、さらに府／市という地域レベルにおいて、様々な争点をめぐって諸主体間が対立する様相は、（自らの利害の実現も含む）計画を実現する際の大きな妨げとなることは目に見えている。

もう一つは、一八八〇年代前半までの東京の現実そのものであった。当時の東京の社会‐空間構造は、「意見書」にも示される通り、基本的には江戸の身分制に基づいた構造を踏襲していた。こうした現状は、明治維新以降の「富国強兵」「殖産興業」というスローガンが、結果的には身分秩序に対応した形で読み替えることによって実現してきたことと無関係ではない。事実、武家地は「主要な都市機能を盛り込む恰好の器」（陣内 1985：15-16）として、政治・軍事・教育・文化機関、さらには桑茶畑や工場の集積を促し、町人地は江戸期からの職人層を中心とした伝統的な在来産業をはじめ、商人層、日雇・雑業層をはじめとした貧困層の生活の場として、それぞれの社会‐空間構造が再生産され続けてきた。しかしながら東京へ流入する寄留人口の増大や先述した土地所有関係の流動化という事態は、この社会‐空間構造を大きく揺るがすこととなり、その結果として利害の複雑化がより先鋭化する。加えて新しい事業をはじめるにいたっても、敷地の確保が容易な旧武家地はともかく、難題が山積するであろう旧町人地は計画施工に際して様々なバリアが存在する。そうした現状に対して、財政面をはじめとした制約を抱えた東京府も、「中央市区論」「貧富分離」という基本姿勢を打ち出しながら、火災による焼失地処分を通じたスラム・クリアランスなど、断片的な空間的実践をとらざるを得なかったといえる。

そのため芳川は、こうした二つの「困難」を乗り越える「現実的」な方策として、①異なる位相の主体間の調整を可能とする「審査会」という装置の設置、②中央市区論の姿勢を廃し、現状の社会‐空間構造を括弧に入れた空間形成を可能とする「交通計画」を主眼に設定、③それに伴う「貧民《ママ》」「防火」「衛生」をめぐる争点の（「市区改正」からの）切り離しや施行順序明示による相対的位置の低下、④議論内容を技術的位相へと限定化、⑤計画公示による官の指針の表明、という複数の仕掛けを用意しているのである。

具体的な芳川の仕掛けは、同時に東京の国家レベルの問題、すなわち「首都」の側面をより前面に押し出す。無論「全國ノ首府」としての東京という認識は、松田をはじめ各々にみられるものであったが、芳川が示した「意見書」の内容やその具体化のための仕掛けは、問題や争点の複雑さを有する「東京」（都市）を意識しながらも、地域レベルとしての東京の存在を一旦断絶させる形をとっている。それは内務官僚としての芳川の立場や、「交通計画」への並々ならぬ熱意からくるものであるなど、国家レベルでの利害を優先させる姿勢に拠るものだろう。そのため、とりわけ国家（政党）／地域レベルにおいて対立が見込まれる府会／府区会を、審査会のメンバーや、税源として構想した入府税の議論からも排除したといえる（御厨 1984）。

こうした国家レベルの東京という意識は、「意見書」の中にもやはり存在する。ただ芳川案の独自性として挙げられるのは、道路計画の中の一等道路として並置される「皇」の道の存在である。これは藤森照信をはじめ、多くの論者によって指摘される点であるが、あくまでも「官」や「商」と並置される形で設定されているだけで、必ずしも天皇の象徴性を最大限生かしたものとはなっていない（藤森 1982：159）。しかしながらこの前々年までに皇居造営事務局が設置され修繕が開始された事実からもわかるとおり、一五年にわたる天皇の大巡幸や行幸に代表される「目に見える」「移動する」天皇の存在は、少なくとも芳川をはじめ支配エリートの意識に共有されているだろうし、芳川の「交通計画」との親和性も非常に高い対象であろう。このように市区改正芳川案は、政治家や官僚主導の「全國ノ首府」「首都」としての東京が、「皇」の象徴性と一体化した「帝都」東京へと変貌する過渡期における計画という制約を有する計画ともいえる。

（2）丸の内誕生をめぐる諸過程——東京・天皇・皇居

それでは具体的に丸の内誕生をめぐる諸過程はどのような展開を辿ったのか。ここでは焦点としての「天皇／皇居」をめぐる議論と、そこから派生する諸主体間の関係構築過程という観点から、「審査会」発足以降の市区改正の議論を検討する。

市区改正芳川案の検討機関として発足した審査会であるが、先述した通り国家レベルの位相で市区改正を考えるメンバーに限定されている[10]。

議事録を確認する限り、この一三回にわたる審議によって形成された審査会案の論点は、①運輸交通体系の継続、②都市施設の付加修正、③築港道路の幹線化、④丸の内・大手町の商業地化の四点にまとめられる[11]。

ここで特に④丸の内・大手町の商業地化という論点に照準を定めると、やはり「天皇／皇居」の存在をいかに考えるか、という点に議論が焦点化される。議事内容を見る限り、「皇居」の定義と郭内など周辺の土地利用をめぐる議論は、第一回の大まかな方向性を定めた「大体」論にて、ⓐ「東京ハ輦轂ノ元」「全国ノ帝都ニシテ政府ノ座所」であるという認識を示す山崎直胤内務大書記官、ⓑ郭内は官省地にという計画を設定した芳川顕正、ⓒ築港を軸とした商都化の一環として郭内の商業地化をうながす渋沢栄一、という三者の見解に代表される。この審査会案の議事と、より天皇の象徴性を主題化しようとする井上馨をはじめとした外務省勢力による官庁集中計画は、「天皇／皇居」との関わりで東京／都市が論じられるようになった重要な契機である。

このように芳川案が出された一八八〇年代半ばは、様々な意味で都市空間（「東京」）と「天皇／皇居」の関係性が取りざたされた時期であった。

たとえば、一八八三（明治一五）年六月に福沢諭吉が『時事新報』紙上にて記した「首府改造ト皇居御造営ト」という論説では、首都東京の核たる皇居の造営と東京改造を総合計画という同じ文脈で語る必要性が強調されているし、審査会案の出された一年後の一八八六（明治一九）年に東京府が区／郡や戸長役場、公私立小学を通じて周知を図ろうとした「行幸啓ノ節人民心得方諭示」では、改めて街中で天皇の行幸啓に出会った際の人民の心得を説くなど、身体／社会の次元においても都市空間と天皇の関係性が問題化されている。

つまり審査会において議論される焦点としての「天皇／皇居」は、都市空間・東京と「皇居」、そして「天皇」と「皇居」が結びついた存在として位置づけられるような認識構図のもとでのみ成立する問題構制なのである。芳川案および審査会案以降の市区改正の議論や、丸の内誕生をめぐる議論は、こうした認識構図の転換を視野に入れて検討する必要がある。

このような文脈から、再度「皇居」周辺の土地利用をめぐる議論を見ていくと、方法論を含めた温度差の大きさに改めて驚かされる。

まず山崎直胤であるが、最も帝都としての体面を重視する発言を行っている。山崎は、東京を天皇の居所および政府の在所、また先進的な文明の在所、という政治的／文化的中心としてふさわしい整備を行うことを主張している。その上で具体的方策として挙げたのが、パリを参考とした都市づくり、すなわちパリの諸施設を「見立て」た、諸施設の新／改築ということであった。そんな山崎における「皇居」は、諸官衙や劇場が取り囲む核、すなわち政治的・文化的・社会的中心の空間的表現という位置づけを与えられており、シンボルとして最大限の評価が下されている。そのため皇居周辺の土地利用に関しては、諸官衙を一箇所に集中させた上で、それ以外の土地を劇場やホテル、銀行や会社、それに富裕層の邸宅など、一定の基準以上の市街地解放を主張している。

芳川顕正に関しては、先述の通り「皇」のシンボル性の効用に対して、（道路計画を見る限りでは）政治的文脈に沿った形での限定的評価しか与えていない。事実、芳川は皇居周辺の土地利用に関しては、一貫して郭内を官省地、霞ヶ関・麴町方面を邸宅地として利用することを主張している。加えて、立案者／審査会長として議事進行を行うに際し、極力計画区域と道路の幅員に争点を限定しようとする姿勢からも見てとれる通り、自らの示した案の（内務少輔としての政治的利害に沿う形での）実現を最優先していることがわかる。

そして渋沢栄一に関しては、築港計画を基軸とした商業都市を志向しているため、最も「皇」のシンボル性を評価していない。しかしながら徹頭徹尾この志向の実現を追求する渋沢は、結果的に芳川の意図を越える形で、皇居周辺の土地利用、そして官有地の町地化（商業地化）という争点を引き出すにいたる。

渋沢は、田口卯吉の皇居の官庁街化と民間の商業地としての開放という構想に拠りながら、[12] 一八七三（明治六）年に焼け落ちた皇居の旧本丸の跡地に木造以外の堅牢な官庁街を建設し、政府機関を集中させた上で、それ以外は石垣を崩し、濠を埋めて平らにし、民間の商業地に開放することを主張する。中でも「商売ニハ価アル地面ヲ、大切ナル軍備ノ為メト云ヒナガラ、余リ潰シ過ルト云フ感ジヲ持テリ」[13] と、現在軍部が占拠している中心街区（丸の内周辺）の商業地化を積極的に訴える。こうした渋沢の「皇居」周辺地域への評価は、あくまでも築港計画の文脈にのっとった、東京の中心にあるという地形上の、そして外堀を利用した水運上の利便性に拠る間接的なものであった。[14]

ここまで三者の異なる立場を見てきたが、この「審査会」における議論は、いくつかの認識の隔たりを露呈した。とりわけ「皇居」の定義や周辺の土地利用については、立場性の違いや追求する〈都市像〉の違い、そして方法論的相違などが、（資源としての）「天皇／皇居」への認識の温度差と質の違いとして現れたといえる。

（3）「新しい」都市空間の生産と「都市政治」の成立

ここの「皇居」周辺の土地利用をめぐる議論は、「都市計画」という「技術」を通して見出される「新しい」都市空間の浮上と、その都市空間に対して積極的な利益や意義を見出す主体間の利害調整を行う「都市政治」という〈場〉の成立を明らかにした。これは「天皇」－「皇居」－「東京」の一体化という、弱々しいながらも成立した

「新しい」認識構図のもと、陸軍の練兵場など軍施設によって充たされていた皇居周辺の空間が、こうした認識構図を最も相対化している渋沢栄一や益田孝ら東京商工会の新興資本家層のまなざしや、当時から出ていた軍事施設の移転話(15)など物質的／意味的な「ゆらぎ」を生じながら、あらゆる主体の利害に沿う様々な用途に開かれた空間として計画地図上で現前したことを意味している。

表出した「新しい」都市空間の価値を認め、その獲得をめぐって生ずる様々な対立／調整が行われるのが（広義の）「都市政治」の局面であり、その舞台が制度的〈場〉としての「審査会」であった。

このような「審査会」という装置を通じて具体化される都市政治という〈場〉は、異なる位相の利害や争点を有する諸主体を同一の空間に置きなおすことによって成立する。「審査会」という制度的〈場〉において、そうしたことを可能としたのが、市区改正や築港計画など都市計画地図上に浮かび上がる全体としての「東京」であり、争点ごと、地区ごとに切断された結果として、複雑性を捨象された都市空間がどんどん生産されていく。

こうした文脈の中で文字通り「発見」された丸の内であるが、正式に商業地として決定するのは、外務省主導の「官庁集中計画」の優越と挫折、そして東京市区改正条例の公布を間にはさみ、実施段階の最終案としての「市区改正委員会案」が出された一八八九（明治二二）年のことである。

委員会案によって丸の内の一般市街地としての払下げが決定されたのだが、皇居の正面に位置していること、「防火」を焦点としたいくつかの規制、陸軍省の兵舎新築費用の調達などの理由から、政府は丸の内と神田三崎町の土地を合わせての一括払下げを決める。面積にして一三万五〇〇〇坪、総額一五〇万円前後という提示は、当時の東京市年間予算が四五万円前後であることを考えても過大なものであろう。

そのため、必然的に渋沢や益田をはじめとした民間の有力な資本家層に打診がなされた。各資本家間では、利害をめぐる駆け引きが水面下でなされるのであるが、最終的に三菱が一括して買い取ることとなる。これにまつわる逸話はともかく、三菱が「明治一四年の政変」を契機としてそれまで手厚い保護を受けながら中心をなしていた海運事業が閉鎖に追い込まれ、日本郵船会社をはじめとした株による利益によって新たな事業としての地所経営に活路を見出したという背景もありつつ、「半ばは献金の趣意を以つて」一八八七（明治二〇）年の長崎造船所の払下げなどで旧知の間柄となった松方正義蔵相の懇請に応える（岩崎家傳記刊行会編［1971］1979）。これ以降、三菱は丸の内をはじめとして「集中型大土地所有」に基づく「民」による都市開発を推進していくのである。

このように、丸の内の商業地化の議論が行われた「審査会」案から四年を経て一括払下げが行われたわけだが、この期間中、丸の内を取り巻く環境に若干の変化が現れており、丸の内成立にかかわる重要な契機を含んでいる。一点目は、「天皇」-「皇居」-「東京」の一体化という「新しい」認識構図が強化された点である。これは「皇」のシンボル性が自覚的に扱われるようになったということを意味する。その例としては、外務省主導の「官庁集中計画」における「天皇大通り」の強調や、一八八九（明治二二）年の「市区改正委員会案」における宮内省の要請による「宮城前広場」の創設、それに同年の新皇居完成など枚挙に暇がない。とりあえずいえることは、この四年の間に皇居が天皇の「行在所」から「居所」へと移行されつつあるということである。ただ実際に天皇の「居所」である「皇居」が、文字通り象徴性を有する存在として仰ぎ見られる関係が本格的に成立するのは、日清・日露の戦争を経て、行幸道路と東京駅という、儀礼空間としての皇居前広場を演出する装置が完成する大正期以降であることは、留保すべきだろう。

二点目は、築港論の消滅と中央ステーション構想の現実化による、交通ネットワークの水路から陸路への転換である。交通ネットワークとしての水路の限界性は、「審査会」での議論段階で既に益田孝によって指摘されていたが、決定的だったのは、築港計画の頓挫であった[16]。対して内務省による「交通計画」は、中央ステーション現実化により、国土空間と接続する陸路のネットワーク構築に成功したのである。

三点目は三菱自体の事業との兼ね合いでもあるが、やはり一八八四（明治一七）年の地租条例制定により不動産利得が現実化したことを受けての上層階級における土地所有熱の加熱であろう。たとえば、宮内省は一八八五（明治一八）年に御料局を設置して国内の官林・官有地・官有鉱山を皇室財産に編入したし、これに追随する形で華族や新興官僚が北海道や那須の開墾を行い、農牧場経営を行っている（岩崎家傳記刊行会編［1971］1979）。三菱は（本業の穴埋めを目的として）こうした流れに乗りながら、一八八七（明治二〇）年に日本郵船会社株の高騰で手に入れた資金で、丸の内をはじめとした土地への投資活動を行ったのである。

このような文脈において丸の内は、兜町と同様の経済センターとして渋沢や益田ら経済界を代表する委員の承認と、明治政府の政策の後押しもある官民の合意の結果生み出された。つまり丸の内は、様々な要求や利害を有する諸主体が同じ位相に存在し関係を結ぶことのできる「都市政治」という〈場〉によって構想され、様々な用途に開かれた均質な空間を生み出す都市計画的実践において現実化した〈皇‐政‐経〉一体の空間形式をもつ、文字通り近世のそれとは異なる「新しい」空間なのである。その「新しさ」は、私的所有関係に基づいて複雑化・複数化する土地と身体の関係と対応する形で起こる社会‐空間の断片化に対して、異なる社会‐空間秩序を内包する巨大で均質的な空間として現前した点に求めることができる。

5　「都市計画」を取り巻く夢と現実

ここまで駆け足ではあるが、市区改正の議論を補助線としながら、「近代都市」東京、そして東京・丸の内の誕生の文脈を検証してきた。

近代都市は、土地と空間をめぐる関係が市場を媒介とする私的所有に基づくものになることによって、都市空

表3－1　丸の内をめぐる「都市の意味」（明治前期～明治半ば頃）

領域	主体		「丸の内」をめぐる空間の諸実践 主要な空間	空間の諸実践（知覚）	空間の諸表象（思考）	表象の諸空間（想像）
皇	天皇	天皇	皇居周辺		地方への巡幸	江戸の「都市の意味」の保持とその再編成
		宮内省		宮城前広場	市区改正（委員会案）・巡幸	
政	官	内務省		道路・鉄道	市区改正（芳川案）・巡幸	
		外務省		官庁街・欧風建築	官庁集中計画	
	自治体	東京府・市			市区改正	
経	新興資本家層			水路・港	市区改正（審査会案）	
	三菱			道路・鉄道		
民	国／市民		特になし	特になし		

出典：筆者作成。

間‐社会をめぐる主体や審級が個人や私的資本、自治体や国家へと複雑化していく（若林 2000：150-156）。本章でも見てきた通り、江戸から東京への移行は、近世的秩序からの遊離を目的とした均質化の流れを伴っていた。

一八八〇年代の東京を見る限り、前半に関していえば、原因としての「貧民《ママ》」を創出することを通じて、「衛生」「防火」問題の焦点としての都市改造という論点へと接合した。また半ばから後半に関しては、市区改正をめぐる論点が国家レベルの問題へとより限定化され、〈東京〉像をめぐる認識構図も、「天皇」／「皇居」と対置される形で考えられることとなり、内務省の「交通計画」推進や、土地所有関係の流動化、そして焦点化される皇居周辺地区の市街地化など、より江戸期の社会‐空間構造とは異なる位相で土地と身体の関係が秩序づけられてくる。

このような段階で浮上してくるのが、「都市計画」という「技術」を通して見出される「新しい」都市空間の存在と、その都市空間に対して積極的な利益や意義を見出す主体間の利害調整を行う「都市政治」という〈場〉である。異なる位相の利害を有する諸主体間を均質な同一空間上に配置される「都市政治」という〈場〉においては、均質な空間をそれぞれの利害によって裁断し、かつ新たな都市空間を生産することを可能とする「都市計画」という技術は必然的に権力作用を帯びていく。

しかしながら本来この「都市計画」の技術は、それほど強い規範性を有するものではなく、都市空間形成に部分的に関与しているにすぎない。にもかかわらず、市区改正の成果としての丸の内が「新しい」空間として現前し得たのは、様々な要求や利害を有する諸主体が同じ位相に存在し関係を結ぶことのできる「都市政治」という〈場〉によって、江戸の社会‐空間構造とは完全に分断する形で構想され、かつ都市計画的実践によって異なる秩序を実現する空間として生産された点に求めることができるだろう（表3‐1）。

注

（1）一八八〇（明治二〇）年代は、様々な研究領域において一つの転換点として位置づけられている。政治史の分野では御厨貴が「連結組織」の原初形態の成立を見、文芸批評の分野では柄谷行人が一つの価値転倒の結果としての「風景の発見」を見、天皇をめぐる言説については、歴史学者のT・フジタニや芸術・記号論者の多木浩二が明治天皇の巡幸や御真影の影響としての「視線」の転換を見ている。ちなみに広義の都市研究の分野では、小木新造が江戸から東京のはざまに位置する「東京時代」の終焉を見、藤森照信が市区改正の計画図の中に象徴としての天皇の出現を見ている。

（2）永井秀夫はこうした地盤官有の機構的表現として、内務省地理寮‐地理局による地籍区分作業を採り上げている。

（3）東京都編、一九五八、「区政沿革」『東京都史紀要』（五）、および内藤（1966）参照。

（4）服部撫松（誠一）の『東京新繁昌記』では、地租改正の影響もあって旧大名が争って新街を開いて貸地するほか、屋敷や長屋までも貸家にしたという当時の状況が描かれている。

（5）一八六九（明治二）年一〇月、家守を俗称で「家主」と呼ぶことを中止の上、「地所差配人」に統一し、都市行政の末端を担ってきた家守の位置を法的にはあくまで代理人に限定した。

(6) 北原糸子は、こうした戸籍を基本単位とした都市住民の身体の配置が、「家主」の管理を前提に編制される人別帳において把握された身体とは、その歴史的意味において大きく異なるとしている（北原 1993）。

(7) 一八八九（明治二二）年には、地券が廃止された上で土地台帳規則が公布され、一八八六（明治一九）年に制定された登記法と併せて土地所有が登記された。

(8) 東京府会編「東京十五区臨時会議事録」『明治十四年東京十五区臨時会議事録』（藤森〔1990〕所収）などを参照。

(9) 芳川の市区改正をめぐる様々な利害への認識は、首都計画に迅速な決定と実施を目的とする審査会設置を目指し、一八八四（明治一七）年山県内務卿宛に提出した「市区改正乃議付上申」の中の「一局部ノ利害ノミヲ以テ判定スヘキ者ニ非ラス」という方針に見え隠れしている。

(10) 審査会の構成要員は、関係官庁（内務四名・工部二名・農商務二名・陸軍二名・警視庁二名・府庁二名）を主体としながら、民間から商工会代表二名（渋沢栄一・益田孝）という国家レベルで商業を考える新興資本家層に限定している。

(11) 「東京市区改正品海築港審査議事録筆記（抄）」（藤森〔1990〕所収）

(12) そもそも丸の内を含む皇居周辺地区の商業地化という発想じたいは、渋沢栄一のイデオローグである田口卯吉の「東京論」をはじめとした一連の主張（国際商業都市としての東京の実現）に拠っている。

(13) 「東京市区改正品海築港審査議事筆記（抄）」東京商工会議所図書館蔵（藤森〔1990〕所収）より参照・引用。

(14) 『東京商工会議事要件録』第一一号（一八八五）、および藤森（1982：185-186）参照。

(15) 一八七八（明治一一）年に起きた皇居守備の近衛兵の反乱（竹橋事件）の影響や、建築物自体の老朽化、一八八〇年代を通じて反政府運動として戦われてきた自由民権運動の衰退、広い敷地の欲しい軍部の要望などから、皇居周辺の軍事施設の移転について度々議論されていた。

(16) この頓挫の理由としては、横浜方面の外国人勢力の圧力によるという。詳しくは藤森（1982）を参照。

第四章 「モダン東京」の誕生と丸の内の中心化
――「丸の内」という場所の構築――

1 「移動」性と「都市的なもの」へのまなざし

(1) 問題の所在

本章では、空間と社会、そして身体の関係を大きく変容させる「移動」を媒介するメディアとしての鉄道など、「交通」の存在に着目する。その上で、様々な主体やその身体が交錯する中で浮上してくる丸の内という「場所」の存在について、①「移動すること」と「見ること」の相互構築による「都市空間の生産」という観点を踏まえ(第2節・3節)、②日常的実践に埋め込まれ、体得される「都市的なもの」、すなわち我々自身に内面化される関係様式としての「都市」をめぐる想像力の形成過程から接近を試みたい(第4節)。

社会学、とりわけ狭義の都市社会学において、研究対象として都市を規定することの難しさは、農村と区別される都市が客観的な形で見出せなくなった比較的早い段階で語られていた。さらに一九六〇年代後半に入ると、M・カステルなど初期の新都市社会学派をはじめとする多くの論者によって「都市的」対象の不在が叫ばれ、都市社会学の存在意義をめぐる議論はより混迷を深めていくこととなる。

近年では、都市的対象の客観的定義に固執せず、異なる角度から「都市的なもの」へと接近することで、こうした状況を乗り越える試みが散見される。

たとえば佐藤健二は、認識論にまで食い込んだ斯学の歴史拒否の姿勢を論難しながら、認識の生産過程に大きく関わる「調査方法史」を立ち上げることで、都市のイマジネールな次元を問題化しようと試みる（佐藤 1992）。また大谷信介は、「都市を定義すること」の難しさと「多くの人々が〈都市的なるもの〉を実感している」事実に着目し、人口や結節機関の集中によって出現してくる〈都市的な特徴〉や、〈都市的状況〉によって規定されているネットワークの特徴、人々の感じている〈都市的なもの〉の特徴が複合して形成される〈都市の本質〉のようなものとして「都市的なるもの」を位置づける（大谷 2007）。その上で、都市の定義を曖昧にしたまま、「都市的なるもの」の形成過程や構造を実証的調査研究によって明らかにしていく研究の方向性を提言する。あるいは、人口動態から都市形成過程を捉え、それによってもたらされる都市的体験やその細かな感覚の差異を「俳句」に込められた「都市イメージ」から読み解こうとした高橋勇悦の研究も同一線上に位置づけることが出来よう（高橋 2005）。

これらの研究は、客観的対象としての都市に目配りしながら、都市的体験を通じて表面化する我々自身に内在する「都市的なもの」をすくい上げることを通じて、社会において空間的な形をとって浮上する都市という場の存立構造を実証的に明らかにしようとする点で、同じ流れに属する研究群である。

本章は、こうした研究群と問題関心を共有しながら、大正〜昭和初期に近代都市としての原型が生み出され、現在にも引き継がれる（大都市東京の基本構造としての）「モダン東京」[1]において中心を占める、皇居や東京駅、新旧丸ビルなどから構成される東京丸の内地区を事例としながら、関東大震災前後に成立する「大東京」という都市をめぐる想像力の中で、「丸の内」という場所がどのように浮上していったのかについて考察していく。「モダン東京」は、一八八〇年代に「皇」の存在が「政」と「経」それぞれの対立の中から浮上し、〈皇－政－経－民〉の対抗・相補関係が成立して以降、「交通」をはじめとした「移動」性の構造転換の進行と共に誕生したが、その主要な舞台となる丸の内地区もこれと並行する形で発展を遂げてきた経緯をもつ。客観的に観察しうる「大東京」の空間構造変容にあわせ、多様化する都市的体験の質がどのような都市理解を促したのかという点を、「東京」像の変容と「丸の内地区」の表れ方から分析していくこととしたい。

（2）研究の視点と方法

本章では上述のような問題設定に対して、空間と社会、身体の関係を大きく変容させる「移動」を媒介する鉄道など「交通」をはじめとする諸メディアの存在と、様々な主体や身体が交錯する中で浮上してくる開かれた空間ないし場所の存在に着目し、「移動すること」と「見ること」による都市空間の生産というプロセスを経てもたらされる都市社会認識、ならびに「都市的なるもの」をめぐる想像力の成立過程へと接近を試みる。

これまでの都市研究において、「移動」と空間、場所の関係が語られてこなかったというわけではもちろんない。「歩くこと」を通じて時間の経過と共に生じる好機を捉え、自らの「生きられた空間」を構成する遊歩者の存在が、都市における空間や場所に特別な意味を付与することは、W・ベンヤミンなどが指摘する通りである（Benjamin 1982＝1993ほか）。また国内に目を向けると、今和次郎らがもたらした「考現学」は、「歩くこと」や「散策」そのものを捉える時代感覚の発現として、[2]人々が行き交う街角における人とモノの「採集」を行いながら、「見ること」を通した認識の過程において補助的に構築した「視覚」による「分類」を試みることで、散策者の「内面」とその背後にある「生活」を見通そうとしたという意味において、まさに「都市的なもの」を捉えるための方法であった（今 1986, 1987）。

他方で、こうした知見が狭義の都市社会学の中に位置づけ直されなかったこともまた事実である。都市空間が、複雑にパターン化した多様で変転極まりない社会諸活動や社会的実践を成立させる数多の「移動」を内包しているにもかかわらず、逆説的に最も静態的な記述にとどまっている研究分野が都市社会学であるとはJ・アーリによる論難だが（Urry 2000＝[2006]2011）(3)、日本においても、「鉄道」はともかく、バスやタクシーなどの「自動車」をはじめとした他の「移動」形態や、それに付随する「移動」経路の相互連結（人間とモノの関係性も含む）からなる、複合的な社会性にはあまり関心が払われていない(4)。そうした意味で、「移動すること」と「見ること」による「都市空間の生産」という視点を挿入することは、古いものや新しいものを継承し転移する交通・通信に媒介された統合機関の発生と内容、そして機関相互の関係の検討を生態学理論に吸収した矢崎武夫の研究（矢崎 1962）など、日本都市社会学の遺産を読み直す契機をもたらすと共に、メディア研究などで見落とされがちな個別具体的な身体性を伴った「移動」やそれを支える他のメディア、それらが埋め込まれた都市社会‐空間構造の検討を可能とするはずである。

データとしては主に、①当時頻繁に作成された「遊覧案内」や「東京繁盛記」物といった「大東京」を舞台とした「東京案内」のテクスト群、②写真・絵葉書・絵双六など「大東京」を舞台とした視覚データ群、の二点を重点的に扱っていく。

前者については、主要な用途が出郷者や上京者むけのものとして設定されているという限界はあるものの、案内書が描き出した「日常生活」が、当時の人々の日常的実践による都市的体験を表象しているという意味でとても興味深い。また後者からは、取り上げられる地域や主題を通じて、「大東京」を取り巻く想像力がいかに推移し、また可視化されていったかを読み解いていくことが可能となる。

中でも、「東京案内」を標榜する「遊覧案内」などの「帝都」のガイドブックや、観光名所やそこにいたる旅の行程を題材とする名所・道中双六といった絵双六というメディアは、①当時の人々に共有された拡大する東京の「全体性」が浮かび上がる点、②題材だけでなく、掲載順やコマの配置、「振り出し」「上り」の存在から時代性や社会的な評価・意識・感性を読み取ることが出来る点で、「大東京」をめぐる想像力の形成過程とその構造的特質を分析するにあたり非常に重要なデータとなるはずである。

2　東京駅の誕生と「天皇」をめぐる儀礼の場の構造転換

（1）東京駅の誕生とその過程

それでは、前章後半でふれた市区改正における丸の内の計画と対になっていたはずの中央ステーション（東京駅）の計画は、その後どのように展開していったのであろうか。以下では先だって、儀礼の場としての色彩を帯びるまでの前史として、東京駅の計画および施工過程を概観しておこう。

中央ステーション構想が都市計画上に現れたのは、一八八四（明治一七）年に提案された市区改正芳川案によってであるが、この構想は「市区改正」の最終案である一八八九（明治二二）年に公示された市区改正委員会案においても、その姿は残っている。それは当該委員会には鉄道省からも委員が出ていた点、一八八七（明治二〇）年にドイツ人技師ヘルマン・ルムシュテルを雇い入れて、縦貫鉄道および市内の鉄道計画をさらに固めていた点、一八九〇（明治二三）年に内務大臣である西郷従道が鉄道長長官井上勝に対して、中央ステーション建設と、新橋から中央停車場への線路敷設、上野から秋葉原経由による中央停車場への線路敷設を行うよう指示を出したりしていた点などから（永田 1984：96）、少なくともこの時点までは確かな流れとして存在していたといえよう。

しかしながら、具体的な形として次の動きが現れるのは一八九八（明治三一）年になってからである。この間には日清戦争があり、市区改正の予算が制約されたことなどが大きく作用している。この年、鉄道省は再びドイツより鉄道技師フランツ・バルツァーを呼び、一九〇三（明治三六）年二月の離日までの間、縦貫鉄道計画の具体的立案と実行、そしてその一環としての中央ステーションの立案を託した。

ここにはじめて現在の東京駅へと直接つながる計画がスタートするが、バルツァーの計画において特徴的なのは、東京駅とその駅前の計画で駅舎が五つの機能ごとに五つの小棟が線路に沿って並ぶ分棟形式をとっており、また駅前には駅舎に沿って狭い横長の広場を挟んでホテル他が計画されているだけで、皇居との関係性が念頭におかれてはいない点である。この計画において意識されているのは、あくまでも東京駅に最大の力線を置いて、そこから広がっていくオフィス街の形成であって、皇居から直線的に伸びた「皇」の象徴性は結果的に抑えられたものとなっている。

そうした中で一九〇三（明治三六）年に入り、東京駅と丸の内そして皇居の関係に大きな変化が表れる出来事が見受けられる。まず一つ目は、三月に立案された市区改正新設計の存在である。新設計は、一八八九（明治二二）年に立案公示された市区改正委員会案を、計画の中枢をなす道路の拡大・新設のための予算が不足していたことから、縮小版の新設計を立てて再出発を図ったものであり、市区改正はこの新設計にて完結・実現している。新設計の特徴としては、駅前に最大の規模を誇る一等一類（二〇間）の道路の新設が挙げられ（図4-1）、この道路からは丸の内の東京駅の明確な接続という意味合いと、「皇」の道としての意味合いの強化という二種類の意図が感じられる。これが完全に「皇」の道としての性格を帯びるのは、関東大震災からの復興を目的に実施された震災復興計画によって宮城前にまで通りが接続するようになる大正末期以降となる。

もう一つは、この年の一二月にバルツァーの後を受けて辰野金吾が東京駅の設計を請け負ったことである。辰野は帝都の表玄関にふさわしい威容を持ったデザインを望んでいたが、すでにプラットフォームが完成していたこともあり、デザインに対して制限が加わっていた。駅舎に求心性を持たせることを優先するならば、階数を三階にしてしまえばよかったのだが、そのために床面積を三倍にするのが技術的に可能であるのかが、悩みの種となって

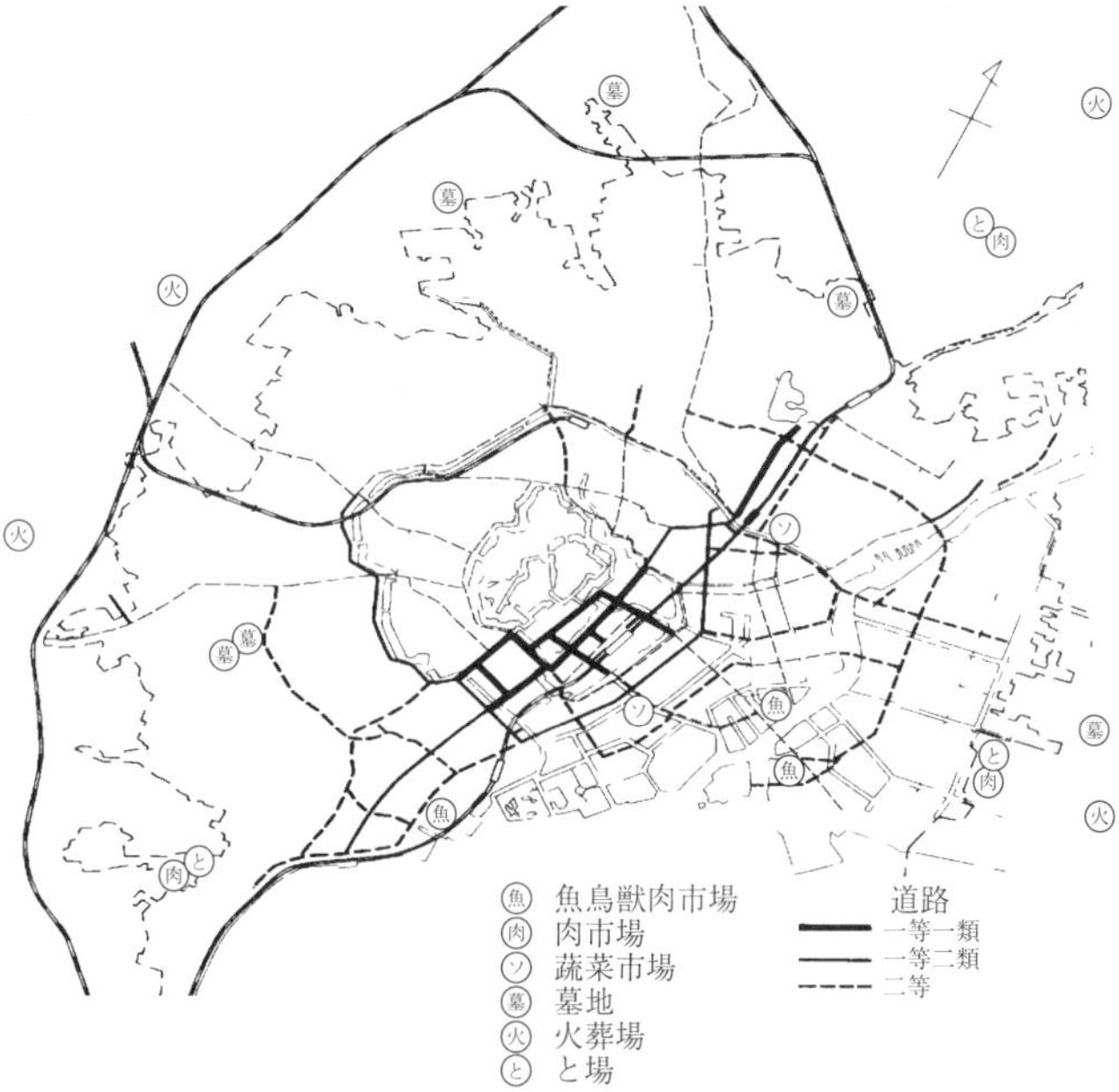

図4－1　東京市区改正新設計

出典：藤森（1982）。

いたようである。

しかしながら一九〇五（明治三八）年、日露戦争の勝利により事態は一変する。大国ロシアに勝った東洋の新興国である日本の国威を示すために、また西洋列強に並び立ったことを表現するために、帝国およびその頂点としての天皇の権威を表現するのに恰好の方法として、東京駅の整備が捉えられたのである。さらに、その東京駅と皇居を直線で結ぶ行幸道路が一等一類の倍の四〇間（七三メートル）へと作り変えられ、象徴的な「皇」の道としての性格を明らかにしていく。

市区改正新設計は、一九〇六（明治三九）年から本格的な工事をはじめ、三年半かけて一九一〇（明治四三）年に幅七三メートルの行幸通りが仕上がり、そして一九一四（大正三）年の東京駅の完成をもって、その実現を見ることになった。この段階において、〈皇－政－経〉一体の空間形式をもった「新しい空間」としての丸の内が誕生する。このことは現在まで続く近代都市空間としての東京をいち早く体現しているという意味で重大な意味を持つ。市区改正の結果創出された霞ヶ関や丸の内、日比谷公園といった「新しい空間」は、同じく市区改正の成果である皇居を中心とした道路・鉄道といった交通網によって接続され、全国に張りめぐらされた陸上交通のネットワークへと連動し、東京および全国の人やモノの集中する近代都市空間の経験を否が応にも民衆へと差し出すことになる。丸の内において、その姿が見られるようになるのは東京駅完成後しばらくたってからである。

(2) 天皇の身体性の変容と「移動」性の構造転換

明治の大巡幸時代は一八八〇年代に終わりを告げたが、「移動」する天皇の身体が消えたわけではなかった。それは新たな統治の儀礼的様式としてのページェントという形で、より具体的には一八九〇年代、とりわけ日清戦争以後に顕著に現れてくる軍事演習の親閲・統監を目的とした行幸という形で、「移動」する身体をさらすことが選択されていた。

一八八〇年代までと大きく異なった点、それは多くの人々の目に身体をさらす、さらにいえば予定から外れて行動するような視察(「天覧」)が後景へと引いたことに求められよう。先の章でも見てきたことであるが、一八七〇年代の巡幸は、ある意味で「天覧」の連続であり、天皇の具体的な身体と視線を前提とした「見る/見られる」関係が成立する場であった。しかしながら一八七〇年代には県庁での職務の状況から蚕糸製造の状況、果ては競馬から魚の捕獲まで多種多様なものが「天覧」の内容となっていたのが、一八九〇年代以降においては、天皇の具体的な身体と視線が現れる場がほぼ軍事的な場へと集約されていったために、ある意味で天皇の身体は一般の人々からは遠ざかってさえいくのである。

このような天皇の身体をめぐる物理的・想像的な「距離」の問題は、一八八〇年代以前との質的差異を探る上で重要であろう。

たとえば錦絵に描かれる天皇像の変遷を見てみよう。天皇の身体がまったく空想上のものではなく、視覚的に実体性のあるものとして浮かび上がってくるのは一八七〇年代後半のことだと考えられているが、これ以降の巡幸や行幸などのページェントの光景を描いた錦絵では、軍服を身にまとい髭を蓄えた（男性的な）明治天皇の姿が馬車の中にはっきりと描かれる。軍服を身にまとった軍事的統帥者としての明治天皇像は、配布された御真影や錦絵を通じて広められ、日清戦争の戦勝に沸く一八九五年にはピークを迎えるが、日露戦争後の凱旋大観兵式の頃には天皇の身体が柳の木によって隠され、あるいは儀礼の中心にある行列の中に何となくその存在が示唆されるようなぼかされた描写へと変化していく。このように徐々に「匿名化」していくまなざしの存在についてT・フジタニは、M・フーコーを引きつつ、当時の天皇制官僚による新しいページェントの創出を通じて、権力の作用が直接的なものから、天皇のまなざしのもとに身体を規律・訓練するような間接的なものへと変換していったためであるとする（フジタニ 1994：154-161）。このフジタニの考えにおいては、無規律で無秩序な振る舞いを行う民衆に身体的な規律を天皇のまなざしの下に植え付けていくための統治技術として、大規模なページェントやそれを表象するメディアが位置づけられている点が特徴となっている。

ただこのフジタニの論旨においては、「天覧」が後退していく要因を必ずしも説明しきれていないし、そもそもこれらのメディアがなぜこの時期に広がり、そしてどの程度の広がりを見せていたのかがわからない。また天皇自身の身体性や巡幸の具体的な変容が把握できないのも事実である。こうした点を指摘しつつ、空間性だけでなく時間性にも着目し、またフジタニが示した図式を直接的な身体のレベルで体現し得る、異なる視覚的支配のメディアとして鉄道を取り上げたのが原武史である（原 1998, 2001）。その中で原が特に着目したのは、鉄道のダイヤグラムの徹底化であった。日本における鉄道というメディアの特性としては、①速度性、②（時間の）正確性、③大量輸送性、などが考えられるが、天皇と鉄道の問題を考えるにあたっては、天皇自身が御召列車を利用する関係上、前二者が主題となる。

天皇が巡幸において鉄道を利用するのは、すでに一八七〇年代の六大巡幸において見られており、沿線の各駅や線路端において小学校生徒や地元民が動員され、決められた時間に通過する列車に対して整列して一斉に敬礼する事実も確認されている（原 2001：68-69）。ただこの時期の天皇は、「天覧」を優先させる姿勢を保持していたため、臨時で列車を停めて「天覧」を行うこともままあったという。

しかし、一八九〇年代に入り、全国規模で浸透する鉄道沿線で行われた規制や秩序の創出は、一八九〇年の行幸以降に導入されたダイヤグラムに従った精密な時間のもとで行われることとなる。途中の停車駅や主要通過駅の停車・通過時間が新聞報道などで周知される中で、華族や政治家、役人や僧侶、地元有力者、そして学生など特定の社会層に属する人々のみがホームに入ることが許され（原 2001：80-81）、天皇が乗った御召列車からの「距離」に応じて身分が序列化される。さらにダイヤグラムの徹底化により、以前のように自由に停車することが許されなくなった「閉じ込められた」天皇の身体が抽象化していく中で、具体的な実像に沿わない形で天皇像の再構築が図られる一方、人々の声やまなざしも天皇の具体的身体には届かなくなり、天皇からの「距離」に応じた空間秩序の中でその立ち振る舞いについても、敬礼の仕方から頭を下げる角度まで（徐々にではあるが）システマティックな形で組織化が図られていく。この段階において天皇の存在を観念的な「神」として位置づけるような、ある種の近代天皇制の祖型が見え始めてくる。

さてここまで見てきたのは、明治期における天皇の視覚的支配をめぐる二つの立場である。共に国の制度が固まり始め、外国との戦争による戦勝という契機を経た一八九〇〜一九〇〇年代において、天皇の身体性が抽象的かつ観念的な方向へと遠ざけられていく中で、天皇を頂点とした支配的秩序が形成されていくという理解に立つ点では類似している。「見る／見られる」関係は天皇からのまなざしのみに一元化され、そのまなざしを内在化させるような諸実践を通じて国土が想像されていく状況を論じる際のアプローチの違いとして、二つの研究は位置づけられよう。さらにいえば、そこには都市部でのアプローチを全国的現象に適用したフジタニと、「日本」の政治思想史として研究を構想した原の問題関心の違いも浮かび上がる。

ただいみじくも原自身が後の研究で触れている通り、ここで得られた知見を具体的な場所や都市、空間に埋め戻す必要があろう。東京のケースを考える場合、天皇の存在は先に見た憲法発布式や青山練兵場での観兵式など東京市内の行幸に加え、各地への行幸啓へと向かう際に駅に向かう具体的身体が目にされる。たとえば大日本帝国憲法の発布の際には、

「宮城前の雑踏は非常の有様にて聽て御出門或るや其前の原に奉迎の群集は一声に万歳を唱へて坤軸をも撼かす計りに覚へ、小学校生徒の唱歌こそ其中に優しくも聞へけれ」(5)

というように、森有礼の指揮のもと学生を誘導し、皇居前において人々が天皇の乗る馬車に向かって一斉に万歳を行う最初の姿が描かれている（牧原 1998）。また一八九八（明治三一）年に行われた奠都三〇年祭においても、同様の光景が見られ、東京は他の地方と異なる様相を呈していた（原 2003）。

他方で、各地へ向かう、あるいは各地から戻る際に駅を経由する天皇の身体へのまなざしについては、東京駅の事例を考えるのがわかりやすいだろう。東京駅を「天皇の駅」とみなすにいたる経緯は先に見てきたとおりであるが、東京駅を直接に行幸道路と接続するという辰野の案は、天皇制と交通システムの接続による中心性の強化を企図したものであったといえる。こうした意図は、東京駅開会式における大隈重信の以下の言葉に端的に表れている。

「凡そ物には中心を欠く可らず、猶ほ恰も太陽が中心にして光線を八方に放つが如し、鉄道も亦光線の如く四通八達せざる可らず、而して我国鉄道の中心は即ち本日開業するこの停車場に外ならず」（永田 1969：37–48）

近代国家の形成と共に敷設されていく鉄道は、視覚的支配のメディアであると同時に、首都を頂点とする中央集権のメディアでもある。その際、「移動」する身体として「太陽」の光のごとく地方へ向かう天皇は、まさに首都の中心（「太陽」）としての象徴性を帯びていく。

天皇の居所たる宮城（皇居）と東京駅を結ぶ行幸道路の存在は、この一帯を天皇を太陽の中心として位置づけるような象徴的な「帝都」の秩序が刻印された儀礼の場として浮上させるきっかけを生み出す。それが明示的に示されるのが、関東大震災の復興過程であり、自然的身体に大きな制約を抱えるが故に政治的身体の存立に支障をきたしていた大正天皇に代わり、神格化された明治天皇の「遺産」を引き継いでいく昭和天皇即位後の大きな儀礼となる大正大喪、そして昭和大礼である。予定時間が示された新聞をみながら、行幸／還幸を待ち、布団を持ち込みながら「夜をこめて群る奉拝者」の集団は、「拝みたいばかり」に行幸道路や丸ビルの脇に大挙して押し寄せる。(6) ビルから覗き見るような高所拝観は厳しく取り締まられ、交通遮断をはじめとして警官隊による警備が宮城（皇居）－行幸道路－東京駅を中心に張りめぐらされていく。この昭和大礼にあわせて様々な儀礼が宮城前広場を中心に行われる中で、これらの空間は天皇を主体とする全国的な規模での儀礼の場へと変貌を遂げていくのである。

3 「丸の内」誕生の背景とその諸要件

前述の通り、丸の内が経済センターとして台頭し始めるのは東京駅完成以後であり、それが現在のような形になるのは関東大震災以後である。

一八九七（明治二七）年の三菱一号館完成以降、一九一四（大正三）年の東京駅完成までの間、徐々にではあるが多種多様な企業が丸の内へと移転してくる。最初は三菱系列の企業（三菱合資会社や高田商会、三菱の銀行部）に始まり、明治生命、東京海上、明治火災などが二号館に、日本郵船などは三号館へとそれぞれ入居していく。

しかしながら、三菱三号館の完成当時（一八九九）の商業や業務の中心はいまだ日本橋であり、主要企業の大半は日本橋に集中していた。その流れが東京駅完成以後、より詳しくいえば関東大震災以降に大きく変わっていくのはどのような原因からであろうか。以下では、やや冗長ではあるが、歴史学ならびに社会学の先行研究の成果に拠りながら、近代化の重要な二つのモメントである産業化と都市化の結合とそのプロセスについて、特に「政」と「経」の制度的・人的結合の観点から確認しておきたい。

（1）「政」と「経」の制度的・人的結合——資本主義の高度化とその進展

まずは、同時期に進行していく産業革命および産業資本の確立に代表される産業化から見ていこう。日本における産業資本の確立期の一般的規定としては一八九〇年代後半から一九一〇年代までにいたる期間などいくつかの見解が存在するが[7]、総じてそこで指摘されるのは技術上の改革を基礎としたマニュファクチュアから機械制工場工業への移行である。それは手工的用具から高度な機械技術による生産への転換[8]であり、そうした機械制工場生産の支配・確立は、まず日常必需品である衣料品生産部門、特に紡績業の部門において進展し、多量の賃労働者が形成されると同時に、全産業構成の変化（たとえば農業労働力の減少）[9]が現れる。

東京においてもこうした傾向は顕著に現れてはいるが、全国的な展開と比較して、紡績業を中心とした繊維工業の比重の低さと対照的に、印刷・製本業、化学工業と並んで、機械・器具・金属加工業が高い比率を示しながら産

表4－1　明治後期東京における部門別民間工場数と構成比

部門別民間工場数とその構成比		1889年（明治22）		1893年（明治26）		1896年（明治29）		1901年（明治34）		1907年（明治40）	
		工場数（%）									
繊維工業	製糸業	2	—	13	—	46	—	23	—	27	—
	紡績業	3	—	2	—	2	—	15	—	10	—
	織物業	7	—	7	—	43	—	64	—	102	—
小計		12	(8.6)	22	(11.5)	91	(27.1)	102	(22.6)	139	(18.2)
機械・器具・金属工業	機械・器具業	21	—	22	—	57	—	77	—	160	—
	金属加工業	4	—	6	—	7	—	16	—	33	—
	造船業	1	—	2	—	3	—	7	—	6	—
小計		26	(18.7)	30	(15.6)	67	(20.0)	100	(22.1)	199	(26.0)
化学工業		27	(19.4)	46	(24.0)	58	(17.4)	45	(10.0)	78	(10.2)
皮革工業		5	(3.6)	8	(4.2)	8	(2.4)	10	(2.2)	16	(2.1)
印刷・製本業		32	(23.0)	16	(8.3)	33	(9.9)	50	(11.0)	82	(10.7)
製糸業		—	—	10	(5.2)	11	(3.3)	9	(2.0)	9	(1.2)
飲食品製造業		10	(7.2)	10	(5.2)	33	(9.9)	49	(10.8)	59	(7.7)
ガス・電気		—	—	5	(2.6)	3	(0.9)	9	(2.0)	11	(1.4)
窯業		14	(10.1)	26	(13.5)	11	(3.3)	25	(5.5)	42	(5.5)
雑貨品製造業		8	(5.8)	16	(8.3)	13	(3.9)	21	(4.7)	60	(7.8)
雑工業		5	(3.6)	3	(1.6)	6	(1.8)	32	(7.1)	70	(9.2)
合計		139		192		334		452		765	

出典：石塚（1968b）をもとに各年の『東京府統計書』より作成。

業部門を構成している（表4－1）。そうした傾向は明治二〇年代前半まで継続しており、日清戦争を契機に変化が表れる。すなわち一八九六（明治二九）年における各産業部門の工場数のうち、印刷・製本・化学工業に代わって、繊維生産が優位に立ち、機械・器具・金属加工業と並んで、この時期における産業構成の二つの柱を構成することになるのである。

このような産業構成比の逆転は、一八九六（明治二九）年の繊維生産工場労働者数が、その前段階と比べて約三〜四倍へと激増する結果によっても裏づけられる（表4－2）。繊維産業の発展を支えるのは、富士紡績（日本橋区堀江町、資本金二〇〇万円）と東京瓦斯紡績（本所区押上町、資本金一〇〇万円）を中心に、少数の機械制大工場によって生産の独占と集中化が進められる紡績業であり、比較的零細な資本金と小

表4－2　明治後期東京における部門別民間工場の労働者数

部門別民間工場労働者（職工）数		1889年（明治22）	1893年（明治26）	1896年（明治29）	1901年（明治34）	1907年（明治40）
		人数				
繊維工業	製糸業	75	245	1,949	1,041	2,126
	紡績業	2,149	562	3,927	6,355	9,358
	織物業	748	1,227	3,308	4,954	9,888
小計		2,972	2,034	9,184	12,350	21,372
機械・器具・金属工業	機械・器具業	1,739	2,045	4,765	3,838	8,811
	金属加工業	216	121	255	468	1,462
	造船業	386	470	714	936	1,441
小計		2,341	2,636	5,734	5,242	11,714
化学工業		1,592	982	2,195	1,802	3,212
皮革工業		190	288	735	560	899
印刷・製本業		1,567	1,936	2,760	3,954	8,300
製糸業		929	694	847	812	884
飲食品製造業		354	185	1,120	3,834	2,987
ガス・電気		—	324	235	485	644
窯業		728	490	835	1,027	1,644
雑貨品製造業		478	443	500	659	1,997
雑工業		226	71	190	818	2,167
合計		11,377	10,083	24,335	31,543	55,820

出典：石塚（1968b）をもとに各年の『東京府統計書』より作成。

規模な生産設備をもとに成立した中小企業よりなる織物業である（石塚 1968b：51–53）。

　このいわゆる軽工業革命ともいうべき産業革命の裏には、日清戦争の存在があることはいうまでもないだろう。この日清戦争周辺に行われた産業革命は、日清戦争の勃発とその勝利によって新たな展開を迎えた。日本は維新以来、政府の保護下で工業を急速に拡大していったが、国民の大多数が農民であり消費市場が開けなかったことから、市場獲得および西欧諸国と対等の立場に立つための方策として大陸への侵攻を行った。

　日清戦争は結果的に勝利し、日本は台湾・遼東半島・澎湖島を領有するに至ったのみならず、朝鮮を清国の支配から分離し、清国に対しては欧州諸国と同列の地位に立つことになり、東洋市場が日本に向かって開かれた。戦争による賠償金三億六〇〇〇万円をもとに、金本位制を確立し、銀本位である清国に経済的に優越すると共に国際金融市場とつながって、金本位国から軍需品や精密機械・綿花などを輸入し得るようになり、生糸・茶に関し米国市場を確保することに成功したのである（矢崎 1962：345-346）。

またこの日清戦争による賠償金は、従来国内において機械制工業の進展を阻んでいた原因でもあった資本不足の問題解決の端緒を与えたという事実には注目してよい。日清戦争以降におきた繊維生産の優位は、一八九六（明治二九）年の綿糸輸出税の撤廃、綿花輸入税の撤廃といった政治的な地ならし[10]と国内から輸入綿糸を一掃し輸出産業へと転換して海外市場へ接続する必要性から起きたことであるのだが、その必要条件として競争力強化のためにそれと並行して機械制工業への移行が行われたからである。このような機械制工業への転換は、繊維工業などの紡績業に限らず、全産業において産業間での不均等な発展と格差を含みながら、一九〇〇年前後の東京の全産業部門にわたる工場の中で、蒸気原動力の使用の工場の割合が全工場数の六割を越えるという事実が示している（石塚 1968b：54）[11]。

ちなみに先進国からの圧迫により進展を阻まれていた重工業部門は、一九〇一（明治三四）年の官設八幡製鉄所の操業開始など、軍備拡張と結びつく形でその発展がなされてきた。この時期の重工業は、機械・器具にはまだ見るべきものもなかったが、日清戦争の勝利やその後の政治的交渉を受けての海軍拡張の流れを受けて、海軍工廠が主導的地位に立つ官民造船業が発達し、明治末年には世界的水準を凌駕する大型船を建造し得るに至り、陸軍からの保護を受けた汽車製造業や電信電話工業も自給自足を目的とし、直接・間接保護によって育成される（矢崎 1962：346）。

このような展開を経て、一九〇四（明治三七）年に突入した日露戦争は、日本の資本主義市場の形成にとって大きな転換点となった。日清戦争の敗北によって清国がその力のなさを露呈すると、先進諸国は植民地獲得のためにこぞって侵略を開始するようになる。ロシアは満州に向けて出兵を行い各地を占領し、日本はイギリスと同盟を組んでロシアの南下を阻止しようとする。三国干渉による遼東半島の返還などの問題を含め、日本とロシアの植民地獲得戦争としての日露戦争がここに勃発したのである。

この戦争での勝利の結果、日本は韓国における政治・軍事上の優越権が認められ、関東州の租借地の確保、満州の鉄道および炭鉱の譲渡、樺太南半分の譲渡、沿海州の漁業権を獲得して活動範囲を拡大するにいたり、満州・中国への影響力は日清戦争時よりもさらに大きくなっていった。およそ二億円の資本を投じて南満州鉄道を整備し、国内資本と軍事力を背景に満州支配の拠点を築いていく中で、国内産業の発達に決定的な役割を果たす二つの製鉄所（本渓湖・鞍山）の創設や、清国に対する在華紡を中心とした資本輸出の実施など、積極的な市場の拡大がはかられる。

何よりもこの二つの戦争は、貿易の目覚しい伸長を促すものであり、輸出額は一八九七（明治三〇）年に一億六三一三万円、一九〇八（明治四一）年に三億七八二四万円、一九一四（大正三）年に五億九一一〇万円、輸出入貿易総額は一八九七（明治三〇）年に三億八二四三万円、一九〇八（明治四一）年に八億一四五〇万円、一九一四（大正三）年に一一億八六八四万円となり、一八九七（明治三〇）～一九一四（大正三）年のおよそ二〇年の間に三倍に及ぶという、日本経済の急激な発展をもたらすものであった。

こうした日露戦争後の急激な経済発展は、近代産業資本の確立・蓄積と照応している。この日露戦争までに日本の経済は、軽工業中心の産業革命をほぼ完了し、農村は自給自足的な生産様式をしだいに都市市場に適合した生産様式へと改め、その自給性を弱めつつあったが、この戦争を境として産業革命は次の段階へと踏み出したのだといえよう。その原因はまずもって資本の増大に求められるが、それ以上に戦争による植民地の獲得によって市場が東洋全体まで拡大したことで、綿織物業を中心に輸出増加による基礎の確立が促されたこと、保護関税に護られて造船・車両・諸機械器具製造業・鉱業などの重工業が発展したことが大きい。さらに電力が動力源として用いられるようになると、中小工場も含めて電力需要が増大し[12]、動力革命とも言うべき事態が起きてくる中で、産業革命は大量生産の道を切り開くにいたる。

このように、ここまでの期間に日本の政治・産業の勢力圏は拡大し、技術も次第に高度化したものの、当時はすでに先進諸国の世界的な勢力圏が成立していたこともあり、辺境の国である日本がその政治的・経済的活動を拡大していくためには、国際競争に耐えうるだけの経済体制の樹立が不可避となっていた。その具体的な主体が会社組織であり、競争力を創出するだけの規模の拡大を余儀なくされたのである。明治維新以来、企業の大規模化の必要が強調され、会社制度が奨励されていたが、日露戦争後にはこの必要性がより切実なものとなる。日清戦争後に新たな産業の勃興などに伴う企業新設によって産業資本の確立を見たものの、それから息つく暇もなく日露戦争前後には既設事業の拡張・合同による大規模化が行われ、独占資本の段階へと進んでいった（矢崎 1962：348）。

日本における近代産業は、自由競争を通じて発達してきたのではなく、自己の植民地化を防ぎつつ、政府の保護下で産業を涵養していくという官民一体の方向で推し進められてきたという経緯をもつ。その産業・技術の移植は、政府から新興資本家層や会社の形態をとる自営業者などを中心とする旧中間層へとトップダウンによって成立してきたが、そこには最初から乗りこえがたい規模の開きが存在していた。しかしながらその生産体制に適応するような市場は、依然として貧困かつ購買力に乏しい農民を中心とする相対的過剰生産の状態にあった国内には求めることができない。そんな中ではけ口として「発見」されたのが海外の市場であり、そこでの利益が都市産業の発達と農村の商品経済化などの国内市場の整備へと還流される。その具体的な対応策が、外国工業との競争に打ち勝つだけの資本と技術を有した大資本家層が経営する財閥など大規模な独占企業の発展とその企業への追従であり、さらにそれと結びついた政府による、資源獲得と市場拡大のための戦争という政治的実践なのである。

この企業の大規模化にいたる流れは、士族出身であり薩長閥と結びついたいわゆる政商が財閥へと転換していく一連の流れと軌を一にする。その端的な動きが、カルテル結成運動である。日清戦争以来逐次発展し、日露戦争以後に急速な伸びを見せるこの運動において、同業者は「連合会」「協定」の名のもとに団結し、生産制限ないし協定、原料の購買、製品価格の協定、協同販売などの手段によって市場の独占を図っていた。これらカルテル内部における中心的存在であったのが、政商[13]であり産業資本を基盤とする三井や三菱、銀行資本を主体とする安田、鉱山業などエネルギー資源を中心とする住友・古河などの新興資本家層であり、いわゆる財閥であった。たとえば、銀行界の協定その他は三井・三菱などが支配し、セメント・カルテルは浅野と三井財閥が、製紙カルテルは三井系の王子・富士がその主導権を握り、砂糖カルテルは三井・三菱・藤山の手に前生産の六割を占めるなど、カルテル内部において大財閥支配下の一部有力会社が主導権を握っていたのである（矢崎 1962：363）。

殖産興業政策を経て、明治一〇〜二〇年代の官業払下げを受けてその基盤を手に入れた諸財閥は、その生産力と規模の大きさによって多角的に経営を拡張し、産業および金融資本を独占化していく。この独占化は持株会社や統括機関によりコンツェルン形式をとり、ますます大規模化・高度化を推し進め、莫大な自己資産からなる合名会社・合資会社のもとに巨大な金融資本と産業資本を集中させ、それらの子会社としての直系会社や財閥の過半の資本を占める傍系会社、関係会社とその子会社というように、巨大なヒエラルキーを樹立するにいたる。

ちなみにこの巨大なヒエラルキーの中で中心を占めるのは金融資本であり、この金融資本の集中化と管理を通じて産業を支配していくというのが財閥の一般的な形であった[14]。二度の戦争と産業革命を経て、巨大な資本を有する大規模生産が有利となると、個人資本のみによる費用の捻出では対応できなくなり、多数の人々の資本を回収・利用する必要が出てくる。そのため、銀行預金や株式制度、公社債制度を利用するようになり、商業資本は銀行などの金融資本へとその中心を移していく。国内外の市場において、すでに高次化を遂げていた競争相手である西欧列強の資本主義に比べ、金融資本主導で商業および産業の刺激を行ってきた、特に金融資本制度の発達が著しい日本の資本主義は、自己資本比率が低く資本の大部分を大資本が有する金融資本に依存するという状態が続いていた。会社の社債を大銀行が引き受けるなど、工業金融の利用に対して巨大な金融資本を有する財閥が産業会社に対し漸次監督や支配管理の必要性を増大させていく中で、子会社制度による貸し出しまたは相互的な株式所有の形で産業を支配するという金融資本による産業資本支配が確立していったのである。

それに加えて三井・三菱などの財閥では、三井物産や三菱商事のように、一手販売権などを通じて直系会社や子会社、さらには関連会社まで関わるような全国の販売網に決定権を持つ一方で、原料供給を通じて産業支配を行うという両面的な支配方法を採用してきた[15]。

なおこうした支配方法が可能であったのは、事業経営に対しての人材の確保が資本の力や婚姻関係などを通じて積極的に図られていたことが挙げられる。岩井弘融に従えば、財閥内の内部結合において特徴的なのは、三井・安田のように同族の封鎖的所有形態を保った点に求められるという（岩井 1982：145）。これは別家、一家などのわが国固有の商家と同族結合の原理を近代資本主義の中に色濃く持ち込んでいたことからくるものだが、それに加えて近代的経営はその拡大のために、学識を有する経営者を必要とすることから、学士経営者（またはその候補）を養子、女婿、その他の婚姻関係のネットワークに組み込むことによって、それぞれの人脈を形成していったという背景もある[16]。そのような学士経営者をも婚姻関係のネットワークに取りこんでいく動きは、当時大学関係における人脈形成が有効な手段としてみなされていた事実も同時に差し示すものである[17]。

このような過程を経て巨大資本を有する特定少数の諸財閥は、自己傘下の企業を組織化しながら、無数の小企業やマニュファクチュア、家内工業など旧来の商工者層を、原料の供給や製品の販売、金融を通じて従属させることで強力な中枢管理機能を有するにいたったのだが、これが明確な形で現れたのは第一次大戦以降である。

ヨーロッパの列強諸国は前世紀末からの植民地政策に代表されるような膨張政策を進め、軍備を増強し、その軍事力と政治力の均衡の上での平和が成立していたが、一九一四（大正三）年に第一次世界大戦が勃発した。この大戦の勃発により、為替取引の中止や海上輸送の停止など世界市場の経済流通が機能不全に陥ったために、貿易は停止し、生糸価格などの物価や株価は急落し、銀行が破綻するなど一時日本経済は混乱をきわめる。しかしながら、貿易の停止に伴い輸入から国内生産へと切り替えたこと、中国や東南アジア方面およびアフリカの市場が欧米中心から日本中心へと輸入先を切り替えたこと、戦争中の欧米諸国への需要に対する輸出が増大したことから、日本の貿易収支は明治以来はじめて輸出超過に転じ、結果一九一五（大正四）〜一八（大正七）年にかけて貿易収支は黒字を記録する。[18]

さらに日本は大戦の勃発とともに手薄になった中国へと進出し、青島を攻略して山東半島におけるドイツ権益を接収するとともに、ドイツ領南洋群島を占領した。この第一次大戦を境に、欧州諸国は結果的に中国政策の後退を余儀なくさせられ、また中国で起きた内乱は日本に中国における権益の拡大の機会を与えることになる。

この中国進出は、紡績業を中心とした資本輸出を促し、大戦以前から日本の基幹産業であった繊維工業のよりいっそうの発展へとつながっていく。日本の紡績資本が低賃金と劣悪な労働条件によって成立していた中国の労働市場を獲得したことで、安価な労働力を背景とする紡績工場（上海・青島・天津など）の建設を可能としたためである。くわえて、大戦で獲得した中国・東南アジア市場への対応策として、綿糸輸出から全製品である綿布輸出へと移行することで、日本綿布はバルカン・アフリカ方面までその勢力を伸ばし、英国綿業と競争するまでになった。貿易の好調による紡績業の拡張は、鐘紡・東洋紡・大日本紡・富士紡・日清紡などのいわゆる五大紡績資本への独占の強化を招き、家内工業はこれに吸収されていった。

またこの大戦の影響として日本経済を後押ししたのは、ロシアその他からの大量の軍事品の注文による重化学工業の発展であり、その中で直接的に関係したのは造船業であった。もともと日本の造船は海軍工廠を中心に海軍艦艇の建造を目的としたものであり、一九一〇（明治四三）年の海軍充実案の実施などの軍需なども影響して、普通の汽船だけでも大戦前すでに一万トン以上の遠洋汽船が製造されていた。だが、大戦の勃発により欧州諸国に限らず世界的な船舶不足を背景にして日本海運への依存が著しく増大し、これが国内の需要として跳ね返るとともに、外国船の発注もあり、国内新造船舶は一九一五（大正四）〜二二（大正一一）年の間に一六一四隻・二四〇万五〇〇〇トンにのぼり、船舶自給率は一九〇九（明治四二）〜一五（大正四）年の五九・五％から一九一六（大正五）〜二二（大正一一）年には九五％へと飛躍的に増大し、船舶保有トン数は英米に続いて世界第三位になる（南編 1965：76）。しかしその需要に対応するように続々建築された造船所は、比較的小規模のものが多かったこともあり、川崎造船・三菱造船・大阪造船・浅野造船・石川島造船・浦賀船渠・帝国汽船などが、資本金・職工数・生産力において全体の約八〇％を占め独占的な地位を確立していく(19)。

さらにこの造船業の発展に対応する形で飛躍したのが製鉄業である。従来日本の鉄の大部分は輸入に依存する部分が大きく、国内においては八幡・釜石の両製鉄所に集中している形であった。しかし大戦によって、鉄輸出禁止令などの影響もあり欧米諸国の生産・流通ルートが破壊されたために、造船をはじめとする国内需要は鉄の価格を大きく吊り上げることになった。そのため国内の製鉄業は盛況をきわめ、両製鉄所の規模が著しく拡大したほか、一九一七（大正六）年の免税などによる製鉄奨励法など政府の後押しも受けて、新たに製鉄所・製鋼所が生まれ、一九一八（大正七）年には銑鉄は七八％、鋼材では四八％を自給するにいたり、官営の八幡製鉄所の生産高を民営の製鉄所が超過するようになる。

また間接的に関係したのは化学工業である。人造肥料や硫酸製造を中心に日露戦争前後から勃興していたが、第一次大戦の勃発により毒ガスおよび強力火薬の原料となる染料の輸入が途絶えたために、化学原料の輸出制限を行いながら、補助金によって軍事目的に関連した染料工業振興に力が注がれた。

そのほか非鉄金属工業、機械工業の発展や電力の需要の増大など様々な形で重化学工業は飛躍を遂げたが、一方においては資本の集中と集積は著しく進行した。というのも重化学工業の進展は必要資本量の増大を意味するものであり、外国貿易の発展と連関しながらその必要資本量は増大の一途を辿ったためである。そしてこの資本の集中と集積は、この大戦の影響としての輸出超過に対応する形で発達した外国為替業務を請け負う財閥銀行を中心とした金融資本と工業との結びつきをさらに強め、金融による産業支配の傾向はより色濃くなった。第一次大戦の戦中期まで（大正二～四年にかけて）の不況において起こった中小銀行の破綻と、第一次大戦を画して起こった財閥系大銀行への吸収や中小銀行の合同合併により、一九一三（大正二）～二八（昭和三）年の間の銀行数が普通銀行については三分の一、各種銀行においては約半数に減少したのに対し、払込が一九一三（大正二）年の三億九二〇〇万円から一九二八（昭和三）年の一四億一八〇〇万円と戦前の三～四倍へと跳ね上がったことからも、その集中具合がわかるだろう[20]。

三度の戦争という政治的実践と産業革命による産業資本の確立と金融資本による産業の支配という経済的実践が行われたこの時期は、財閥を中心とした資本家層と政治家の婚姻関係などを中心としたネットワークの構築や、国家政策として藩閥官僚による財閥資本家の育成と規制の撤廃や税制の改革をはじめとした政策的実践による資本主義の高度化の後押しなど、「政」と「経」の制度的・人的結合（明治前・中期は政治⇒経済、明治後期～大正は経済⇒政治への介入）が促され、様々な形で資本の集中・癒着が進行する。ある意味でこの過程は、絶対主義的な明治勢力がブルジョワジーと癒着しながら、それまでとってきた「理念的・先導的」政策から「現実的・癒着的」政策への転換修正を示すものであるが（南編 1965：14-15）、その現実的な理由が「外部」としての外国市場の対象化とその獲得の必要性にあった。

外国市場獲得の必要性から行われた企業の大規模化と資本の集中・集積をめぐる流れは、金融資本による産業支配や一括販売権など全国の販売網に決定権を持つような流通の支配、原料供給力を通じての産業の支配力強化や、人材の確保と人脈の形成など、様々な実践を経て三井・三菱・住友・安田・大倉などの財閥のコンツェルン完成を促進させ、特に東京へと金融資本や本社機能などの中枢管理機能を集中させることになる。その巨大化した中枢管理機能の集中する新しい経済センターの存在が、東京駅完成以降の丸の内であり、第一次大戦後の好景気と産業の勃興に符節を合わせたオフィス需要に対応しながら街が形成されるのである。

(2) 新中間層の出現と郊外への膨張

二〇世紀に入り、資本の集中・集積と並行して、あるいはそれに遅れる形で人口の集中・集積が都市部において進んでいく。一九〇八(明治四一)年には東京の人口は二一九万人、大阪も一二三万人となり、京都・名古屋・神戸・横浜を加えた主要六都市の人口は、いずれも三〇万人を越え、また人口が五万人を越える都市は二九を数えた。東京はその中で三度の戦争と産業革命、産業資本の確立と金融資本の優越など、様々な要因によってしだいに巨大化・複雑化していく。町村敬志は、近代的な都市構造の原型が一応確立した大正~昭和初期にかけての時代に生み出された巨大都市東京の基本構造を「モダン東京」と呼び、その特徴を、①資本制の影響下における巨大な産業都市としての性格と経済的中枢管理機能の伸長、②旧「江戸」の朱引の範域をほぼ引き継ぐ「東京市」から周辺八二町村(新市域)も含めた大東京の成立、③近代都市を構成する主要な都市階層として「工場労働者層」と俸給生活者からなる「新中間層」が、伝統的な都市中産階級と都市下層の間で形成・確立され、それに対応する形で都市の空間構造も次第に分化するようになった点、④多様な東京人たちが、新しい民衆として複雑に分節化された共通利害の存在を確認し、労働組合や各種協同組合など多様な利害集団へと組織化されることを通じて、社会的に統合されるようになった点、など計四点に整理している(町村 1994:47-49)。

このような「モダン東京」への構造転換は、産業革命に伴う産業構造の転換と「外部」としての外国市場の需要、戦争による資源と市場の調達という要因に影響されながら非常に不均等な形でなされてきたといってよい。そしてその不均等な発展の形は、都市－農村関係という二分法的な関係の質にも変化をもたらしていた。

それが顕著に現れているのが綿糸の存在である。一八八〇年代以降の日本工業の中枢的位置を占めていたのは綿糸紡績であるが、この発展は安価な印度産の綿花を大量に輸入し、輸入糸に対抗しえる細糸を紡出して中国市場への輸出によって成立していたものであった。そのため自給自足を基礎としながらも徐々に市場へと取り込まれていた農村も、外国市場との競争にさらされることとなる。その結果、都市の機械生産の発達とあいまって、農村の手紡綿業などの家内工業と綿作は多大なダメージを受け、江戸以来綿花畑が広がっていた近畿や東海地方をはじめとした農村から綿花畑は消えていく。つまりこの時期は、農村が都市への原料・食糧供給を行う生産市場という役割が相対的に後退していく時期というだけでなく、同時に都市商品経済に飲み込まれ自給自足の原則が崩れ始めていた時期でもあった。そのために、次第に農民層は分解し、土地を離れて工場の職工など都市の低賃金労働者層の供給源として、国際市場での競争に際し輸出を拡大していくための労働市場として転換されたのである。

このような綿糸紡績などの繊維工業の隆盛によるいわゆる軽工業革命は、東京など都市部への人口集中という都市移住を促進させることになった（表4－3）。集中する工場労働者のための低賃金住宅（長屋）や、農村から疎外され定職の無い人々（階級分解による土地喪失）（「自由」労働者、乞食、大道芸人その他）のためのスラム住宅が、一五区外の低廉地価の地域や街道沿いの地域にも建てられることによって、都心周辺地域にも拡大し、階層別による「住み分け」が地区ごとに展開されていく。

また東京における人口増加は、日露戦争後特に第一次大戦中から顕著になり、特に一九〇四（明治三七）～一九一九（大正八）年は約一・四八倍の増加、一九一七（大正六）～一八（大正七）年の一年間は、二九一万二七〇〇人から三三三万四六〇〇人へ四二万一九〇〇人の増加が見られ、一四・五％という異様な増加率を示す（原田・塩崎編1997：5）。この理由としては、第一次大戦中の好景気による産業の勃興と、当時進行しつつあった重工業の産業革

表4－3　東京府の人口変化

周辺82町村の人口変化　（人）

	1888年	1900年	1906年	1917年
荏　原	85,980	96,328	111,059	176,775
豊多摩	50,866	66,480	96,650	209,869
北豊島	86,359	94,001	113,773	229,390
南足立	38,315	44,988	49,306	54,587
南葛飾	69,639	77,761	86,595	140,529
計	331,159	379,558	453,383	811,150

15区の人口変化　（人）

	1888年	1900年	1906年	1917年
麴　町	58,610	62,777	76,273	63,156
神　田	139,105	133,399	152,843	162,326
日本橋	132,187	133,222	148,404	149,393
京　橋	148,016	147,595	200,162	163,912
芝	133,611	135,355	173,956	180,887
麻　布	49,181	55,520	70,875	93,896
赤　坂	37,808	52,727	69,810	63,406
四　谷	37,402	41,900	72,605	62,067
牛　込	47,734	54,905	104,801	156,278
小石川	46,484	59,403	101,983	162,149
本　郷	63,275	92,286	143,761	134,739
下　谷	74,982	127,834	174,851	191,122
浅　草	145,360	155,669	273,159	257,158
本　所	104,599	136,990	169,924	226,597
深　川	80,907	109,961	130,411	177,721
計	1,298,661	1,487,543	2,063,828	2,244,796

出典：原田・塩崎編（1997）。

命による工業地帯の形成など工場労働者（いわゆるブルーカラー）の大量増加、金融機関など管理部門の強化や消費活動の発達に伴う企業規模の拡大と活動の活発化による事務系労働者・事務系職業の増大、またそうした市民層の形成とともに、医師、弁護士、学校教員などの特技職業従事者が増加したことなどが考えられる。

それに対応する形で、主として東京西部ならびに北部の豊多摩・北豊島二郡の住宅地の開発や南部の荏原郡に見る中小企業の工場の増加、東部の南葛飾郡の大企業の工場と中小企業の向上の増加（石塚 1991）など、東京の地理的拡大がなされていく。ホワイトカラーの労働者（俸給生活者、サラリーマン）や特技職業従事者などのいわゆる新中間層は、郊外への国鉄や私鉄の延伸と開発などによって交通機関の発達した都心の山手台地（本郷・小石川両区の高台）から西に分布し、人口の増加によりそれが豊多摩郡や北豊島郡へと延長していくという形態をとった。他方で自営業者などの旧中間層と工場労働者などのブルーカラー層は中小規模の工場や企業が並存する東側を中心に集積していく特徴を有していた。

それではこの都市移住の主体とは誰なのであろうか。これを考えるにあたり参考になるのが、粒来香の東京の都市移住に関する検討であろう（粒来 2000）。粒来によれば今までの都市移住に関する研究を「移動主体」「個人的結果」「社会的結果」の三つに分類した上で、第一次大戦後のいわゆる戦間期における都市移住の研究のあり方として、「移動主体」「個人的結果」についての仮説がマクロデータを用いた農村側からの視点による推測に過ぎず、「社会的結果」についても小都市・農村＝肉体労働者、都市内部＝非肉体労働者というイメージに囚われているⁿ(21)と論難する。その上で戦間期の東京の変貌について、①流入者に占める農家出身者は半数に過ぎず、自営層や専門管理などの父主職階層からの都市移住者と同数であったこと、②都市流入には父主職階層を反映した就学移動と就職移動という二つのルートが存在し、その四分の一を就学移動者が占め雇用労働者の上層に入っていたこと、③東京内部の戦間期世代は、むしろ流入者である就学移動者に押し出される形で内部に様々な差異を含みながら上下へと分解していったこと、などを六〇年のＳＳＭ調査を加工しながら明らかにした（粒来 2000：102-106）。また戦間期流入者の流入形態の特徴として、神島二郎などが指摘するように大半が単身離村・単身流入であり、日本の都市が〈独身者主義的〉な性格を帯びたというのも、日本近代の特徴である[22]。つまり農村の困窮によって工場労働者として都市下層へと滑り込んでいく層に加え、自作農・地主・商工業者など旧中間層を中心に就学移動により大企業などより高い層へと社会移動する層、資本の集中・集積により大規模化した企業や工場によって場所論的な秩序に裏打ちされながら保たれてきた家内工業を中心とした自営層が雇用労働者へと鞍替えすることで土地から離れていく層など、この時期の都市移動は空間＝社会移動としての性質をある程度有していたといえよう。

それを端的に示すのが、この時期になって現れ始めたサラリーマンなど新中間層の存在である。新中間層の定義は様々であるが[23]、簡単に言えば「旧中間層（自営業者・地主・自作など）とも肉体労働者とも区別される頭脳労働者の集団」（中村 2000：48）であり、日本産業の構造転換が行われ労働に対する需要の変化した大正末・昭和初期に成立した階層であるといえるだろう。

しかしながら、成立当初の新中間層は、ピラミッドのように一握りのエリート層と膨大な非エリート層とを含んでいた。この一握りのエリートに属するのが専門職従事者や会社役員など管理職に就く人々であり、大学や高等専門学校など高い学歴を得て専門的知識を習得してきた人々から調達された。これは前項で論じたとおり、財閥の主要ポストのように婚姻関係のネットワークに組み込むことで確保されることもあれば、第一次大戦後の好況期の、「各銀行・会社が、卒業の前年の夏から大量に申し込んでくる、そして学生をいろいろごちそうしては勧誘する（大屋晋三）」（日本経済新聞社編 1980：87）というように、大学などの高等教育の出身者は引く手あまたの時期もあった。ただ中村牧子によると、このエリート層はその学歴の高さゆえに後期中等教育の教育を受けるチャンスが父親の職業が雇用ホワイト(24)や比較的豊かな自営業者層、経済的に裕福な地主層などの旧中間層である割合が九割以上を占めるという現実があるという（中村 2000：52）。

それに比して、民・官の事務員や下級官吏、教員からなる非エリート層については、相対的に学歴が低いという共通性はあるにしても、銀行員や会社事務員など民間事務員と公務員など、下級官吏との色彩は若干異なる。銀行員や会社事務員は比較的「良い生まれ」であり（天野 1991：167–168）、雇用ホワイトや自営業者層の比率が高く都会的である。それに対し、下級官吏は、向学心に燃えて農村から出てきた初等教育終了後の少年たちが、苦学生として夜学に通いつつ、役所の事務見習などをしていたり、都会に出られない「跡取り」の少年らが、農業と両立できる教員・鉄道員・巡査などといった地元の勤め仕事に就いていたというように、出身階層が地主・自作層に五割も集中するなど、農民色が濃いものであった（中村 2000：54–55）。

それでは新中間層の全体に占める割合は実際どのくらいであったのだろうか。推定ではあるが、南博は第三種所得税・納税者からの推計、有業人口統計からの推計、文部省の統計からの推計を用い、一九二〇（大正九）年時点で新中間層は全人口の五〜八％存在していることを明らかとした（南編 1965：185–187）。こうした傾向は都市部で顕著であり、東京市について見ると一九〇八（明治四一）年の有業人口中に占める比率が五・六％であったものが、一九二〇（大正九）年には二一・四％にまで増大している[25]。

このように農村や様々な場所から流入してきた人々によって形成され増大した新中間層の存在は、旧一五区の範囲にとどまっていた東京を郊外へと押し開いていくのであるが、これは居住地としての郊外と働く場所としての都心が空間的に乖離したものとして経験されることになる。この居住空間としての郊外と働く場所としての都心を結び付けていたのが、鉄道をはじめとするメディアとしての交通機関の存在である。

郊外へ、特に新市域へと膨張する動きは表4－3を見る通り、関東大震災以前よりすでに現れ始めていた動きである。奥井復太郎によればこのような郊外化などの「都市の飛躍的膨張（東京の――引用者注）は日露戦争後と云うことであり、最近では、世界大戦後、大正年間の末期」に目に見えて現れ始めたという（奥井 1940：359）。この様子は奥井が引用した近松秋江の大森に関する描写からも読み取れる。

「明治三十五六年の頃、汽車に乗つて大森を通過しながら、高臺のほうを眺めると林の中に麥畑が點綴して、五六月ともなれば、それが成熟してゐるのが目に付いた。……（中略）……やがて日露戦争があつた。何といつても、戦勝後の日本の繁栄は大變なものであつた。東京市の膨張は漸々眼に見えて来た。明治四十年頃になると、大森が南郊の最も好適なる住宅地として、われもわれもと、そつちの方へ新住宅を求める者が續出した」

（「近郊今昔物語」『東京日日新聞』一九三五〔昭和一〇〕年二月六～八日）

つまり日露戦争の好況を境にして、「好適な住宅地」としての山の手や郊外などへの引越しが相次いだというのである。この「好適さ」を支えていたものを端的に示すのが、前掲の近松が「東京市中の雑沓と雑々に大分倦怠してゐた時分のこととて、ああ、こんな郊外の閑静な土地に住んでゐたら、いいだろう」というように別荘や隠宅、または寮のようなものを建てるようなかつての静養地であるが、都心で働き、静養地のような「好適な住宅地」に居住する職住分離の空間秩序を可能としたのが鉄道じたいの、あるいは鉄道による郊外化であり、その鉄道資本による住宅地の開発であった。

郊外への国鉄や私鉄の発展と市内人口の移動は、一九二三（大正一二）年の関東大震災を境に著しく見られるようになったが、東京の郊外への交通の骨格を成したのはまず中央線、そしてその後の山手線というように国有鉄道（省線）[26]である。

一八八九（明治二二）年に新宿―立川間が開通したのを皮切りに、戦争期の資金不足を挟んで一九一一（明治四四）年に飯田町から中央線が全通、一九一二（明治四五）年には中央線が万世橋まで延長し、一九一九（大正八）年に東京駅に接続して吉祥寺まで全通するなど、中央線は主に「縦の交通網」を完成させていった。

それに対し横を結ぶ山手線は、一八八五（明治一八）年の品川―赤羽間の開通を皮切りに、一九〇三（明治三六）年に池袋―田端間が、赤羽駅から分かれて池袋・新宿・渋谷を経て品川にいたる約二一キロが一九〇五（明治三八）年に開通し、一九〇九（明治四二）年には烏森（新橋）から品川―新宿―池袋にいたる区間、および池袋―赤羽間の運転が開始された。一九一九（大正八）年の東京駅経由を経て、上野―東京間が開通して現在のような循環線になったのは一九二五（大正一四）年のことである。

ちなみにこの二つの路線のうち、日露戦争後における郊外の発達に対してより影響を持っていたのはむしろ山手線のほうであり、電車化による都心への乗り入れが行われた一九〇九（明治四二）～一〇（明治四三）年にかけて特に重要な意味を保持していた。山手線の都心への乗り入れが行われたこの年以降に、山手線に隣接する形で続々と私鉄の開通・開設が行われたのは非常に興味深い事実である。

京浜電鉄や東武鉄道（一八九九年）、玉川電鉄（一九〇七年）などの例外はあったものの、山手線の都心乗り入れ以降、一九一一（明治四四）年に王子電軌、一九一二（大正元）年に京成電軌、一九一三（大正二）年に京王電軌、一九一四（大正四）年に武蔵野鉄道、一九一六（大正六）年に城東電軌、とんで一九二一（大正一一）〜二二（大正一二）年に西武鉄道・池上電鉄・目黒蒲田電鉄、震災後の一九二七（昭和二）年に小田原急行電鉄が開通するなど、日露戦争および第一次大戦の好況という背景があるにせよ、この時期に集中して私鉄企業が勃興していく(27)。

このように私鉄に接続する形で郊外居住者を都心へとつなぐ役割を担った山手線は、確かに郊外居住者の増加を如実に表す路線であったといってよい。それを最も象徴しているのが満員電車などのラッシュ・アワーの登場である。一九一八（大正七）年に登場した添田さつきの「東京節（パイノパイノパイ）」によって、「東京の名物満員電車いつまで待ってても乗れやしねえ　乗るにゃ喧嘩腰　いのちがけ」と歌われ、同じ一九一八年の一一月一〇日付の『東京朝日新聞』を見ると、そこには「不手際の山手線」の大見出しがあり、「驚く許く殖《ふ》江《え》て行く郊外居住者を拋りつ放し」という小見出しが続く。それによると、住宅難によって郊外に住宅を求めた乗客数の激増により、山手線にも大混乱が引き起こされており、市電に比べて運転車両数が少ないがゆえに出勤時刻の混み具合は大変なものであり、電車発着時のホームの状況は「日一日とその度を加へて行く」。その上、出勤・退庁時間を問わず電車の合間合間に「長くて鈍い」貨物列車を走らせており、混雑にいっそう拍車がかかり、そのことがさらに乗客の不満を招いているという。

運転車両数が少ないとか、「学生と山手線沿線に住んでる鉄道職員のため」と揶揄されるような不定期電車運転への痛烈な批判から見て取れるのは、郊外へと膨張する形で急増している郊外居住者の存在であり、電車の存在で少しでも環境の良い閑静な郊外へと移住したにもかかわらず目に付くのは不便さばかりという、彼ら／彼女らの大きな不満である。

事実、一九二二（大正一一）年三月三日付の『東京朝日新聞』夕刊において、前年末から郡部で空家が急増している理由が報じられた。

「先年来郡部へ郡部へと引つ越して行つた者が、いざ来て見ると道は悪いし、交通機関は不便のため、日用品の需給も円滑を欠き物価も市内よりは却つて高い、それに郡部は一帯に警察力が薄く殺人強盗等の犯罪が多いというところから再び市内へと逆戻りするためだ」

指摘されるように、一部の階層が居住する地域を除いて郊外は閑静どころか田舎であり、全く「好適な住宅地」ではない不便な空間にすぎなかったということに気づかされた人々が、市内へと戻って行ったのである。

他方で直接的な形で郊外へと接続していた中央線であるが、一九〇四（明治三七）年の段階で電化され、高速運転をはじめており、中央線の乗客数が一九〇七（明治四〇）年の四七八万人から一九一八（大正七）年には一三二三万人に急増することからも見てとれるように、震災前から東京西郊への郊外化に大きく関与していた。それが決定的な形で現れるのが、一九一九（大正八）年の東京駅への乗り入れであり、この年の乗客数が一挙に二〇〇〇万人を突破、翌年二〇（明治九）年には二八〇〇万人へと急増している。(28) このことからわかるように、東京駅への乗り入れが、職の都心と住の郊外という職住分離の原則をうみだす一つのターニングポイントであると指摘できる。

そしてこのような職住分離の傾向に拍車をかけたのが関東大震災という出来事なのであり、郊外が居住する空間として発見される一方で、銀座や丸の内といった明治以降に生まれた新しい都市空間が、モダンな〈場〉として新中間層を中心とした一般大衆へと浸透していく大きな転換点になっていくのである。

(3) 東京・丸の内の地域構造再編過程と丸ビルの誕生

以下では明治末から大正期、そして関東大震災を経てビジネスセンターと化していく丸の内の様子を概観していこう。

陸軍施設の撤去がなされた丸の内では、払下げを受けた三菱や東京府が開発を始めるまでのしばらくのあいだ、広大な野原が広がっていた。土地所有の主の名を冠して「三菱ヶ原」とか、呉服橋の兵営跡の「丈に余る雑草」を目隠しとして(人力車の)車夫が賭博を行っていた様子から「賭博ヶ原」とも称されていた「場末」の風景は、大日本帝国憲法発布時に「大典を奉祝せんものと、各方面の團體が幾組も幾組も行列を組んで丸ノ内へ繰り込んで」きたり(冨山房編 1941:63-64)、また奠都三〇年のページェントにおいてごった返すような人だかりができるなど、「皇」の影響力が染み出すときのみ浮上する空間であった。

こうした様子は三菱の一号館ができ、さらに四軒長屋時代を迎えるにあたっても大きな違いは見られない。そのまま残っている大名屋敷跡の築山や泉水を目当てに日本橋方面の子供たちが水遊びや魚釣りに訪れる一方、丸の内に新たな「都市の意味」を創出すべく欧風の街並みを作り出そうと三菱が開発を始めるも、未だ芽を出せずにいた。(29)当時の丸の内の社会的位置を考えるのであれば、岡本かの子が、

「私が子供だつた時分、明治二七年ぐらいの丸の内は、三菱ヶ原と呼ばれて、八万坪余が草茫々の原野だつた。和田倉橋の辺に立って、日比谷の森が見通せた」(岡本 1939)

と振り返るように煉瓦造りの建物はあくまでも丸の内にとっての「異物」であり、「下町」を中心とした東京にとっての「外部」であった様子が見えてくる。

時を経て、日露戦争後の急速な経済発展を受けて、丸の内においても一丁倫敦と呼ばれる煉瓦造りの事業所群が面的に拡がりを見せ始めた。仲通りと大名小路を中心に事業所が広がったのは、明治二〇〜三〇年代にこの近辺に軒を連ねていた諸官庁が大手町や霞ヶ関に集積しはじめ、さらに渋沢栄一や大倉喜八郎、益田孝や荘田平五郎といった三菱も含めた実業界と政府の調整装置としての東京商業会議所が馬場先通りに設立されたことによる、「政」と「官」、そして「経」が取り結ぶ社会的諸関係の集積の結果（空間的表現）であるといえよう。そのためこの時期の丸の内は、大手町と丸の内、そして霞ヶ関と永田町をつなぐ東西の通りが都市軸の中心をなしていた。

中央停車場たる東京駅は未だ町割りを完了させた基礎工事の段階であり、他方で大名屋敷が分譲された日比谷方面が繁華街として浮上する中で、丸の内の「都市の意味」をめぐる闘争過程においても揺らぎが生じる。建築制限を緩めながら、事業所のみならず家やアパートをどんどん建てることで収益性を上げる経済合理性を優先する意見が勢いを増す中で、「所期奉公」の企業理念に基づく「模範街」を目指すべきとする上層部の意見へと集約が図られる。「経済的なもの」に限定されない「社会・文化的なもの」を視野に入れた三菱による都市づくりの方向性の原型は、この段階で示される。

ただ現在の丸の内へと続く骨格を形成したという意味では、やはり東京駅の誕生から丸ビル完成に続いていく一丁紐育の時代にふれないわけにはいかない。大正期以降の丸の内と三菱の不動産経営の関連を考えるにあたっては、①東京駅と周辺道路の整備による交通機能の強化と丸の内の重心の移動、②煉瓦造りの低層建築からコンクリート造りの高層建築への変更、③関東大震災による日本橋地区（兜町など）から丸の内へのビジネスセンターの移行、④不動産貸地の丸の内地区への集中と賃貸料の増大、という四点の特徴が指摘できる。中でも東京駅と丸の内、そして三菱の関係を考えるにあたっては、東京駅から宮城（皇居）前の和田倉門に直行する行幸道路の敷地にあたる社有地と、銭瓶町および永楽町という現在の丸の内や大手町の一部を占める市有地を交換した事実、そして東京駅への他路線の乗り入れが丸の内の地位の向上をもたらすことが期待されていた点を指摘しておこう。

4　移動する「身体」と「移動」性の構造転換

(1)「大東京」をめぐる想像力と「丸の内」の成立

(A)（株）東京市街自動車による青バス・貸切バスの利用と一九二九（昭和四）年の「東京遊覧自動車案内」における観光コースとしての〝丸の内めぐり〟。

(B) ①宮城、②東京駅、③丸ビルなどの馬場先会社街、④帝国劇場、⑤桜田門を巡るコース。

関西方面からの旅行者の行動パターン（旧丸ビルクラブ副理事長青井貞吉の談）

「東京駅に着くと、まず乗車口地下にあった庄司という風呂屋で旅の垢を落とし、洋服にプレスしてもらった後、地下道を通って丸ビルに行き、地下一階の花月で朝食をとったものです。それから、気分を一新して皇居に向かい、そのあと浅草、上野なり芝の泉岳寺へ見物に出かけました」（松山 1991）。

(C) 宮城（皇居）遙拝に訪れた地方の団体客（旧丸ビル・花月二代目で弁護士の岡本省三の談）

「日曜などは、皇居遙拝のため夜行列車でやってきた地方の団体客がウチ（花月）で必ず朝食を摂られたものです。それで、花月の名は全国的に知れ渡り、東京名所の案内にも載りました」（松山 1991）。

(D) 知識人が勧める近代都市東京の偉観（佐藤功一〔帝都復興事業担当者〕の談）

「二重橋からこっちへ凱旋道路（内堀日比谷埋め立て道路）を切ったところ、あそこから丸ビルを眺める。そこから高く登っては市政調査館の屋根の上から帝劇の方向を見る。これは非常に雄大なものです。……これは昔の江戸が残っているのではなく、近代都市風景なんですね」（泉ほか 1930）。

以上の四つの言説は、複数の「移動」性が連結する複合的な社会空間的実践としての「旅」の軌跡の中で、様々な時間‐空間を有する「移動」性が交差する地点として「丸の内」という空間が浮上してくる例である。「旅」の目的としてここでは二種類の傾向が示されているが、①当時の「旅」のあり方として「東京駅」→「丸の内（丸ビル）」→「皇居」というコースは一般的なものであり、かつ一体的な空間として把握されつつあった点、②これらの旅行者がDのような風景が描かれた名所絵はがきを買って家族に送ったり、土産を買って帰るという行為を通じて、身体のみならずモノや情報の「移動」を行っていた点について付言しておこう。すなわちこれらの例からは、関東大震災以降の「帝都復興」期に、人、モノ、イメージ、情報などの多種多様な「移動」が活発化したこと、そして丸の内地区を構成する宮城（皇居）‐丸の内‐東京駅という一体的な空間認識がある程度成立している事実を読み取ることができる。

なお、このような丸の内を構成する宮城（皇居）‐丸の内‐東京駅という一体的な空間認識は、大正末期から昭和以降にかけての「モダン東京」時代、すなわち関東大震災の復興過程において、大正大喪および昭和大礼という二度の儀礼を経て一定程度共有されるようになったものであると思われる[30]。

たとえば、一八八九（明治二二）年の宮城落成を境として書籍として出版されるようになった東京見物の案内を見てみよう。東京駅竣工前の明治中～後期には、宮城や二重橋、凱旋道路を中心とした記述に終始しており、東京勧業博覧会開催を記念して出された『東京遊覧案内』などで、三菱や日本郵船、古河などの財閥系企業の情報が記されるのみであった（東京市編 1907）。それが東京駅が完成した一九一四（大正三）年に出された『大正博覧会と東京遊覧』では、「丸の内」というカテゴリが新たに設けられた上で、その下位分類として「宮城」や「二重橋」、諸官庁など明治期に扱われていた項目だけでなく、日露戦争の好況期以降少しずつ煉瓦造のオフィス街が形成されてきていた「馬場先前」、戦勝の記念碑的意味合いをもつ「中央停車場」（東京駅）、中央停車場前に広がる未だ「雑草茂る荒蕪の地」である「三菱ヶ原」などが追加される（向上社編輯部 1914）。丸の内近辺を「模範市街」にして「壮観」であり、他の外国の諸都市に引けを取らないとしながらも（「馬場先前」）、一方では築造中のまちに対して「三四年後の壮観惟ふに世界有数の麗街たらんとせり」（「三菱ヶ原」）と述べるなど、あくまでも期待をこめた表記という意味合いが強い。

つまり徐々にその片鱗が示されるにせよ、現在のような空間認識が成立したのは東京駅完成から丸ビル完成、関東大震災を経たわずか一五年足らずのことであり（今［1929］2001：33）、「丸の内」をめぐる新たな想像力はこの間に育まれたのだといえよう。

（2）宮城（皇居）遙拝の常態化

このように関東大震災という「断絶」の後に新たに成立した「丸の内」をめぐる想像力であるが、その内実については、成立要因とプロセスを含め、未だ明らかとされていない点が多い。例えば吉見俊哉は、関東大震災を挟んで浮上してきた〈銀座－丸の内／東京駅－宮城／帝国〉という「モダン東京」の地政について、メディアの発達による情報の加速度的増殖と流通が都市のリアリティを条件づけるようになった事実を強調する（吉見 2001）。しかしながら実際に銀座や丸の内に集う人々の身体を編成するメカニズムとその変容過程については、残念ながら言及されていない。

そこで、以下では特に「移動」性の構造転換を念頭に置きながら論を展開していく。なお、その際の取り掛かりとなるのは、先述した「宮城（皇居）に詣でる」人々や丸の内に通勤する人々の身体の動きがどのように変わっていったのかを考えることであろう。

ところで、明治前期に東京の中心として考えられていたのは、日本橋など旧江戸の町民地である。明治初期の旧江戸では、関所の撤廃や木戸や枡形の撤去が行われるなど、身分制に基づいた空間を越えて、人々の身体が自由に移動する可能性がもたらされた。ただ実態として下町における道空間は、堀や川が空間の境界を形づくる町割の影響と、強固に機能する水路中心のネットワークによって、生活の舞台として社会の単位と同種の空間としてあり続けていた。

中でも人が集まりやすく、かつ空間の境界として重要な位置を占めていたのは、橋のたもとである。火除地を中心に橋のたもとには盛り場が形成され、祝祭的な空間として人々のまなざしを集める一方で（陣内 1985）、物流の中心として水陸両方の交通の要所にもなっており、特に擬宝珠で飾り立てられた日本橋は、明治に入っても錦絵の格好の題材として取り上げられている。同じく擬宝珠で飾り立てられた格式高い橋としての新橋の側に横浜との間を結ぶ鉄道が敷設され、「文明開化」の名のもとに銀座煉瓦街の建設が推し進められる頃になると、新橋－銀座－京橋－日本橋（－万世橋－浅草寺）を結ぶ南北の通りは、日本初の馬車鉄道が整備されるなど、東京におけるメインストリートと化していた。この外濠沿いには、明治期東京の景観を特徴づける〈塔〉をあしらった建築、石橋、鉄橋という機能的にも視覚的にも重要なモニュメントが集中し、人々の耳目を集めることになる。事実、明治期の錦絵をはじめ、先述した東京見物の案内書、名所双六などでは、必ずといっていいほど海運橋のたもとに佇む第一国立銀行や石造の眼鏡橋である京橋や万世橋が名所として焦点化されていた。

その一方で、このメインストリートと交差する数寄屋橋などを軸とする、宮城（皇居）周辺の濠を隔てた旧武家地や旧町民地、さらには築地居留地をはじめとした「海外」「西洋」を結ぶ東西の通りの存在は、東京市区改正条例が成立する明治中～後期以降になって、ようやくその性格が明確になってくる。それを実現したのが「移動」する身体にもとづく天皇の存在と、新たな経済活動の用地として払い下げられることが決定した丸の内の存在であった。

そもそも、天皇が赤坂に仮皇宮を構えていた明治前期の宮城は、人々の関心を集める存在とは言い難いものであった。内務省地理局地誌課が製作した「実測・東京全図」では、宮城内部の様子が事細かに記され、また明治一〇〜二〇年代に市中に出回っていた遊覧案内絵図や東京見物客向けに旅人宿が作成していた市街の案内図においては、赤坂の仮皇宮のイラストのみ、さらに東京案内においても、項目のひとつとして当たり障りのない位置に挿入されるなど、畏怖の感情とは無縁であり、天皇と宮城、東京をめぐる想像力は必ずしも同一とはいえなかった。

その状況が徐々に変わり始めたのが、一八八九（明治二二）年の宮城落成である。これを契機に書籍が多数出版されるようになった東京見物の案内を見ると、宮城（皇居）や二重橋、凱旋道路、馬場先・桜田門などを中心とした記述からはじまり、それを取り巻く諸官衙へと紹介箇所が移行していくスタイルが一般的となり、挿入された写真や名所を描いた小間絵にも二重橋や宮城を映したものが増えていく。加えて宮城（皇居）の位置づけが不明瞭であった地図においては、中の様子を「可視化」できない塗りつぶしの表記に統一されるなど、明治初〜中期に実施された壮大な巡幸を経て国家体制が固まってくるにつれ、見る権力あるいは仰ぎ見られる権力として、社会的中心としての位置を示していった天皇と宮城（皇居）の存在が徐々に一体化していったのである。

巡幸から御真影の配布というまなざしの転換を促進するメカニズムについては、T・フジタニや多木浩二が示しているので言及しないが、ここでは東京をめぐる認識構図が大きく揺さぶられた点を特に強調しておきたい。学校教育や度重なる近距離・小規模な巡幸の成果、そしてそれらのイデオロギーを利用する中央政府をはじめとした諸権力の存在が、社会的・儀礼的中心としての天皇の身体を東京に埋め込みはじめた。たとえば東京勧業博覧会に際し出版された『最新東京案内』では、宮城（皇居）を「両陛下在しますは此皇居であるから一度び東京に遊ぶものは必ず第一に遠拝せねばならぬ」として遙拝を奨励し、また同年同じ契機で上京してくる遊覧客向けに東京市が出版した『東京遊覧案内』の附録である「東京市十五区全図」では、二重橋を基点として距離圏が描かれるなど、東京の、さらには国家の中心として、天皇に向けられた国民のまなざしを宮城（皇居）へと水路づける仕組みが張り巡らされる。

さらに庶民レベルにおいても、江戸期に発展した都市全域を覆う想像力の発現としての名所双六を見ると、この時期には「上り」として宮城（皇居）の存在が復活しはじめる。新たな名所としての二重橋が描かれるようになり[31]、明治末〜大正初期に至る頃には、「足を帝都に印するもの、先づ二重橋畔に跪きて宮城を拝するを例とす」「（二重橋の）外橋の畔に至りて庶民の宮城を拝するもの、三々五々常に絶ゆることなし」というように、宮城（皇居）遙拝の行動も常態化していくのである（鉄道院編 1912）。

(3) メディアとしての「路面電車」

こうした身体レベルに働く権力作用をより促進させ、東京のトポグラフィーを変容させたのは、大きな流れとしての「陸」のテクノロジーによる「移動」性の構造転換であり、より具体的には鉄道および路面電車、人力車や馬車といった「移動」手段と、これら複数の手段を組織化する「移動」経路の発達である。

明治中〜大正前期の段階で「移動」経路を組織化する際、選択肢として浮上するのは、徒歩と人力車、そして市内（路面）電車である。人力車は「日本の名物にして……我が東京の名物」と称されるように、明治初期の文明開化以降、多くの市民の足として、同時に上流階級の「お抱え」として、「移動」の中心を占めてきた。丸の内においては、とりわけ重役級の人々の通勤の主要な「足」として機能しており、一九〇六（明治三九）年には、三菱一号館の裏に煉瓦造瓦葺二階建ての人力車置き場や車夫溜まり場が設置され活況を呈すなど、一定の勢力を誇っていた。それに対して郊外からの一般の通勤者は、腰に弁当をぶら下げ（腰弁）、東海道線の到着する新橋から歩いて通うこととなる（冨山房編 1941）。

その後、日露戦争以降に徐々に減少の一途を辿っていく人力車に替わり、市民の「足」として機能したのは、馬車鉄道にとって代わる形で一九〇三（明治三六）年に誕生した路面電車である。人力車が人の力によって個別の要請に柔軟に対応していたのに対し、路面電車は集団的な輸送力と様々な距離に対応しながら網の目のように増大していく線路網という「量」を背景に、人々の「移動」経路に大きな変更を加えた。

これによって影響を受けたのは、今まで省電から歩いて「移動」していた低級の通勤者である。「待てども乗れぬ満員電車」という表現に見られる通り、押し合いへし合いしながら新橋から日比谷方面まで市電で出て、そこから、ないし馬場先門前の停車場から「歩く」という身体の動きが一般化していく。「鉄道唱歌」の向こうをはって一九〇五（明治三八）年に作られた「電車唱歌」は、路面電車に乗りつつ丸の内や日比谷を始点として東京市中をまわる数え歌であるが、路面電車に乗る身体性に基づく「まなざし」からの描写が行われるなど、感覚の変化も盛り込まれた。

なお、こうした身体性とまなざしの変容は、東京をめぐる認識構図にも大きな影響を与えていることはいうまでもない。明治前期に出された東京の地図等を見ると、基本的に地図の中心には日本橋地区が配されることが多く、宮城はその西側に存在する付随的な空間であった。それが一八八〇年代になると、天皇の存在が宮城や東京と結びつくことが市区改正などによって明確に示され、地図の中心には宮城が据えられるようになる。宮城を東京の中心に配すような認識構図は、一八九〇（明治二三）年の『東京市区改正全図』などで示され、宮城を中心に描く地図上において「東を下」「西を上」という形でまなざしの編成を図る。磯田光一は明治期の公的な地図のみならず、大正期において一般的に市販される東京地図のパターンでも同様の構図で描かれる事態に帝都的イデオロギーの存在を看取するが（磯田 1978：78-80）、これは路面電車によってもたらされる身体性の変容とそこからまなざしをむ

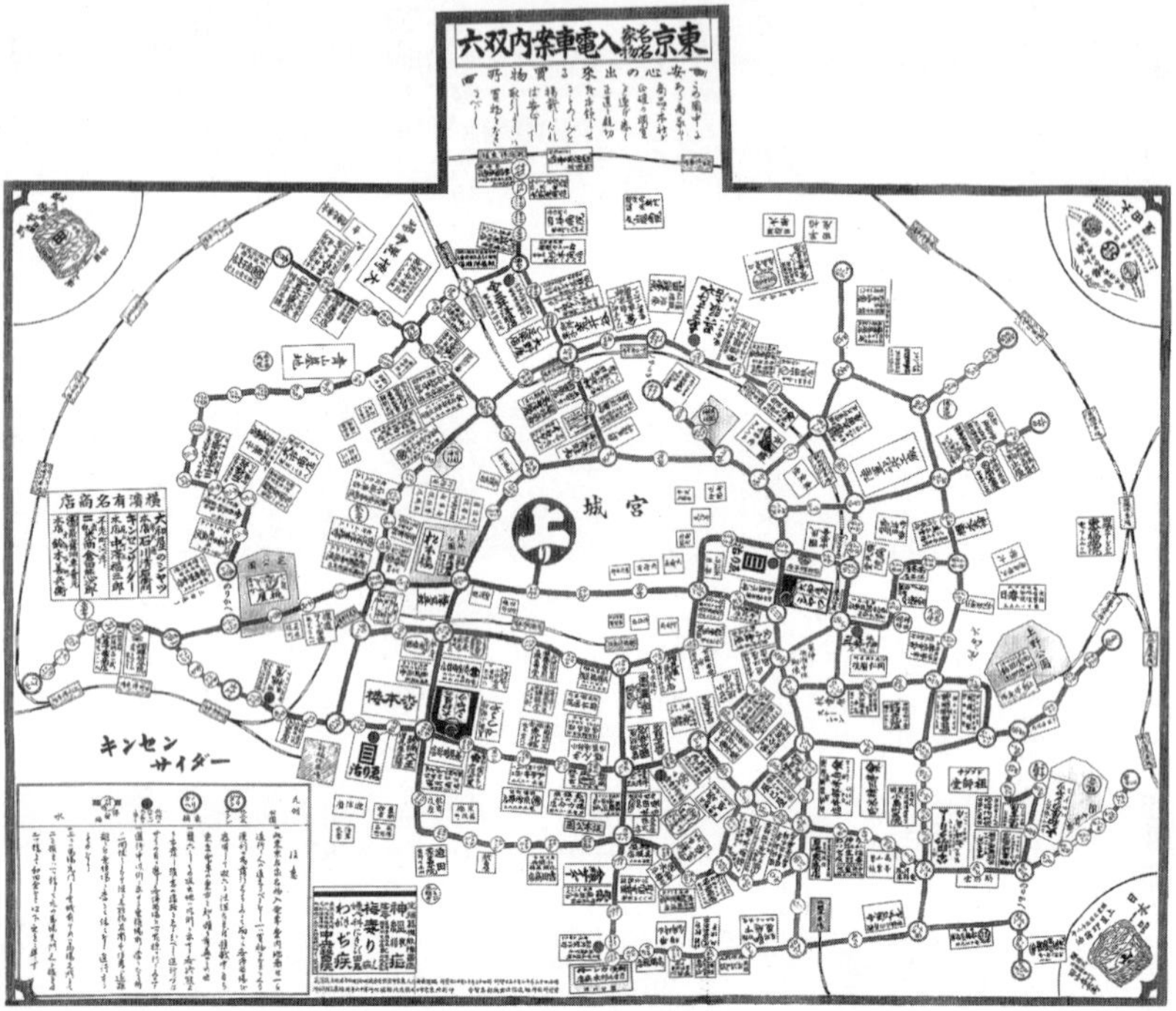

図4-2 「東京名家名物入電車案内双六」（1911〔明治44〕年）

けられる宮城が実態的に把握されることで、エリート層が描き出した「空間の表象」としての東京像と接続していくプロセスとして捉え返すことができよう。

なお、このようなプロセスの帰結については、「東京名家名物入電車案内双六」において端的に描かれる（図4-2）。この双六は市電が開通してから数年後に作成されたものであるが、未だ上野-新橋間が接続されていない山手線の数駅を「振り出し」として、宮城が「上り」に据えられる。つまりこの双六が示すのは、一つの「移動」のパターン、すなわち郊外化が進展し、山手線の各駅が都心と郊外をつなぐターミナルとしての機能を強める中で、山手線から都心部へ向かう際の足となる市電が宮城を中心に張りめぐらされるが故に成立する、宮城を仰ぎ見ながら、宮城からのまなざしを内面化するような、「通勤する身体」のあり様である。

それと同時にこの「まなざし」は、明治期に出された名所絵はがきや写真など他のメディアと同じ位相の抽象度と方向性で、しかも同じ「距離」感覚で当時の「丸の内」像の対象化を行っている点で大変興味深い。一八八九（明治二二）年の宮城落成を境として挿絵や写真入の東京見物案内の書籍が出てきたのは前述の通りであるが、その宮城や二重橋、楠公銅像、桜田門などは同時に「風光明媚」な「東京名所」という位置づけも与えられている。一九一一（明治四四）年に小川一真によって出された写真集『東京風景』では、歌にも出てくる二重橋や東京府庁、馬場先門や丸の内などが主題として取り上げられる（図4－3）。これらの写真は、当時流布していた絵はがきなどと似たような構図で撮影されており、歌を参考にしたというよりも、他のメディアと同じ位相の身体性に基づいたまなざしが注がれた結果として理解する方が妥当であろう（図4－4）。すなわち、この段階における「丸の内」とは、天皇のまなざしを意識した皇居からの、ないしは天皇が在所とする皇居へのまなざしに基づいて対象化される、二重橋方面の馬場先門側の濠から眺めた馬場先通りの通景であり、ロンドンを見立てた静粛な西洋的風景であるといえる。

図4－3　二重橋
出典：小川（1911：3）。

図4－4　馬場先門通り
出典：「東京名所」（1907〔明治40〕年）（絵葉書）。

（4）メディアとしての「建築」

一九一四（大正三）年の東京駅完成以降、少しずつ丸の内の中心部は北へと移行していく。東京駅の開業当時は、開業と並列的に運転区間が延長された山手線、京浜線、中央線が乗り入れていたが、旧烏森駅の新しい新橋駅への変更、一九一九（大正八）年の東京－万世橋間の開業に伴う「の」の字運転の開始を受け、中央ターミナルとしての比重が増大したことで、人々の動線にも若干の変化が出始めたのである。

前述の通り、そもそも東京駅は、一八八〇年代の市区改正芳川案において示された中央ステーション構想に端を発し、その後の鉄道省官僚の尽力やお雇い外国人による鉄道計画の具体化などを経て、日露戦争の戦勝記念に伴う「皇」の駅として政治的意義を強調される形で誕生を迎える。当時の東京駅は、開業初日の開業式と第一次大戦に参戦した占領軍司令官神尾光臣中将の歓迎祝賀にはじまり、一九二一（大正一〇）年の天皇の名代として皇太子（昭和天皇）が臨席した鉄道開業五〇周年式典など、多くのページェントが実施される儀礼空間として浮上してくる一方、同年に当時の首相である原敬と朝鮮時事新聞社長が相次いで暗殺されるなど、非常に政治色の強い空間として立ち表れていた。さらに、東京駅前や三菱ヶ原は、仮設的な儀礼装置と儀礼に来た人々の身体を収容可能な空間としてその潜在力を示したことで、大戦の好況によるオフィス需要の高まりと共に、行幸道路沿いを中心に広壮なアメリカ式のオフィスビル建設の最前線と化す。

ただ開設当初の東京駅は、「皇」の駅として構想されていたことによる政治的意義については一定程度理解されながらも、他方でその利便性には疑問符が投げかけられていた。それは、「壮麗目を奪う宮廷室の美しさ大仕掛なこととただただ驚く許り」としながらも、最大急行列車以外の全ての列車が停まる烏森駅が存在する以上、東京駅と丸の内の「新粧」が「市の繁華の中心」を今すぐ移動するものではないとみなす、東京駅開設直後の市の見解からも読み取れる。

しかしながら実際には、その五年後にあたる一九一九（大正八）年に実施された戸口調査において、夜間人口が三四〇〇人近くにすぎない丸の内一帯に二万人の昼間人口が入り込んでくる事態が明らかとなり、市内中心部に住めなくなって徐々に山手線の外側へと進出していく、「第三階級者」たる通勤する身体を持ったサラリーマンの存在が、その要因としてクローズアップされる(32)。この段階で丸の内は、通勤現象をはじめとする交通問題の要衝として浮上するのであり、東京駅を語る際には、「皇」の駅としての象徴的中心性だけでなく、人々の身体を接続する結節性や媒介性を特徴とする日常駅としての側面が強調されはじめる。

そんな中で進められる行幸道路沿いのビル建設は、二つの意味で新規性を伴ったものとなっていた。

一つ目は「ビルディング」という新しい空間形式を有する建築物が、丸の内と事業所、そして身体の関係性に変化をもたらした点である。一丁倫敦時代を含め、日本における事業所観は、一棟の建物を一構えとして捉える従来の住宅観と同様のものであり、玄関や階段、廊下や便所なども別々に設けられていた。そうした状況下で誕生したアメリカ式の合理的・機能的なフロアを重視するオフィスビルは、当然空間と身体の関係に著しい変容を強いることになる。面積に応じてフロアを区切り、階段やエレベーター、便所などを中央部に集中させるセンター・コアと呼ばれる空間秩序は、それまで別々となっていた入り口をはじめとした「余剰部分」を共用にすることで、個別的な身体を抽象化する方向へ向かう。

それに加えて分割可能な空間のテナントとして、弁護士や会計士、建築士や弁理士などの専門事務所をはじめ、医師や歯科医、雑誌社や学会など、規模の小さい自由業的かつ知的な店子を積極的に受け入れると共に、地階から一、二階の商店街化を推進したことで、異質性を有する不特定多数の身体が一つの空間に共在することが常態化した点も見逃せない。オフィスという特化した空間の内に、サラリーマン以外の、モボ・モガや旅行客など、自由かつ偶然的に活動する身体が埋め込まれたことは、空間と身体の関係に重要な転機をもたらしたといえよう。

二つ目として挙げられるのは、丸の内内部における重心の移動、すなわち仲通りおよび馬場先通り沿いなど有楽町よりの地域から、行幸道路と東京駅からなる地域へと中心が移っていった点である。これは一方では馬場先通りから凱旋道路、そして行幸道路と、儀礼の〈場〉の変容に伴う「皇」の道の中心性の移動があり、他方ではやはり、「鉄道」をはじめとした交通メディアによる人々の「移動」性の構造転換が大きく働いているといえよう。

そして関東大震災という強制的な契機を経て、これらの諸特性をさらに徹底化する形で誕生したのが丸ビルであった。東京駅前の行幸道路沿いに建ち、しかも様々な規模と業種の事業所のみならず、「食う物、買う物、何でも彼でも御意の儘」（『東京日日新聞』大正一二年一月二七日）にそろう商店街を形成する小売業をテナントとして迎え、不特定多数の人々の出入りを自由としたことで、「知的で文化的な雰囲気」をもつ「国民的存在」へと変貌していく。この段階において丸の内は〈皇－政－経－民〉の感情が交錯する空間として立ち現れるのである。

(5)「移動すること」と「見ること」の相互構築

こうした背景のもと、行幸通りや大名小路を中心としてビル建設が進展していく中で、東京駅前に丸ビルが完成し、さらに郵船ビルや海上ビルの竣工を経た一九二三（大正一二）年、関東大震災が起きる。この予想外な形で引き起こされた震災によって、今までの商業や事業の中心であった日本橋をはじめとした他地域が壊滅する中で、丸の内は唯一被害軽微な状況で生き残る。皇居前も含めまだ開発の手が伸びていない広大なスペースが残っていた丸の内は、避難民のみならず、焼け落ちた官庁や事業所などの諸機関を受け入れることで、結果として強制的な構造転換下における中心的な位置を占めていくようになる。

しかしながらこうした突発的な構造転換は、良くも悪くも当初の意図を越える形で、「丸の内」の、ひいては「東京」のトポグラフィーを複雑にした。

その理由の一端を構成するのは、震災によって大きな被害を受けた市電（路面電車）の代わりに補助的に導入された乗合自動車（バス）、そしてその後爆発的に増加したタクシーに代表される、「移動」手段としての自動車の存在である。東京市がアメリカのフォード社にフォードTT型バス八〇〇台を注文し、壊滅的被害を受けた市電の代替「移動」手段として導入した東京市営「円太郎バス」や、震災前の一九一八（大正七）年に開業し、震災後も人々の支持を集めた（株）東京市街自動車（後の東京乗合自動車）の「青バス」は、サービス内容の豊富さとパッケージングの質の高さ、そして市電にはない速度によって、当初の補助的役割に留まらない「移動」手段の独自性を発揮し、主に短距離から中距離における「移動」経路の編成に新しい要素を付加した。

ただ、それ以上に人々の「移動」経路の編成に対して大きな影響を与えたのは、「円タク」と称されるタクシーである。円タクとは、協定によって市内どこに行っても一円均一という料金体系をとっていたタクシーのことで、圧倒的な速度とそれに伴う交通事故率の高さなどから、一部では「問題」児扱いされるむきもあった。しかしながら「移動」経路を編成する「移動」手段という観点から見ると、①プライベートなパーソナル輸送による行動のフレキシビリティの増大、②同じメリットをもつ「移動」手段である人力車の絶滅、③車庫や営業所を必要としない「流シ」営業、という三点において他の移動手段とは一線を画していた。今和次郎は、肥大化し複雑化したモダン東京が「日毎に進歩した愉快であり敏速である交通機関を要求してやまぬ」として、「市電」「省電」「地下鉄」などとともに円タクに着目する（今［1929］2001：74-75）。そこで今が何よりも大きな違いとして強調したのが、「うろうろ」「流シ」ながら人の群れを追い客を捕まえるという円タクのあり方であった。円タクは、電車やバスのようにダイヤにしばられずに「夜」を越えることができ、かつ人々の「移動」経路を拘束する線路という（物理的な）網の目をも乗り越える、まさに時間‐空間を再編する「移動」手段／メディアとして存在感を誇示するにいたる。

この「移動」手段が、銀座や新宿と共に、東京駅や丸ビル周辺で表出するのは、一定の金銭を持ちながら、「遊

図4－5　行幸通り周辺
出典：高倉嘉夫『大東京写真帖』(1930〔昭和５〕年)。

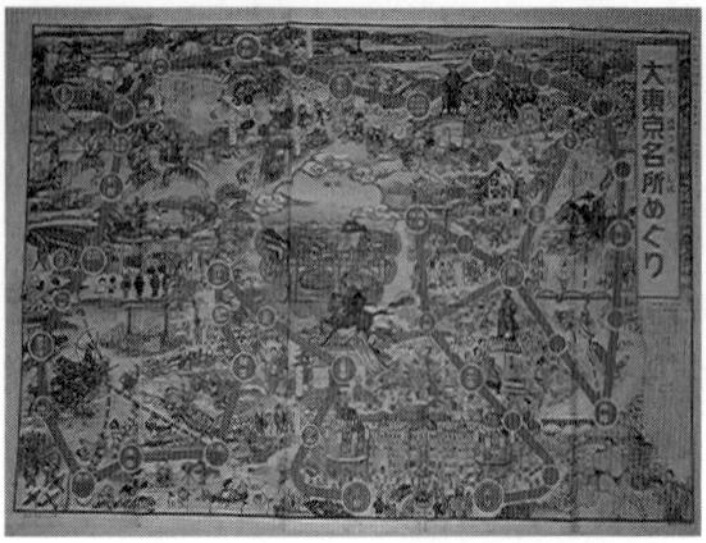

図4－6　「大東京名所めぐり」全体（1932〔昭和７〕年）

歩」と組み合わせる形で「移動」を構築できるような身体を持つ不特定多数が存在するからに他ならない。

震災後の東京駅前広場は、鉄道や市電などの交通網の整備と併せて、市電が復旧するまでのあいだの仮設的な利用に留まらず存続した「円太郎バス」、青バスの前身にあたる東京市街自動車による民間のバスを主力とするバス交通網、一九二七（昭和二）年に誕生した構内タクシーなどが集中し、それを利用する人々が多数入り乱れる空間となっていた。東京駅を利用するサラリーマンが、ラッシュアワーの人ごみにもまれながら改札を出ると、市電やバスを利用して他の地域へと散っていく人の群れを横目に、丸ビルをはじめとしたオフィスビルへと一直線に向かう人々の列へと連なりはじめる。さらに季節によっては、汽車を利用して東京駅へとたどり着き、宮城（皇居）遙拝や丸ビル見物のみならず東京の名所をめぐることを目的とする、「田舎の爺さま媼さま」などの観光客が行き交う姿も同時に見受けられるようになる。

くわえてこの時期、復興の区切りとなった一九二九（昭和四）年の復興記念祭の開催や天皇の行幸に符節をあわせる形で、「帝都復興」イメージを視覚的に表現するような「大東京」案内や「復興記念」写真帖、映画などが相次いで発表されたことが、こうした流れを助長していく。これは、一九三〇（昭和五）年の『大東京写真帖』をはじめ、復興の区切りとなった一九二九（昭和四）年の復興記念祭を経て発表された多くの写真集や映画、それに絵はがきによって、それまでの江戸とも東京とも異なる、新たに立ち上がる都市としての「大東京」が、東京駅や丸の内のビジネス街、そして行幸通りや皇居を焦点化する形で描き出され、流布されたためである（図4－5・図4－6・図4－7）。

そもそも震災直後に、当時「空き地」の多かった丸の内地区へと避難民となった人々の身体と官庁をはじめとする諸機関が焼け出された様子に、写真師やアマチュアカメラマン、ルポライター、考現学者、文学者など、可視化を欲望する人々のまなざしが数多く注がれたのは、彼ら／彼女らがそれまでとは異なる都市のあり様を強く自覚したからに他ならない。アメリカ式のビルディングとバラック建築が並存し、様々な人々や機関が集中した丸の内地区は、自然時間から切り離された均質な時空間のもとで、ある種の不安定さや様々な身体とその差異をも飲み込んでしまうような都市空間を成立させる、「大東京」形成の最前線としてみなされていたのである。

図4－7　「大東京名所めぐり」東京駅周辺
（1932〔昭和7〕年）

多くの人々がそれまでの丸の内とも、あるいは東京とも異なる都市理解を必要とする中で、空中・航空写真の多用によって俯瞰を試み、「大東京」として丸の内はじめ複数地区をつなぎ合わせ、あるいは一枚の写真に「同時性」を写し込むことで、その内部を貫く〈速度〉〈密度〉〈多層性〉を切り取るような「可視化」の技法をもって、都市理解の方法を模索する人々を中心に、新たな都市社会認識が生産されはじめる。他方で、東京を訪れる人々は、先を争うように震災絵はがきや（全域を可視化する）東京地図を買い求めることで、言語化できない自らの都市的体験の理解を助ける術を手に入れようとする。このように「大東京」をめぐる想像力は、「移動すること」と「見ること」の相互構築による都市空間の生産を通じて形成されていくこととなる。

5 「都市的なもの」をめぐる想像力

ここまで、関東大震災の断絶を経て構築されていく丸の内のトポグラフィーについて、「移動」性の構造転換とそれに伴うまなざしの変容から検討してきた（表4-4）。

吉見が語ったような関東大震災による断絶後に浮上してきた〈銀座-丸の内／東京駅-宮城／帝国〉という「モダン東京」のトポグラフィーは、身体レベルにおいては複数の「移動」を組み合わせて編制される「交通」によって水路づけられており、それは「移動」性によって縦横無尽にのみこまれていく抽象化された都市空間という「全体」において機能する秩序に他ならない。「丸の内」を関東大震災以前は宮城や馬場先通り、東京駅を断片的に「点」で捉えていた状況から、関東大震災後には複数のまなざしによって抽出された東京駅や丸ビルといった「点」と濠端や行幸通りという「線」をつなぎあわせて、「面」的に構築し得たのは、「速度」による抽象化と、それを可能とする市区改正と帝都復興によって整備された物質的な裏づけとしての道路、そして「移動」性の構造転換によってもたらされた身体性の変容があってこそといえるだろう。

都市空間に埋め込まれた「交通」の存在は、丸の内の様々な主体の空間やその身体性に影響を与えている。鉄道の存在が、「移動」する天皇の身体のあり方を巡幸から行幸へ、そして皇居周辺での儀礼と併用する形へと転換させたことで、国民のまなざしを東京駅-丸の内-行幸通り-皇居という軸線へと向ける契機を生み出した。さらに宮城を取り囲むように張りめぐらされた市電やバスの存在は、東京の人々や東京に訪れる人々に目の前にある宮城や宮城前広場を天皇の身体を重ね合わせるような認識構図を持たせ、そのまなざしを内面化させるのにも一役買っ

表 4-4　「移動」性の構造転換と「丸の内」の変容

	明治後期〜東京駅完成	東京駅完成〜関東大震災	関東大震災以降
「丸の内」像	•宮城前 •馬場先通り	•宮城前 •馬場先通り •東京駅など	宮城 - 行幸道路 - 丸の内 - 東京駅の軸線
主な「交通」（省電から）	•市内（路面）電車 •人力車 •徒歩	•市内（路面）電車 •青バス •人力車 •徒歩	市電・タクシー・バスなど
備考	•宮城詣での常態化 •地図や双六などによる宮城の中心化 •「電車唱歌」	•行幸通り沿いへのアメリカ式ビルディングの集積	•復興記念祭や昭和大礼を中心とした儀礼の空間化 •発表された多くの写真集や映画，絵はがきなどによる「丸の内」像の流布

出典：筆者作成。

ている。

加えてビジネスセンター化への過程で、丸の内自体の重心が丸ビルをはじめとした東京駅前へと移行したことも、この傾向を助長した。三菱地所部の主要業務の転換により丸の内の貸事務所街化を推進するようになると、丸の内はサラリーマンの望ましい通勤地として人々の注目を集め、新しい主体とその身体、それに附随する社会 - 空間関係を生み出した。このように丸の内地区は、様々な主体や身体が交錯する境界的な「場所」としての姿を垣間見せるようになる。

他方で、多様化していく都市的体験の質がどのような都市理解を促していくのかという観点から俯瞰していくと、また異なる側面の空間 - 場所の姿が見えてくる。

そもそも現在の「丸の内」を構成する宮城（皇居）- 丸の内 - 東京駅という一体的な空間認識は、大正末期〜昭和以降という「モダン東京」時代に成立し、とりわけ関東大震災の復興過程（「帝都復興」）において、「大東京」成立の最前線として人々のまなざしが向けられる中で浮上したものである。

宮城（皇居）や二重橋、凱旋道路を中心とした記述に終始し、それに付随して三菱や日本郵船株式会社をはじめとする三菱系企業、古河などの財閥系企業の情報が記されるのみであった東京駅ができる前の明治中~後期にかけて、また「丸の内」というカテゴリが設けられる中で、その下位分類として「宮城」や「二重橋」、「官庁」、一丁倫敦を中心に徐々にオフィス街としての形式を整えはじめる「馬場先前」、戦勝の記念碑的意味合いをもつ「中央停車場」が含みこまれるようになったものの、実際にはあくまでも期待をこめた記述に留まっていた明治末~大正中期においては、ごくたまに「皇」の儀礼の場として浮上する以外は、社会的にも空間的にも東京の中心として描かれてはいない。しかしながら「郊外」に居住して「通勤する身体」をもつ俸給労働者が大幅に増加してくる中で、東京駅が有する発着駅としての象徴性のみならず、結節性や媒介性を特徴とする日常駅の側面が強調されるようになると、行幸通り沿いに並ぶアメリカ式の「ビルディング」を中心に、新たな身体と空間の関係が発現してくる。

そうした中で起きた関東大震災という強制的な構造転換は、丸の内地区の重心を東京駅前-丸ビル-行幸通り-宮城(皇居)へと移行させるとともに、①大正大喪や昭和大礼による東京駅前から皇居前にいたる軸線の象徴化、②東京駅を中心とする交通網の再組織化による「移動」性の構造転換、③当時の丸の内や丸ビルが有していたとみなされる都市の新規性と三菱が有していた威信価値の結合、という三重の契機により、「丸の内」を「大東京」における社会的=空間的中心へと組みこんでいく。

震災によって焼け落ちた江戸の刻印が残された東京の街を横目にみながら、当時「空き地」の多かった丸の内地区へと避難民となった人々の身体と焼け出された官庁をはじめとする諸機関、その様子を可視化しようとする様々なまなざしが集められる中で、ある種の不安定さや様々な差異をも飲み込んでしまうような都市空間のありようは、それまでの丸の内とも、東京とも異なる都市理解を人々に希求させるにいたる。それまでの理解では「見えない」東京の現実を「見える」形に、すなわち「大東京」として都市の全体性を想像することを可能としたのが、儀礼の場、あるいはモボ・モガの闊歩する舞台を「可視化」する「東京案内」であり、それらを映し出す映画や写真といった視覚メディアによって構成されるテクストであった。天皇制という知、そして認識のあり方が大きな影響力を有してきた戦前東京において、そうした認識のあり方のもとで成立した東京駅を頂点とする「交通」網によって物理的にも想像的にも覆いつくされる「大東京」における「丸の内」は、視覚的に編成された秩序の下で新たな主体と身体、それに付随する社会‐空間関係を成立させるとともに、多様な主体や身体、そしてまなざしが交錯する「場所」としての姿を露わにするのである。

注

（1）ここでの「モダン東京」とは、町村敬志の定義に拠っている（町村 1994）。詳細は一六六頁にて説明する。
（2）たとえば、同じグループの小池富久は、丸ビルを舞台とした「モガ散歩コース調べ」「本屋での立ち読みスケッチ」の採集を行っている。特に前者では、決まった目的を持たず「気分」を道連れに動き回る、偶然性に裏打ちされた「モガ」の「散策」が描かれる。
（3）こうした知見は、アーリが指摘するような近年欧米にて注目されている「新しい移動」パラダイム（＝「移動論的転回」）と交差する可能性を秘めている。
なおここでいう「移動」とは、身体的な動きにとどまらず、テクノロジーやメディアによって媒介されるイメージと情報の動きまで網羅したものであり、その相互要素間の組織化の形式を指す。
（4）日本の場合は鉄道網の優位性が顕著なため、「鉄道」に関しての研究蓄積は非常に多いともいえるが、交通調査と「様々な形態の交通と種々のコミュニケーションによって生み出された複雑なパタンからなる社会経験をむすびつける」社会調査でいえば、圧倒的に前者の蓄積が多い。
（5）一八八九年二月一二日付『毎日新聞』より。
（6）一九二八年一一月二七日付『東京朝日新聞』朝刊：二面など。
（7）一八九〇年代後半～一九〇〇年代初めと規定する山田盛太郎『日本資本主義分析』（昭和九年、岩波書店）、一九〇〇年

前後とする揖西光速他『日本における資本主義の発達』（昭和二六年、東京大学出版会）、一九一〇年代以降とする古島敏雄「産業資本の確立」（岩波講座『日本歴史』近代四、昭和三七年、岩波書店）など。これらの検討は大石嘉一郎「日本資本主義確立期に関する若干の理論的問題」『歴史学研究』二九五号、一九六四年を参照。

(8) 一八九〇年代半ばまでは、まだ工場制工業に比して家内工業の比率は大きく、一八七五（明治八）～七七（明治一〇）年の工業生産額が二一〇〇万円に対し、家内工業が四二〇〇万円と全工業生産額の三分の二を占め、一八九三（明治二六）～九七（明治三〇）年においても工場工業生産額が三億一八〇〇万円に対し、家内工業三億八〇〇〇万円であった。

(9) 一八七五（明治八）～七七（明治一〇）年に二億七六〇〇万円であった農業生産額は、一八九二（明治二五）～九七（明治三〇）年には六億五七〇〇万円と二倍以上に増額しているが、国民経済におけるその比重は減少した。

(10) これには、一八八九（明治二二）年末からの日本最初の資本主義恐慌を受け、紡績業におけるカルテルである大日本綿糸紡績同業連合が、原綿輸入税の撤廃運動や綿糸輸出税撤廃運動などを行った背景がある。

(11) 石塚は、一九〇一（明治三四）年の『東京市統計年表』を用いて、機械制工場工業の進展を論じており、繊維工業における発展が、先行して発展していた機械・器具・金属加工業に急速に追いつき、東京や大阪といった大都市における産業資本の確立において大きな位置を占めるようになるのが日清戦争後の段階であるとしている。なおこの一九〇一（明治三四）年という選択については、多少時期がずれるという断りを入れながら、『東京市統計年表』第一回が編纂される時期であり、『東京府統計書』と合わせて検討する事に都合が良いという理由を述べている。

(12) 日清・日露両戦争による東京の産業発展に伴い、電気の普及は目覚しく市民生活を大きく変えた。全国の電灯普及が一八八七（明治二〇）年の一四四七件から一九〇七（明治四〇）年の七八万件まで跳ね上がったことをはじめ、電力需要が一九〇三（明治三六）年の約三〇〇〇キロワットから、明治末年の八万五〇〇〇キロワットへと、約二八倍に達している。詳しくは『東京電力三十年史』などを参照。

(13) 南博によれば、この藩閥との結びつきによって支えられていたいわゆる政商は、閨閥によっても結びついていたという。山県有朋は、後妻の姉が三井物産の益田孝の側室であることから、益田孝と義兄弟の縁を結び、また先妻の父石川良平が三井銀行にいることによって三井との関係が深かった。松方正義は、次男を岩崎弥太郎の娘婿にすることで三菱との関係を作った。また井上馨は、三井の最高顧問として明治初年以来三井をサポートしてきた人物であり、日清戦争後に益田孝と結んで綿布の朝鮮市場の輸出や台湾製糖会社の設立などを計画し、三井の植民地進出を援助した（南編 1965：17–18）。

(14) 例外として産業資本を中心としながらも、銀行資本を持たなかった古河や大倉などの財閥がある。

(15) 同じ財閥でも安田のように、銀行資本などの金融資本の発達によって産業に関与していくパターンと、その逆である古河や大倉のようなパターンが存在していた。

(16) それに加えて、渋沢栄一と田口卯吉のように文化人やジャーナリストのパトロンとして知恵を借りるというパターンも存在する。

(17) 森川英正が明治四〇年前後の八財閥の経営者五六名を分析したところ、帝大、慶應卒などの高学歴者が六二・五％を示していたという。詳しくは森川英正、一九七八、『日本財閥史』教育社を参照。

(18) 後述する軍需品のほかに、イギリスからメリヤスの大量注文やロシアから軍服用の毛織物の需要があった。

(19) 揖西光速、一九五七、『続日本資本主義発達史』有斐閣、一三頁などを参照。

(20) 土屋喬雄、一九四八、『続日本経済史概要』岩波書店、三六四頁などを参照。

(21) 都市移住の「社会的結果」の議論については、都市社会学の分野で行われていた都市移住が地域社会の変容を促すという都市コミュニティ研究があるが、主に戦後を対象とした議論であり、そこでは戦前に維持されていた伝統的地域社会の存在が前提化されている。

(22) 単身流入を基礎とする日本都市の移住のあり方は、挙家離村を基礎とするイギリスやアメリカとは大きく異なっているという。詳しくは神島（1961）を参照。

(23) 定義も様々であるが、この時期の新中間層をどのくらいに上ったかを数量的に算定することは困難であり、推計の方法も多様なものになる。南博はこの困難さを述べた上で、①第三種所得税・納税者からの推計、②有業人口統計からの推計、③文部統計からの推計の三点を挙げている。しかしながら、①中産階級は全てが新中間層ではない「中産階級」の幅をどこまで取るか、物価と所得の上昇および明治二〇～大正一五年にわたる五回の所得税法改正をどう取るかの三点、②既存の産業分類の中から、どうやって「新中間層」や事業主や家族労働者などのそうでないものを取り除くか、③中等教育以上を「新中間層」とし、知識と学歴を持ったものが「新中間層」であるという操作的定義とその共有の必要性など、様々な問題点を挙げている（南編 1965：183-187）。結果的に南もSSM調査を用いた階層研究も、一番ぶれが少なく比較的数値の取りやすい学歴を分析の視角として取り入れる点では共通している。

(24) 雇用ホワイトとは、SSM職業分類でいう専門・管理・事務・販売職に従事し、従業上の地位が雇用である人達のことをさす。

(25) 松成・田沼・泉矢・野田、一九五七、『日本のサラリーマン』青木書店、および南編（1965）を参照。

(26) 鉄道省管轄の東京中心の近距離電車のことを、当時省電と呼んでいた。

(27) 京浜急行や京成・京王等の各線は震災前の段階ですでに電化されていたが、それ以外の私鉄各社は電化による高速運転が行われるのが震災以後であり、郊外各線の場合は通勤・通学の足としてよりも、砂利や人肥もしくは近郊の行楽客を運ぶ機関として利用されていた。詳しくは吉見（1987）および『東京百年史』第五巻、一一二一～一一三頁を参照。

(28) 東京市役所編、一九二八、「東京市郊外に於ける交通機関の発達と人口の増加」および奥井（1940）などを参照。

(29) 一九〇二（明治三五）年には、利便性の向上のために郵便局の出張所の敷地を三菱一号館の内部に無償提供するが、そこで草履履きの配達夫に対して無償提供するからと丸の内のイメージにあう「靴履き」を求める三菱側と、規則であるとしてそれを却下する配達夫のやり取りが「珍談」として描かれている（富山房編 1941：63）。このことは丸の内の「都市の意味」が配達夫にとって漠然としたものでしかないことを端的に示す出来事でもある。

(30) この点は昭和期に書かれた下記のような言説からも明らかであるように思われる。

「麴町区といえば、畏くも皇城の地域を思い浮かべ、次いで丸の内を想起する。丸の内と問えば丸ビルと答えるのが近代人の常識的神経のようである。それ程メトロポリス丸の内は近代のコモンセンスに親しい」（一九二九（昭和四）年三月二六日付『東京日日新聞』）。

「丸の内の風景は、決して丸ビルや海上ビルや東京駅だけでは成り立たない。どうしても宮城の城壁と白壁の櫓と青い松の濠割とに対する、米国的ビルディング群立を以ってして、初めて新しい東京の顔が出来上がるのである。……

古典的な宮城の風景と道一つ隔ててこれと全く不調和であるべきはずの近代都市的な広壮建築街と一体している」（丸木砂土『丸の内夜話』）。

（31） たとえば日本橋を「振り出し」に、第一国立銀行や水天宮、新橋などを経て二重橋を「上り」とする「東京名所繁栄寿語録」一八九六（明治二九）年など。明治期の名所双六は、江戸の名所双六のように各名所を結び付けて都市空間の全域を表象するという方式を踏襲しながらも、寺社・仏閣など一部の場所を除き、登場する名所は明治維新以降に完成した西洋建築や石橋などへと移行した。なお、この時期の宮城（皇居）は、どちらかといえば、江戸との連続性を表象する形で取り上げられていたにすぎない。

（32） 丸の内に勤めるビジネスマンの居住地をみると、関東大震災以前には役員、管理職、一般社員にかかわらず山手線内（本郷区や小石川区）に居を構えていたのに対し、郊外電車が発達する関東大震災以降は、全体的に西側への集積が見られ、山手線の西側だけでなく、中野区や大森区などにも相当数居住するようになった。詳細は、岡本（2009）を参照のこと。

第五章　「都市づくり」におけるポリティクスの審美化

――「景観」の複数性はいかに浮上するか――

1　「景観」から「都市づくり」を読み解くために

（1）問題の所在

本章および次章を貫く問題意識は、東京駅前を舞台として進展している都心再構築（都市再生政策）の流れの中で見え隠れする、東京都心部における空間の在り方の規定要因としての「経済的」な力と「社会・文化的」な力の関わり方の現在を明らかにすることにある。

その中でも特に本章においては、近年進展する「都心再構築」の舞台である東京、わけても皇居‐行幸通り‐丸の内‐東京駅から形成される東京・丸の内地区とその周辺地域を事例として、「都市づくり」（六七～六九頁参照）の実相とその現在へと接近していきたい。

今回事例として取り上げる丸の内地区は、ビジネスの聖域としてのみならず、皇居‐行幸通り‐東京駅という軸線が中心部を貫く近代日本のあゆみが刻印されており、「三菱地所（以降、三菱）」による再開発を通じた「都心再構築」が進展する現在においても、多くの人々の関心を惹きつけ続ける、興味深い地域である。

二〇〇二年以降、急速に進められてきた「都心再構築」の流れは、ひとまず終息の兆しを見せつつある。そうした動きを横目に丸の内地区は、旧三菱一号館という歴史的建造物の「復元」(1)(「特例容積率適用地区」制度の利用)と高さ一五〇メートル級の「丸の内パークビルディング」の建設(「都市再生地区」制度の適用)をパッケージングした「丸の内ブリックスクウェア(二〇〇九年九月)」の竣工を皮切りに、東京駅前周辺の活気と賑わいを一〇年間かけて大手町や有楽町へと波及させる「丸の内再構築第二ステージ」へと突入しており、日々刻々と姿を変えていくまちの姿を目の当たりにする。

他方で、そうした急速な変化に対し、近年様々な主体から再考を促す声が上がりはじめている。中でも、大きな注目を浴びているのは景観をめぐる動向であるが、その議論の着地点となるのが、都市における諸主体による空間の使い方や関わり方、管理の行為などの空間的実践やそこから派生する活動の活性化を促すための具体的な仕組みづくりまでを包括する「都市づくり」への問いかけである。景観緑三法公布を契機として、改めて景観に対する社会的関心が喚起される中で、景観をめぐる問いは、近代都市計画において等閑視されてきた「美」の主題化を縁由して、経済効率性を最優先にスクラップ・アンド・ビルドしてきた「都市づくり(あるもの)」に対する反省を促すとともに、空間/場所を媒介として成立する主体間の関わり方を模索するための仕掛けとしての、新たな「都市づくり(なるもの)」を構想する可能性を秘めているといえよう。

こうした背景のもと、アカデミズムの世界においても、風景や景観をめぐる議論は、哲学や地理学、園芸や土木工学、建築学や都市計画学に限らず、生態学や法学、歴史学や文学、心理学など様々な分野へと裾野を広げつつある。社会学の領域では、景観に対する社会的関心の高まりに呼応する形で、一九九〇年代以降に景観をテーマとする研究が増加しているが(2)、「景観は誰のものか」という公共性の問題に目配せした内容となっている点が特徴である。これらの議論を大まかに整理すると、①実存/私と「社会」の接点に注目し、人々の営みと働きかけの成果としての「景観」の差配を「責任主体としてのコミュニティ」に求める「生活環境主義」を標榜する一部の環境社会学的研究（鳥越ほか 2009）、②「コミュニティ論」ならびに「主体形成論」を軸に、景観まちづくりの諸過程を新たな共同性・公共性の源泉とみなす都市・地域社会学的研究、③「景観」の審美が重要な「地位財」になるとともに、文化資本の一形態として機能することで、社会的アイデンティティの拠りどころとなるだけでなく、社会的分化を促進する「排除」を「審美化」することで、階級関係の権力性の「隠蔽」を招くとする一部の地理学者（Duncan & Duncan 2001）ならびに社会学者の知見（Firey 1945）、という三点にまとめられよう。これら三つのアプローチは、問題意識や方法の相違はあるものの、狭義の「住むこと」に留まらず、個別具体的な環境条件を考慮に入れた共同性／公共性創出の物質的基盤として空間／場所と結びつく「景観」の存在が、「都市づくり」に関わる諸主体の自己確立を促すとともに、「都市づくり」に関わる活動に持続性と幅を与えるとする理解（中澤・大國 2005）に立つ点では、軌を一にしている。

しかしながら、斯学における「景観」論を改めて検討すると、狭義の「住むこと」に定礎した「コミュニティ論」の影響が非常に色濃く刻み込まれている。それ故に、歴史的環境の保存運動や「都市の記憶」を扱う一部の研究を除き（堀川 2000）、地域住民の近隣的連帯に基づくボランタリーな活動を通じて維持・整序される、もしくは再開発によって喪失する「生活景」（渡戸 1985）をめぐる研究蓄積へと偏りを見せており、市街地の景観（「美観」）を含む異なる位相の「景観」への目配せが足りないことに気づく。ただ、それ以上に大きな問題となるのは、「景観」をめぐる理解や審美的態度の差異が、「都市の思想」や「都市のあり方」をめぐる共通認識を成立させることを困難とする矛盾を生み出してしまう現状を説明するにあたり、研究蓄積の多い①②のアプローチのみでは把握が難しいという点である。この課題を乗り越えるためには、比較的研究蓄積の薄い③のアプローチに配慮しながら、「景観」をめぐる理解や審美的態度の差異がもたらす空間認識のゆらぎを、空間／場所の複数性において捉え返す必要があるだろう。

こうした前提に立ち、本章では、戦前から現在にいたるまで数度にわたり美観・景観論争が展開されてきた東京・丸の内地区とその周辺地域を事例に、空間的実践をめぐる数々の応答も含めた「空間の生産」のプロセスを記述することを通じて、空間／場所を取り巻く多様な歴史的行為者間の利害や価値をめぐってつむぎだされる「都市の意味」、ならびに東京都心における「都市づくり」の現在へと接近したい。

（2）研究の視点と方法

本章では、東京の中心部に鎮座する天皇／皇居の社会的位置の変容を視野に入れた天皇制と資本制、そして都市空間の関係性のもとに展開されている東京都心部における「都市づくり」の現在を明らかにするために、特に皇居－行幸通り－丸の内－東京駅から形成される丸の内地区と周辺地域において数度にわたって美観・景観論争を通じて浮かび上がってくる望ましい都市像（空間／場所の個性としての「丸の内らしさ」）、ならびにそれを具体化するための「都市づくり」のあり方の変容過程を追う。

具体的には、当該地域において美観／景観論争が繰り広げられた約八〇年間を、①警視庁望楼問題の発生と美観地区指定が行われた一九二九（昭和四）～三三（昭和八）年を中心とする戦前期（第Ⅰ期）、②丸ノ内総合改造計画の発表ならびに美観論争が巻き起こる一九五九（昭和三四）～六七（昭和四二）年を中心とする高度成長期（第Ⅱ期）、③丸の内再開発計画の発表と開発への反動として歴史的建造物保存運動が活発化した一九八七（昭和六二）～九〇（平成二）年を中心とするバブル期（第Ⅲ期）、④丸ビル取り壊しと高層建築への建替え計画（第一ステージ）発表のラッシュがはじまる一九九六（平成八）～二〇〇二（平成一四）年を中心とするバブル崩壊～再生期（第Ⅳ期）、⑤「丸の内再構築第二ステージ」の建て替え計画が発表され、それに対する反発が顕在化する現在（第Ⅴ期）とひとまず区分する。その上で、その時々の「都市づくり」を担う〈皇－政－経－民〉各領域における多様な歴史的行為者間の対抗・相互関係がいかなる価値意識や論理のもとで形成され、またそれがどのような内容の「都市づくり」へと結実していったのかについて、特に第Ⅰ～Ⅳ期を中心に検討していく。

なお記述にあたっては、「景観」をめぐる理解や審美的態度の差異がもたらす空間認識のゆらぎを、空間／場所の複数性において慎重に捉え返すために、①H・ルフェーブルが提示した空間認識の方法概念を用いた「社会空間の三つの契機」（Lefebvre［1974］1991＝2000）、すなわち「空間的実践－知覚されるもの」「空間の表象－思考されるもの」「表象の空間－生きられる経験」の三者の接合関係を弁証法的に捉えるためのグリッドの作成、②一つ目の仕掛けの成果を受けての「都市づくりの三角形」を踏まえた考察、という二つの仕掛けを用意した。紙幅の都合上、詳細には立ち入らないが[3]、二つの仕掛けを用いながら、行政・企業・市民という三者の「都市づくり」の交差とその帰結について、「土地の公共性」を成立させる基盤としての空間／場所と、各主体が抱く「景観」の複数性から明らかにしていくことが到達点となる。

データとして、公的な会議における議事録、要職にあった人物あるいは主要主体の発言記録、当時の新聞記事、公文書などといった史・資料、ならびに実際に都市づくりに関わってきた主体の活動や発言などを総合的に用いていくこととする。

2　丸の内の美観・景観論争の歴史的位置

以下では、丸の内地区ならびに皇居周辺地域における景観論争の歴史（表5－1）をもとに、各期の歴史的行為者と空間形成パターンとその推移を検討していきたい。

表５－１　丸の内における美観／景観論争と再開発の歴史（第Ⅰ～Ⅳ期）

	主な景観論争	主な対象建造物	主な争点	主要な主体	対応する計画	決着内容	関係する制度
第Ⅰ期	警視庁望楼問題 1929（昭和４）～1933（昭和８）年	警視庁→皇居	「望楼」をめぐる宮城崇敬	警視庁・大蔵省・都市美協会・宮内省	震災からの官庁街の復興・整備	「輿論と宮内省方面の意向を斟酌」し，塔の上部35尺（約10メートル）の望楼部分を切断	事前協議要請・「美観地区」指定
第Ⅱ期	丸ノ内総合改造計画～美観論争 1959（昭和34）～1967（昭和42）年	東京海上ビル→皇居 東京海上ビル→丸の内 皇居→東京海上ビル	特権階級の生活窃視をめぐる宮城崇敬観念の昂揚／31mスカイラインを維持する周囲の美観との調和	東京都・東京海上・三菱地所・国・建築家など	丸ノ内総合改造計画⇔東京海上ビル建替え	東京海上側が地上25階，高さ99.7メートルへと計画を縮小し，着工	特定街区制度（1961）・容積地区制度（1963）
第Ⅲ期	丸の内再開発計画と歴史的建造物保存 1987（昭和62）～1990（平成２）年	東京駅・銀行倶楽部	民活導入下，「世界都市」化における歴史的建造物の位置	国（国土庁・運輸・郵政・建設省・文化庁）・東京都・千代田区・JR・三菱地所・東京銀行協会・日本建築学会・日本美術家連盟・「赤レンガの東京駅を愛する市民の会」「東京駅を描く市民の会」など	丸の内再開発計画／マンハッタン化構想（1988）	東京駅（再開発→形態保全→重要文化財指定答申（2003）→修復復原（2007年着工）），銀行倶楽部（外壁部分保存→内装部分保存→新しいビルへの張りつけ方式による内装外壁の部分的保存）	文化財保護法・東京駅周辺再開発誘導誘導地区（東京都）など
第Ⅳ期	丸ビル取り壊しと建替え計画発表のラッシュ 1996（平成８）～2002（平成14）年	丸ビル・東京駅・旧国鉄本社跡地・日本工業倶楽部など	阪神淡路大震災以降の（歴史的）建造物の位置，150ｍおよび200mと31mという対立するスカイライン，新たな「丸の内らしさ」をめぐる定義，懇談会そのものの公的位置づけ	協議会・東京都・千代田区・JR・（社）日本工業倶楽部・（財）日本ナショナルトラスト・日本都市計画学会・日本建築学会・日本建築家協会関東甲信越支部・「東京の顔『丸の内』を守る会」など	「都心創造コンセプトプラン」（1997）・「ゆるやかなガイドライン」（1998）・「ガイドライン」（2000）（2005）など	市民の意見を一部取り込みながら，ガイドラインを更新→ガイドラインどおりに開発	区部中心部整備方針・特定街区運用基準・高度利用地区指定基準・千代田区まちづくり条例・千代田区都市計画マスタープラン（1998）など

出典：筆者作成。

（1）第Ⅰ期　警視庁望楼問題と美観地区指定——一九二九〜三三年

「警視庁望楼問題」と呼ばれる騒動は、中央官庁が関東大震災によって被害を受けたことから始まった。政府は大蔵省に営繕管財局を設け、かねてから計画をすすめていた官庁街の復興・整備を実行に移そうとしており、その中では警視庁も日比谷の庁舎が焼けてしまったために、用地を確保していた桜田門に新庁舎を立てる計画が組み込まれていた。

他方でこの時期、鉄筋コンクリートが普及し、比較的高層建築が容易になっていたことから、皇居周りに高層建築物が乱立することを懸念した宮内省が関心を示し、一九二九（昭和四）年九月には事前協議要請[4]がなされている。警視庁新庁舎の工事が始まったのが一九二六（大正一五）年、鉄骨の組み上げ作業に入り建物の高さが可視化してきたのが一九二九（昭和四）年であるが、この段階において庁舎の一部を構成する「望楼」が問題となるにいたった。

ここでの問題の焦点は果たして何であったのか。永井良和は、「都市美観を壊す」「塔と庁舎が不調和である」「外堀の風致を害する」「時代錯誤」などの非難が集中した警視庁新庁舎の最上部に設置予定であった望楼の存在が、前述した理由よりも強い理由として、「皇城（皇居）」の中が見えてしまうのが畏れ多いという点、つまり「高さ」の問題として焦点化されていた点に目を向ける（永井 2000：186-189）。

その中で永井は、

「新警視庁の高塔／非難の的となる／都市の美観を壊すと／都市美協会[5]が先達で反対運動[6]」

「あの巨塔に対しては余り高すぎるのですでに宮内省方面にも憂色があり都市の体裁の点からは全く醜悪極まるといふので運動を開始した[7]」

という官民協働の形で運動を展開する「都市美協会」という団体の関係者のコメントを引用し、このクレームにおける切り札としての「宮内省方面」というフレーズに着目している。無論これは宮内省が直前に事前協議要請を出していたことから、当然であるともいえよう。だがそれ以上に、「都市美協会」が大蔵省と警視庁に対して出した請願書が提示している、

「刻下、桜田門外ニ建設セラレツツアル新警視庁ノ望楼ハ、帝都ノ中心タル丸ノ内方面ヨリ展望セル場合、官庁建築群ノ頂点ヲナス新国会議事堂ノ建築的効果ヲ著シク減殺シ、カツ四囲ノ風景トノ階調ヲ破リ、都市美上極メテ遺憾ノ点アルノミナラズ、皇城ニ対シテモ恐惶ノ念禁シ能ハザル[8]」

ために「本会ニ於テハ、右望楼ノ撤廃セラルルコトヲ適当ト認ム[9]」という主張が示す「宮内省方面」という語に暗に示される皇居＝天皇の存在、すなわちこの問題が都市美観を壊すなどの景観論争であるとか時代錯誤であるとかいう質のものではなく、実際は皇城を覗き込むことは畏れ多いという宮城崇敬の思想こそが焦点となっていた。だからこそその後の対応として、大蔵省は警視庁が中止したければ中止してよい、という形で及び腰を見せたし、警視庁も「あの塔が都市の美観を害するとは思はない」が「専門的な立場から悪いといふなら仕方ない[10]」という当時の警視総監・丸山鶴吉のコメントに見るとおり、責任を大蔵省に押し付けようとした上で、結局「輿論と宮内省方面の意向を斟酌[11]」して、塔の上部三五尺（約一〇メートル）の望楼部分を切断する形での決着を図るのである。[12]

他方で、この時期の丸の内周辺の景観に関わる事柄として、警視庁望楼問題と前後して制定された美観地区の存在が指摘される。美観地区の指定に関しては、一九二〇年以降、特に一九二三年の関東大震災以降に顕著になってきた都市の美観への着目の増大に加え、この時期にあった警視庁望楼問題や、技術上の問題として鉄筋コンクリー

トが普及したために高層建築が比較的容易になったことに懸念を抱いた宮内省が関心を示したこともあり(13)、警視庁望楼問題から約三年の作業の後、一九三三（昭和八）年に都市計画東京地方委員会で決定、内閣の認可を経て告示された。東京における美観地区は、美観地区指定の第一号として同四月に内務省によって告示された丸の内地区を中心とした皇居を取り巻く二九二・五九ヘクタールの地域であった。

この美観地区の制度創設じたいは、風致地区制度と同じく一九一九（大正八）年の市街地建築法によって導入されたものである。西村幸夫は、この美観地区の考案を行ったのが三菱の技師であり一丁倫敦を成立させた曾禰達蔵(14)であることから、この美観地区の制度がもともと丸の内を想定したものであった事を指摘する（西村 2001）。西村に従えば、一九三三年の東京美観地区指定は、あくまでも「街衢の体裁(15)」を整えまたは保持すること、「都市における建築美を増進(16)」し、「都市景観を整美(17)」することが目的なのであり(18)、宮城崇敬の意識がないまぜとなった「近代建築美の保育と皇国荘厳という異なった狙い」を持つ個々の民間建築物（だけ）を対象にした面的なコントロール手法であったという（西村 2001：58-59）。実際一九二九（昭和四）年の時点では、宮内省が皇居外濠周辺の建物に関して、宮城を俯瞰する恐れのあるものおよび外濠周辺の風致を乱す恐れのあるものを規制するための事前協議要請を出していることから考えても、警視庁望楼問題のようなことが二度と起こらないように、この美観地区指定はなされたと考えるのが自然であろう。

図５－１　警視庁庁舎
出典：警視庁史編さん委員会編（1962）。

第Ⅰ期における美観をめぐる諸問題を見ていくと、「皇」という最上位の公を尊重しながら「政」中心の論争が進んでおり、その空間的実践も統治に直結する形で進行するなど、天皇のまなざしを通じて美観の編成が図られる事実にいきあたる（表5－2）。震災後の帝都復興がなったとされる一九三〇（昭和五）年、復興祭の開催と併せて天皇の東京市内巡幸が行われることが新聞紙上で発表されると同時に、復興の陰で損なわれた都市美への痛烈な批判が次々と飛び出した。天皇の市内巡幸が近づくにつれ、都市計画や都市美に強い関心を持つ都市美協会や東京市政調査会などの各種団体が、地下鉄の入り口や盛り場を飾り立てる大看板、街路照明や電柱の不調和や乱立、道路に放置された荷車や物干し竿に干された洗濯物など、都市美を乱す諸要素に対し、警視庁を通じて警告を行おうとする（一九三〇年二月二四日付『東京朝日新聞』朝刊七面）。また、穴だらけの道路を原因として事故に遭った市民や、巡幸に先だって行われる道路工事によって自らの商売の利益が損なわれるとする商店主が警視庁に苦情を持ち込む中で、やはり復興されたはずの都市の不完全さが問題とされる（一九三〇年三月三日付『読売新聞』夕刊二面）。

このように様々な形で表出した都市美をめぐる葛藤は、天皇の目に映るにふさわしい帝都の姿が争点となり、天皇のまなざしを通じて理想の「帝都」像を形成していく「都市づくり」の方法が浮かび上がってくる。天皇のまなざしが届く範囲として皇居周辺地域の高層化を問題とする宮内省の方針のみならず、西洋的な規範に基づく都市美に天皇のまなざしを意識的に接続する形で言説化を図る都市美協会、さらに道路問題のみならず皇居周辺での映画や演劇などの興業がかもし出す雰囲気が「皇居の尊厳および美観を傷つける」として様々な方面へと規制の網をめぐらす警視庁、そしてその規範を内面化していく市民など、多くの人々にとってこの空間における美観が重要な位置を占めていることに気づく。

こうして俯瞰していくと、「警視庁望楼問題」はいくつかの点で重要なメルクマールを示しているといえる。関東大震災前後においても、新中間層の台頭とそれを特徴づける合理化思想・啓蒙思想に基づいた住宅問題などの生活改善運動に端を発する動き、あるいは建築家や美術家、評論家や新聞記者などが様々な「都市美」の方向性やそれを実現する理想的な「都市計画」について、雑誌などで発言する様子が目立つようになっていた。だがこの事件

表5－2　歴史的行為者と空間的諸実践の関連（第Ⅰ期）

領域	主体	「丸の内」をめぐる空間の諸実践 舞台となる主要な空間	物質的な空間の諸実践（知覚されるもの）	空間の諸表象（思考されるもの）	表象の諸空間（生きられる経験／想像）
皇	天皇 宮内省	丸の内地区・皇居周辺	皇居周辺に乱立する高層建築	事前協議要請および美観地区指定による高層化の規制／皇居を覗き込むことへのクレーム	
政	官	丸の内地区・霞ヶ関地区・皇居周辺	警視庁望楼に代表される皇居周辺に乱立する高層建築	（宮内省の憂慮を受けて）大蔵省と警視庁に請願書提出／「帝都中枢地区計画」に沿った「都市美」問題の強調	
		「帝都中枢地区計画」対象地域	国会議事堂を中心に組織されたビスタ景を中心とした官庁街	「帝都中枢地区計画」による帝都にふさわしい美観像／都市計画課	
		「中央官衙計画」対象地域		「中央官衙計画」推進のため営繕管財局の設置と官庁街整備	背後にある「宮城（皇居）崇敬」の観念の存在
		警視庁	警視庁の望楼切断	「中央官衙計画」一部活用による新庁舎建築	
経	三菱	丸の内	丸ビルの高さ（100尺）を基準とした統一された街並み	「美観地区指定」による個々の民間建築物（だけ）を対象にした面的なコントロール	
	建築家・評論家など職業的専門家	丸の内地区・全国の都市部	丸ビルの高さ（100尺）を基準とした統一された街並み	「都市美」の方向性やそれを実現する理想的な「都市計画」について雑誌での発言	
民	国／市民	丸の内地域・全国	丸ビルおよび皇居を中心とした地域	新聞報道による「都市美」という言葉や観念の保持	

直接的影響（↓）

間接的影響（←）

出典：筆者作成。

を契機として、新聞報道などを通じて都市美協会の存在や「都市美」という言葉や観念が市井に浸透したことで、最初の美観地区指定の事例として丸の内周辺地域が多くの人々に着目されるようになり、結果として「都市美」運動は、東京都心に限らない全国的な展開を見せ始めていく。「都市美」あるいは「美観」が様々な主体を越えるテーマとして浮上したという意味で、本件は確かなインパクトを残したといえよう。

（2）第Ⅱ期「丸ノ内総合改造計画」と「美観論争」——一九五九〜六七年

戦後における丸の内の都市構造は、丸の内第一世代たる赤煉瓦街が一九五九（昭和三四）年から始まる「丸ノ内総合改造計画」によって取り壊されたことを契機として大きく変貌する。敷地の形態の変化として、東京駅前とお濠端の間の街区にあった三菱の私道が、仲通りへと一本に整理され、それに伴い細い街路が入り組んでいたために数棟に分けられていた建物が、丸ビル型（街区型）の大規模ビルに建替えられた。この背景としては、経済復興に伴い都心地区の高度利用の必要性が増したこと、特にオリンピックを控えた東京において高層建築の需要が高まり、それを受けての一九六一（昭和三六）年の特定街区制度ならびに一九六三（昭和三八）年の容積地区制度の創設へといたる一連の流れが存在する。これにより単純な高さ規制が撤廃され、容積制限によりコントロールしようとする考え方へと切り替えられていった。そして、このことが後の「美観論争」を招くきっかけとなるのである。

丸の内に関していえば、後に福澤武（現〔株〕三菱地所相談役）が述懐するように、「どの企業も高度経済成長の真っ只中であり……（中略）……『広々としたエントランスホールやエレベーターホールを取るなら、その分部屋を貸してくれ』という状況」認識のもと、前面道路の幅員で建物の高さが決定される旧建築基準法に対応する形で、小さな区画の敷地を統合して大きなブロックへと組織化してオフィスビルの供給量を確保することを志向するようになる（福澤 2000）。

その際に問題となったのが、丸の内の歴史を体現する赤煉瓦街の扱いと皇居との関係性である。当時の三菱地所社長であった渡辺武次郎は、社長就任後の三ヶ月にわたる欧米都市視察を経て、丸の内をスカイラインの揃った大型ビルが整然と並び、皇居の緑や濠の青さと一体化した美しく均衡の取れた静謐なただずまいの街に改造する方針を固めていた（三菱地所株式会社社史編纂室編 1993：101）。当時の赤煉瓦街は築後五〇～六〇年が経過し、老朽化が目立ってきた上、金融拠点を模索する「外国」のまなざしから見ると、陰鬱な雰囲気を持つスラム街（ニューヨークのハーレムなど）を連想させるために、対外信用が著しく低下しかねなかった点も開発を推進させる一因となったという(19)。

こうした原則を有する「丸ノ内総合改造計画」であるが、その一方でこの頃の丸の内には様々な借地権者や地権者が存在していた。三菱地所は、単独で建替えを行いたい地権者に対しビルの共同所有を提示するなど、場所と密着していた煉瓦造りの建物を大型のビルディングとして（より）空間化することで、交換可能性を高め、個々の利害に沿う形での新たな空間編成を推進していく。最終的に「丸ノ内総合改造計画」は一九七〇年前後まで続き、旧丸ビルと丸ノ内八重洲ビルのみを残したところで終了、ほぼ現在の丸の内の姿を形成するにいたる。

この第Ⅱ期の中心的な問題である「美観論争」は、各種制度の改正・創設により高さ規制が実質なくなった一九六七（昭和四二）年、旧東京海上火災本社ビルの建て替えに際し、超高層ビルの建築に対する許可を東京都が出さなかったことに端を発する。この頃、ちょうど戦後の経済復興に伴って都心の高度利用が叫ばれていたこと、特にオリンピックを控えた東京において高層建築の需要が爆発的に高まったこともあり、一九六三（昭和三八）年に容積地区制度の創設の改定が行われ、単純な高さ規制から容積率へと規制内容が変更されたことで超高層ビル時代へと突入していく。技術的な不安も法的な規制もなくなり、超高層化の流れに乗っていくであろうと思われていた時期の出来事であった。

加えて、そもそもの論争の起こりである東京都のものとは別に、丸の内一の大地主である三菱地所との美観論争も存在していた。三菱地所は「丸ノ内総合改造計画」において、赤煉瓦の町並みを取り壊し、八〜九階建てのビルによる統一的な街並みの整備を推進しようと決めたばかりであった。いまさら一つだけノッポのビルを建てられては釣り合いがとれず、せっかくの整備が無駄になるから阻もうとしたのだという（『朝日新聞』一九六六〔昭和四三〕年一一月二七日付）。しかし、もともと東京海上は三菱地所に建設を依頼したにもかかわらず、超高層ビルにするか／しないかで喧嘩別れしてしまっていた経緯がある。そのため東京海上は当時の有名建築家のひとりであった前川國男に本社ビルの高層化を依頼し、この論争のきっかけになったのである。

図5－2　東京海上日動ビル

出典：筆者撮影。

東京海上側にとっては、前川國男に依頼しての地上三〇階、高さ一二八メートルの新社屋建設は企業の将来と威信をかけた一大事業であることは疑い得ない。それに対し東京都側は、この建設確認を受けて策を弄して様々な牽制をかけていた。また時の首相である佐藤栄作も「超高層ビルが皇居前の美観を損ない、国民感情の上からも望ましくない」という談話や、東京海上の会長・社長の来訪に対して「お濠端に建てることは控えてほしい」という見解を示した[20]ことから見るように、国と都の政治と東京海上など経済の論理の間には開きがあった（表5－3）。

その後、ちょうど東京都知事が革新都政を標榜する美濃部亮吉に代わり、建設省の後押し[21]をはじめとして、強引に計画を進められる環境が整いはじめる。それから三年後の一九七〇（昭和三九）年、ついに業を煮やした東京海上が地上二五階、高さ一〇〇メートルへと計画を縮小し、着工したことで美観論争は終結したのである。

ちなみにこの一連の騒動の中において、転機となりかつ最もセンセーショナルだった出来事は、様々なメディアに取り上げられた一連の天皇のお墨付き報道であろう。これは、一九六七（昭和四二）年一二月二六日午前、都政報告のための昭和天皇との会談の席上で、「超高層ビルがお濠端に建つと皇居の中から見え景色を害するなどご迷惑ですか」との美濃部の問いに対し、昭和天皇が「そんなことはない」との答えを返したやり取り(22)が、複数の新聞によって記事に仕立てられたところから始まった。この問題は以降も様々な週刊誌やテレビのワイドショーなどで取り上げられたのだが、これらに共通して見受けられるのは、「天皇が〈断〉を下した美観論争」（『週刊新潮』一九六八〔昭和四三〕年一月一三日号）のタイトルに見るように、美濃部がお伺いをたてに行き、あたかも天皇がGOサインを出したかのようなやり取りとして描写されていることである。実際、天皇が積極的にGOサインを出したかどうかは疑わしいが、否定的な意見が出されなかったのは事実であろう。

表5－3　「美観論争」における主体の位置

反対派	建設派
三菱地所	東京海上，三菱以外の民間企業
東京都・首都整備局	建築家，東京海上
佐藤栄作首相	美濃部東京都知事

出典：筆者作成。

ここで何が切り札になったのかと聞かれたなら、それはこの報道によって、人々のまなざしが転換されたことにある。美観＝「皇居が見えるかどうか」というロジック自体は、第Ⅰ期の警視庁望楼問題のときとさほど変わってはいない。ただ、「かつて『国見』をした特権階級の住まいが不特定多数のものに覗かれるかもしれない」懸念と、皇居‐天皇が有する象徴性、神秘性をめぐる不可侵の思想という高層化を推進する立場である都や国が踏み越えられない一線を乗りこえるために、美濃部が発した問いは、「皇居から見える景観が損なわれることになっても構わないか」という趣旨のものであった。つまり扱いに困り宙に浮いていた天皇の存在を逆に利用して、不特定多数→皇居へのまなざしという前提そのものを無効化し、天皇のまなざし→皇居前の景観へと前提を転換することで事態の収拾を図ったのである。もちろんここには「美観」「景観」の評価基準の曖昧さ——見る場所、主体、文脈によって評価が変わる——が作用していることはいうまでもない。

（3）第Ⅰ期と第Ⅱ期の断層——「意図せざる都市づくり」への転換

第Ⅱ期においては、景観論争の議論が首都から地方へという流れに反して、〈地方から首都へ〉／〈市民から国家へ〉と還流していること、さらには東京オリンピックの影響や海外との比較から自らの建築を組み立てる建築家たちの先進的姿勢など、「外国」からのまなざしが内包されている点で第Ⅰ期との違いが見られる（表5-4）。しかしながらこうした動向は、あくまでも皇居との関係、すなわち経済性と「皇」の衝突の中で争点化されており、常にナショナルな位相にて議論されている点では同じ構造下にある。特定街区制度や容積地区制度創設による容積率制への変更にもかかわらず、旧三菱合資会社地所部を支えた赤星陸治らの理想である電柱／線の地中化や街区の統一、戦前からの美観地区指定の前提を崩さず、地上三一メートルのスカイラインを「自主規制」によって維持する姿勢をとった三菱の対応[23]も先述の文脈と無関係ではない。ただ第Ⅰ期と第Ⅱ期のあいだには、断層が存在することもまた事実である。

最も大きな違いとして挙げられるのは、敗戦直後には占領軍によって、美観論争時には資本の力によって、「皇」の相対化がなされた点であろう。一九五〇年代初頭までの米軍占領下における丸の内地区は、皇居に人間となりつつ象徴となった天皇が残りながらも、濠を挟んだ丸の内側の主要なビルには占領軍がひしめいていた。その縁にあたる皇居前広場が多種多様な政治色を帯びた行事が開催される空間から（政治的な）空白期へと移行していくプロセスと並行して、アメリカ兵がこの縁の空間を闊歩し、皇居前広場で日本人の年若い女性との間で愛を語ることで、戦前に存在していたタブーという名の天皇のまなざしが徐々に取り払われはじめる。皇居を中心とした丸の内地区

表5-4 歴史的行為者と空間的諸実践の関連（第Ⅱ期）

領域	主体	「丸の内」をめぐる空間の諸実践			
		舞台となる主要な空間	物質的な空間の諸実践（知覚されるもの）	空間の諸表象（思考されるもの）	表象の諸空間（生きられる経験／想像）
皇	天皇	皇居周辺／全国	皇居から見たお濠端の高層建築	美濃部亮吉都知事（当時）の伺い	
政	政	皇居周辺／全国	皇居⇔お濠端の高層建築との関係	東京海上ビル建て替えへの談話および会長・社長への見解提示／特定街区制度・容積地区制度創設の影響収拾	
	官	全国		特定街区制度・容積地区制度創設による容積率制への変更	
	自治体	東京全体	地下鉄や首都高速道路の開発，新幹線開通などの交通ネットワークの再構築／高層建築	都市成長の要件としての高層建築の推進／天皇への伺い	
				「景観地区」指定を想定した首都景観法の検討による景観の計画的コントロール	「宮城（皇居）崇敬」の観念と経済性の衝突による相対化
経	三菱	丸の内・全国	8～9階建てで統一した街並みの建設／街区の拡大と仲通りへの一本化／電柱電線の地下化	丸の内総合開発計画の推進による統一感のある街並みの構築と生産性向上の両立	
	東京海上	丸の内・全国	本社ビルの建築／自主規制の上100mで建築	容積率を目いっぱい使った生産性最大限の空間／新たなCIとしての有名建築家への依頼	
	有名建築家など	丸の内地区・全国	大都市部の高層建築化	新しい時代に適応した「景観」の主張	
民	国／市民	丸の内地域・東京全体・全国	東京海上ビルおよび皇居を中心とした地域	新聞報道による「景観」という言葉や観念の保持	

注：それぞれの矢印は以下の影響の程度を表す。
── 直接的影響　-----間接的影響（強）　‥‥‥間接的影響（弱）
出典：筆者作成。

は、皇居への一般参賀や参観者が熱を帯び、勤労奉仕を希望する人の波が引きさらない一方、アメリカ兵とのあいだで営まれていた性愛の空間が日本人同士へと模倣され、年を経るにつれて「皇居のありがたさやめずらしさがうすらいでいく」という矛盾を抱えた空間として浮上するようになる。

それを最も端的に示すのが、一九五八（昭和三三）年に宮内庁によって発表された皇居の新宮殿建設計画を議論するための皇居造営審議会の設置であり、その際に繰り広げられた皇居の「開放」「移転」論への国民の高い関心である。この審議会は、前年に宮内庁内部に設置された宮殿造営協議会での議論を経て、建築や都市計画、言論などの学識経験者や、国会議員、国民の代表者などによって組織され、戦争で破壊された宮殿再建の可否や、場所、規模などを議論する場として、外部に開かれた形をとっている。ただここは、綿密な下準備を経て開発を推進した宮内庁と、「皇居を国民の公園や芸術センターや緑地帯として解放し、皇居を都心から移転せよ」という戦後まもなくに議論された都市計画決定の再読を促す国会議員や学識経験者の衝突という以上に、国民も巻き込んだ首都東京の「都市の意味」をめぐる闘争の場と化していた。それは「濠をめぐらした封建の遺物の中に民主国家の象徴をとじこめるのは時代錯誤である」という天皇に対する「国民感情」が、都市・交通問題の頻発という回路を経ることで、天皇の身体性と都市空間の関係性を再審する形で機能したことを意味する。

審議会で出された皇居開放支持の多くは、丸の内ビル街で発生するばい煙や自動車の排気ガスによる空気汚染が天皇や皇后の健康に影響を与えるという、天皇の自然的（私的）身体に配慮した意見になっているが、その背後にあるのは皇居が都心にあるために東京の交通が動脈硬化を起こしているとする交通問題の頻発という回路の存在であった。すなわち地上部にある皇居を公園として開放する一方で、その中あるいは地下に道路を通すことによって、皇居周辺を迂回することでもたらされる交通渋滞に端を発する都市問題の解決が企図されており、天皇の政治的身体を皇居あるいは東京から引き剝がすことで都市空間の再編をなそうとするのが、開放・移転論の骨子となっていたのである。

しかしながら、結果として皇居の全面開放も移転もならず、開放に充てられた皇居東地区にしても非常に限定的な利用にしか開かれなかったばかりか、逆に「菊のタブー」が強化されていく。皇居の新宮殿の議論がより活発化した一九五九年は皇太子成婚の年であり、「皇」の主体が天皇から皇太子という異なる位相の政治的身体へと移り変わっていく中で、それまでの開放・移転論の論拠となっていた天皇の政治的身体に照準したものが、その前提を喪失したのは確かである。封建制とは決別する皇太子の政治的身体と、人間天皇の自然的身体が併置される皇居において、天皇や皇太子に向けられる「国民感情」は、宮内庁によって張り巡らされる菊のカーテンを経由することで、意味的にだけでなく空間的にも「空白」として立ち現れる。第Ⅰ期において行われた天皇の政治的身体やまなざしを（内面化することを）通じて編制される空間ではなく、宮内庁が張り巡らす菊のカーテンの向こうにある天皇や皇太子の自然的（私的）身体を騒がせない、触れないことで静寂な空間が保たれるようになったのである。

このように未だに国民感情を揺り動かす象徴性は帯びていたものの、第Ⅰ期においてあらゆる形で張り巡らされていた天皇のまなざしは、第Ⅱ期の美観論争においてはまなざしそのものが「お濠端に高層建築が建つと迷惑であるか」という形で特定された。丸の内地区において特定できない形で存在していた価値構造が露にされたことで、天皇のまなざしは自然的身体を伴う私的なまなざしへと置き換えられ、「皇」を頂点とする国家的公共性の是非をめぐり、「美観」を仮装する形で主体間の駆け引きが始まる。国や都といった「政」、高層化によって経済効率とブランドイメージ向上を目指す東京海上、統一された街区がもたらす付加価値（「皇」を頂点とする国家的公共性）を優先して収益の向上を目指す三菱などの「経」、それぞれの「丸の内」像をもつ主体が対抗・相補関係を切り結んでいく。その帰結として、この時期以降の東京における「都市づくり」においては、「皇」を頂点とする国家的公共性による「意図的な都市づくり」が後退していき、「皇」が切り離された「意図せざる都市づくり」へと行き着いていくこととなるのである。

3　丸の内の美観・景観論争の現在

(1)　第Ⅲ期　丸の内再開発計画と歴史的環境保存――一九八七～九〇年

さらに第Ⅲ期には、「場所」に直結する形で運動を開始した「民」の中で、運動に参加した丸の内で働く層を中心に紡がれる様々な感情と、建築家などの専門家や文化人による知識が東京駅という非常に強いシンボルを媒介として結合し、多くの主体や身体を動員する集合的感情が喚起されたことで、この流れは一層加速していく（表5-5）。三菱の対応を注視した場合、第四次全国総合開発計画（四全総）にて「多極分散型国土」を謳いながらも大都市部の開発を集中させるという方針を打ち出し、かつ同時並行で進めていった民活路線によって都心部の地価高騰の流れを加速させた当時の国の姿勢や、多心型都市構造の実現施策として臨海副都心再開発を推し進めるなど、開発主体としての側面を出しはじめた都の姿勢を受け、より丸の内再開発に対して積極的姿勢を示すようになる。こうした三菱の対応の変容は、政治行政主導の再開発の遅れへの苛立ちと、行政もふくめた異業種が参入する不動産乱戦における生き残りをかけたアピールであったともとれる。

同時に、三菱グループ内部において人的移動を伴う構造変動があった点も見逃せない。三菱グループ全体では、一九八六（昭和六一）年に三菱グループ本家筋二八社の会長・社長から構成される金曜会の中心を占める明治生まれの長老三名が退き、[24]「丸の内の大家」である三菱地所本体でも、丸の内再開発計画／マンハッタン化構想発表直後の一九八八（昭和六三）年、丸の内ビジネス街の基礎を築いた最長老・渡辺武次郎取締役相談役（当時）、および果敢な〝脱〟丸の内作戦を推し進めた長老・中田乙一取締役相談役（当時）、という社長・会長経験者が取締役を

表5-5　歴史的行為者と空間的諸実践の関連（第Ⅲ期）

領域	主体	「丸の内」をめぐる空間の諸実践			
		舞台となる主要な空間	物質的な空間の諸実践（知覚されるもの）	空間の諸表象（思考されるもの）	表象の諸空間（生きられる経験／想像）
皇	天皇				「皇」の切り離しと「世界都市」化の推進
政	官	全国	都心部に残る戦前の建造物の文化財指定	文化財指定の調査	
		全国・大都市部・東京駅周辺	大都市部の地価高騰と大都市都心部の開発ラッシュ	民活路線推進のための各種規制緩和とJR民営化による東京駅周辺開発計画	
	自治体	東京駅周辺・臨海副都心	臨海副都心開発	「多心型都市構造」構想による臨海副都心開発計画	
経	三菱	丸の内・全国	丸の内地区の漸次高層化	丸の内再開発計画／マンハッタン高層の発表／オフィス需要予測	
民	「赤レンガの東京駅を愛する市民の会」など各種運動団体	東京駅・銀行倶楽部・丸の内・全国	歴史的環境が埋め込まれた「丸の内」	建築学や都市計画学の専門家による学術的価値の強調と「歴史性」の発見	日常における広い空や日にする建築物への愛着／近代日本の象徴としての「丸の内」
	国／市民	東京駅・丸の内・東京全体・全国	東京駅前	東京駅保存運動への署名	各種運動団体が発する「丸の内」像の受容

注：表5-4と同様。
出典：筆者作成。

退いた。文字通り「皇」をめぐる価値意識を有していた戦前入社世代が指導者層から去ることで、国際化に対応する丸の内地区の再開発志向と新しい「丸の内」像の模索が加速度的に進行していく。(25) 旧体制からの反動と符節を合わせる形で示された未来予想図は、「自主規制」が解除されたビルで埋め尽くされる街の姿へと結晶化したが、感情〈表象の空間〉と知識〈空間の表象〉が東京駅保存〈空間的実践〉を媒介に有機的に結合した「民」、自らがデイベロッパーとして開発に進出した東京都をはじめとする「政」、さらにバブル景気において土地投機へと乗り出す多くの「経」のあいだに挟まれ、最終的に三菱は身動きが取れなくなっていた。

三菱の示した新たな「丸の内」像は大きな反響を呼び、結果的に計画の大幅な見直しを迫られることとなる。ただ実際の所、三菱の「丸の内」像に対する多方面からの批判の声は、先だって行われた中曾根内閣の天野構想の発表に対する反発と、「赤レンガの東京駅を愛する市民の会」など市民レベルでの保存運動の活発化、それに伴う東京駅を中心とした丸の内地区の景観への高い注目度が、旧国鉄本社跡地の開発を視野に入れた計画に「ノー」を突きつけたという時局的な事情が大きかった点は無視できない。さらに東京駅-行幸通り-皇居からなる丸の内一帯のバロック的な空間が、近代日本の歴史的感情を連想させるのと同時に、高度経済成長の記憶をより鮮明化する日本経済の中枢として成長や成功の軌跡が刻印された魅力的なシンボルとして機能していたという、地域的事情も作用していた。

当時丸ビルに入っていた日本ナショナルトラストに勤めながら、会の活動を運動面から主導した多児貞子（現：「赤レンガの東京駅を愛する市民の会」）は、低層ゆえに実現していた広い空や日常的に利用していた建造物からなる風景を奪われたくないという理由と、丸の内界隈で次々と取り壊されていた近代建築群の象徴である東京駅の再開発を阻止することを通じて、これらの事態に歯止めがかけられればという理由から活動を開始したという。(26)

そもそも「赤レンガの東京駅を愛する市民の会」の運動じたいは、発起人として作家の三浦朱門や女優の高峰三枝子などが名を連ねているものの、そのコアメンバーは専門的立場から保存運動を行ってきた建築家や、谷根千地域や雑司が谷にて地域雑誌の発行やまちづくりに関わってきた主婦グループであった。活動に参加していた森まゆみは、上野の東京芸術大学の奏楽堂およびパイプオルガンの保存／復活問題にて顔合わせした前野まさる東京芸大教授（当時）の言葉に触れながら当時の運動を回想しているが（森 2003：20）、この前野自身も東京芸大の関係者とともに、写真家の三軌会や建築家有志を巻き込みつつ「丸の内を描く市民の会」（現：「東京を描く市民の会」）を組織して運動を展開するなど、内実では地域的契機というよりも他の保存運動において築かれてきた脱地域的なつながりが機能していた背景が存在する。

ただこの運動が大きなうねりを起こしたのは、やはり東京駅 - 行幸通り - 皇居からなる丸の内一帯の空間の性格に拠るところが大きい。この丸の内一帯のバロック的な空間は、江戸期からの空間構造を引き継ぎながら行われた明治期の市区改正を経て、東京駅竣工（一九一四）、行幸通りの皇居内への延伸（一九二六）と段階を踏んで整備されてきた。さらに鉄道利用に伴い皇太子／昭和天皇の巡幸の質が変容し、皇居前広場や皇居外苑へと儀礼の場が移行すると、丸の内一帯には凱旋門が設置され、儀礼を見物し宮城（皇居）遙拝へ向かう人々でごった返す国家レベルでの儀礼空間として完成していった背景もある[27]。すなわち丸の内一帯は、儀礼へと移動する天皇の発着口でありながら、そうした儀礼への参加を含む東京観光に向かう国民の発着口でもあるという、近代日本の歴史的感情を連想させるのと同時に、高度経済成長の記憶をより鮮明化する日本経済の中枢として成長や成功の軌跡が刻印された魅力的なシンボルでもあったのだ。こうした感情の存在が、建築家を中心とした運動のコアメンバーが唱えていた明治・大正期の建造物保存という考えと結びつき、審美的感情を伴う集合的感情へと転化することで、東京駅は丸の内一帯をめぐる「経済的」な力への抵抗力を強化する強力な「場所」として機能するようになる。

さらに当時の丸の内で保存運動の焦点となっていたのは東京駅だけでなく、銀行倶楽部の建造物も含まれていたが、三菱地所は双方の建造物を中心とした空間に対しても地主として直接的／間接的な影響力を行使しようとしていた。前者については未だ土地取得以前であるが、獲得した際は高層化のランドマークとして利用することは明らかであったし、後者については保存運動中に銀行倶楽部の文化財指定の打診を文化庁や都が行った際に、事業空間不足の解消を優先するとして東京銀行協会とともに要求を突っぱねている。

保存運動を展開するコアメンバーを中心とした「市民」側にすれば、戦略的にはこれらの建造物は近代日本の「歴史」が刻印された丸の内という「場所」に埋め込まれてこそ意味を有するのであり、丸の内に保存されてこそ「歴史」を表象する装置として機能する、という認識のもと活動を展開している。権力によってまなざしを方向づけられた皇居を焦点とする第Ⅰ期や第Ⅱ期の美観論争と異なり、多様な主体が様々な感情で参加する東京駅や銀行倶楽部などの保存運動における共通の土壌は、あくまで現地での形態保存や復元であった。その中で東京駅は、歴史的感情や愛着そして記憶と結びつくことで単一の建造物に託された経済的機能以上の価値が示された、丸の内という空間を物的に表象するシンボルとしての位置を与えられていることに気づく。一定の文化的価値としてのシンボルの位置を与えられたこれらの存在は、空間を媒介として長年かけて培われてきた歴史的・集合的感情と分かちがたく結びつきながら、丸の内という空間じたいを再象徴化していくのである。

すなわち、前記二つの事情と建築家を中心とした運動のコアメンバーが唱えていた明治・大正期の建造物保存という考えと結合することで、審美的感情を伴う集合的感情を喚起したがゆえに、東京駅一帯は、丸の内一帯で進行する高層化を志向する経済効率重視の「都市づくり」に抗う「場所」として発見され、多くの「民」のまなざしを集めた結果、この開発は頓挫したのだといえよう。

（2）　第Ⅳ期　保存運動の頓挫と再開発推進――一九九六～二〇〇二年

それに対し第Ⅳ期においては、三菱を中心に組織化された「経」が非常に強い力を発揮し、経済効率性に重点を置いた都市再開発の動きが加速する一方、丸の内における歴史的・集合的感情を表象するシンボルの一つである旧丸ビル取り壊しを経て、第Ⅲ期に確立した運動のつながりや集合的感情が分断されたことで「民」の力が低下していく（表5‐6）。

これは三菱をはじめとした「経」が、第Ⅲ期の失敗の反省を活かし、日本都市計画学会に委託して実施した予備調査による学術的正当性の確保や、「政」との関係調整装置を設けていたことが大きく作用した。三菱を中心に組織化された開発推進体制の整備（「仕組みづくり」）をさらに進めるのと並行して実施された、新たな文化や価値創出の契機としての「都市の記憶」の動員を促す、ＮＰＯを主体とするエリアマネジメント事業によるまちづくりへの積極的介入（「活動づくり」）は、「都市づくり」における新たな形を提示したことも事実である（図5‐3）。二〇〇〇年代以降の都心部再開発下における丸の内についていえば、一九八〇年代以降の都市再開発と「世界都市」東京の議論（町村 1994）にて特徴的に見られた複合機能化の流れは共通しつつ、主に「歴史性」に支えられた新たな丸の内らしさの創出という価値創造の側面が強調されている。これは、地権者の三菱地所をはじめとして組織されている「大手町・丸の内・有楽町再開発計画推進協議会」が標榜する、皇居や東京駅など公的‐象徴空間としての「丸の内」像と緊密に結びついており、「世界都市」東京にふさわしい都心イメージとそれを担保する都心景観の存在という地域性と歴史性の認識からきたものである。この認識が示すものは、再開発と並行して実施する歴史的建造物の保存・復元・復原を通じ、美観／景観論争の中で紡がれた（近代日本の集合的記憶に拠る）象徴的意味を動員することで、利用可能な資源へと転化していくための戦略的意図に他ならない。事実、この取り組みは当該空間に文化的アイデンティティを与える一方、「政」と協調姿勢をとりつつ容積率ボーナス制度を利用しての高層化

表5-6　歴史的行為者と空間的諸実践の関連（第Ⅳ期）

領域	主体	「丸の内」をめぐる空間の諸実践			
		舞台となる主要な空間	物質的な空間の諸実践（知覚されるもの）	空間の諸表象（思考されるもの）	表象の諸空間（生きられる経験／想像）
皇	天皇				「皇」の切り離し
政	自治体	東京全体	東京都庁移転	「大手町・丸の内・有楽町地区再開発計画推進協議会」への参加とその結果に基づくガイドライン設置	新たな「丸の内らしさ」の構築と新しいライフスタイルの発信
		千代田区	東京駅周辺		
経	三菱	丸の内	耐震性を理由としたビルの建て替え促進	協議会設置・開発計画発表・耐震性調査	
	JR東日本	丸の内	東京駅周辺	停車場ならびに東京駅の空中権売買の検討	
民	日本都市計画学会	丸の内		丸の内開発推進のための予備調査の実施	
	「東京の顔『丸の内』を守る会」など各種運動団体	東京駅・銀行倶楽部・丸の内・全国	歴史的環境が埋め込まれた「丸の内」	建築学や都市計画学の一部専門家による学術的価値の強調	日常のおける広い空や目にする建築物への愛着／近代日本の象徴としての「丸の内」
	国／市民	東京駅・丸の内・東京全体・全国	旧丸ビル	旧丸ビル保存運動への署名	三菱地所が発する「丸の内」像の受容

注：表5-4と同様。
出典：筆者作成。

を志向していく、経済効率に「場所」の個性を埋め込むような「都市づくり」として結実している[28]。

　こうした「経」の方針転換に対し、第Ⅳ期の「民」は、三菱を中心とする「経」の動きに対応できず、第Ⅲ期のような広範な支持を集めることができなかった。東京駅の保存運動に参加した有志によって、広く丸の内の建築や景観を守ることを目的として組織された（一九九七〔平成九〕年二月）「東京の顔『丸の内』を守る会」（小林さえ代表）が、三菱、文化庁、東京都、千代田区に丸ビル保存を求める要望書を提出したり、建築学や都市計画学などの専門家によるシンポジウムや学会を通じて「（三菱側が提示した学術的正当性とは別の）正当性」を訴えるなど、第Ⅲ期での経験の蓄積を効果的に活かす形で活動は展開された。しかしながら、旧丸ビルの取り壊しが、第Ⅲ期で培ってきた「点から面へ」、つまり「丸ビル保存」から「丸の内」への発言という活動戦略じたいを立ち行かなくしてしまったのである。「東京駅、向かいの丸ビル、その奥に皇居。これらが一体となった景観は、近代日本が百年かけて作り上げた東京の美しい顔」であるとする「守る会」代表の小林の言葉（『朝日新聞』一九九七年二月二四日付三四面）が示すように、地域と分かちがたく結びついた集合的感情を物的に表象する丸ビルというシンボルの欠如は、シンボルを媒介とする関係性、さらに運動間のつながりの契機をも失わせるにいたる。

　加えて地域社会の次元においても、一九九一（平成三）年の東京都庁移転と丸ビルなどの建替えによるテナントの立ち退きによって、「都庁が移転してから全体的に寂しくなった」「丸ビルも壊されてしまったいま、以前ほど丸の内に親しみを感じなくなった」という意見に見られる

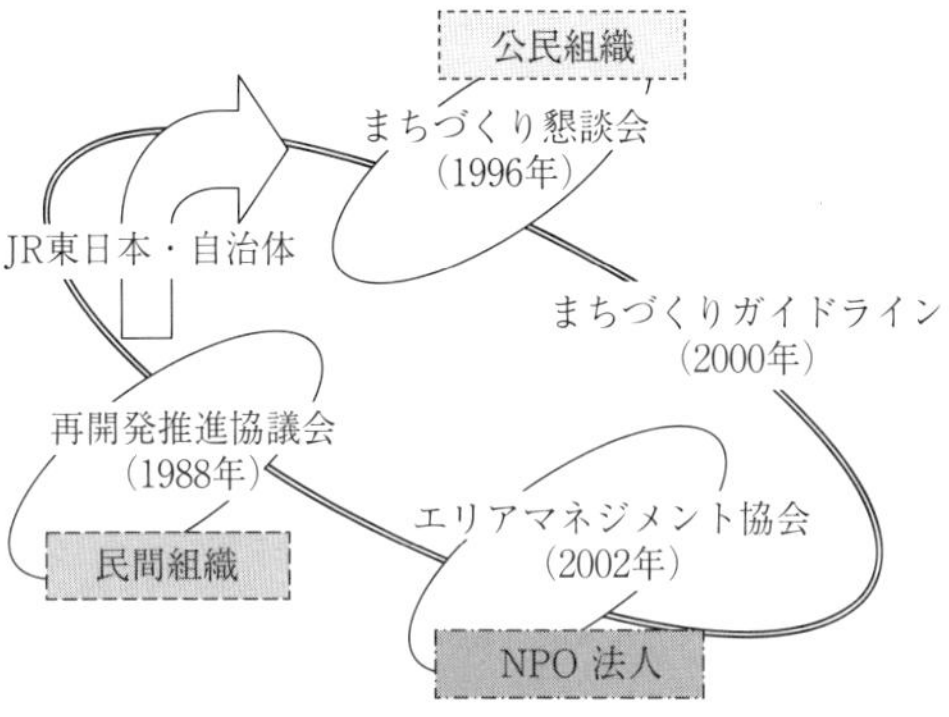

図5－3　「公民協調（P.P.P.）」による都市づくり
出典：筆者作成。

ように、人々の足と関心を丸の内から遠ざけてしまったという背景もある（千代田区企画部編 1999）。主要な担い手たる丸の内の従業者にしても、三菱グループの中枢企業たる三菱重工業と三菱商事が再開発を期に本社機能を品川へと一時移転することで、「三菱村の崩壊」がささやかれていた時期であり[29]、他の事業所も移転縮小するなどの大転換期にさらされていた。特に丸ビルについては、竹葉亭をはじめとした丸ビル開業時から何代も続く小規模かつ個性的な一部事業所が丸の内からの撤退を決め、さらにそれらの事業所が中核メンバーとして組織されていた丸ビル商店会も一時解散するなど、「丸ビル・わが街」という家族的感情を有する担い手も去ってしまう。

それ故に第Ⅳ期の丸の内においては、物的に表象するシンボリズムとその担い手の欠如により、第Ⅲ期までにたびたび確認されていた近代日本を特徴づける集合的感情と空間／場所の結びつきを弱めた結果、自らのアイデンティティのゆらぎに直面し、新たな主体層形成の必要性がとみに認識されることとなった[30]。「丸の内の大家」たる三菱により提示された新たな「丸の内」像は、生じた「隙間」を巧みに利用しながら推進された街のイメージアップ戦略により、高層化されたビルにテナントとして入る飲食店やブランドショップに訪れる「民」やそこで働く若年層を含めた新たな主体層からの支持を獲得していく。そうした状況を横目に見ながら、第Ⅲ期より運動を継続してきた旧来の「民」の批判の矛先は、美観／景観の課題を端緒としながらも、その向こうに透けて見える歴史的建造物の保存・復元・復原を取り込む形で一元的に進められる三菱主導の「都市づくり」のあり方とその成果、そして提示された「丸の内」像に向けられていた。

この段階において、天皇／皇居との関係性に焦点を置く天皇制問題から出発した東京・丸の内地区の美観／景観論争の問題圏は、主体層の分化と再編を伴いながら、東京という都市の美観をいかに考えるかという「都市美」問題、都市景観をめぐる権利の所在とその意志決定のあり方に注目する「代表性」問題、再開発の進め方や再開発そのものの妥当性を問う「再開発戦略」問題を経て、あるべき都市像やそこでの主体の関わり方までを射程に捉えた

表5－7 美観／景観論争をめぐる諸要素の変遷

	第Ⅰ期	第Ⅱ期	第Ⅲ期	第Ⅳ期
中心的な領域／主体とその対応	「皇」を尊重しながらの「政」中心	「政」と「経」の衝突を「皇」の力を利用する形で収拾	「民」による集合的感情の喚起と「政」「経」の対立	三菱を中心とした「経」による「政」「民」の取り込み
優位な空間性	空間の表象	空間の表象	表象の空間優位の空間の表象との結合	空間の表象優位の表象の空間との結合
主要な問題性	「天皇制」「都市美」	「天皇制」「都市美」「代表性」	「都市美」「代表性」「再開発戦略」	「代表性」「再開発戦略」「都市の在り方」
空間秩序を支える原理	天皇の政治的身体と「まなざし」によって編成	天皇の「まなざし」と「皇」の価値構造の相対化	「皇」の切り離しと，東京駅を媒介とした感情と知識の結びつきによる「民」による空間秩序の再生産	シンボルの取り壊しによる「民」主導の空間秩序の崩壊と，「経」中心の高層化を伴う新たな空間秩序の構築

出典：筆者作成。

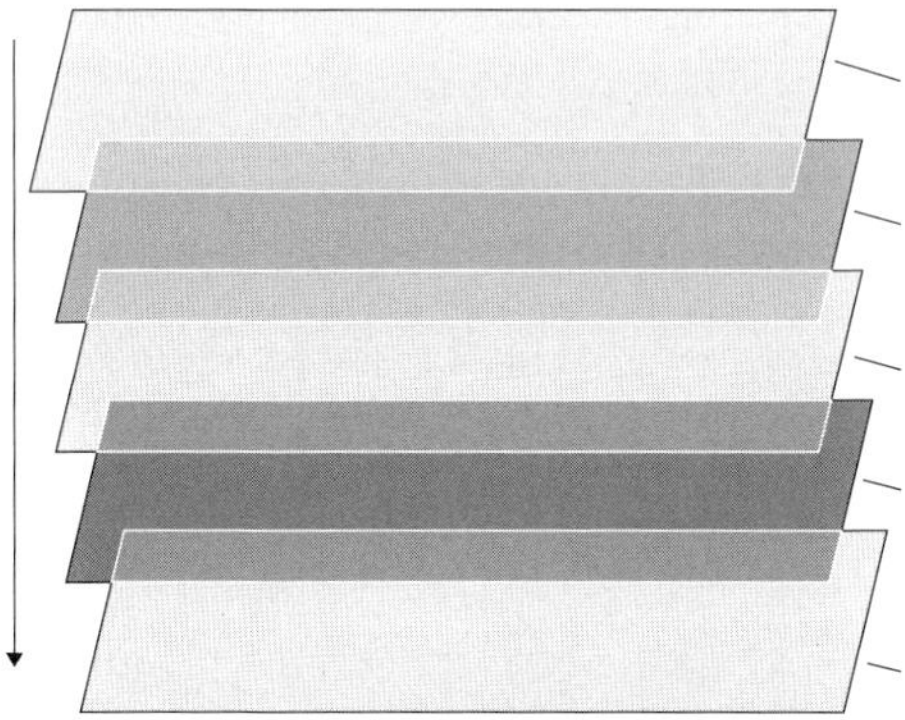

図5－4 美観／景観論争の問題性とその多層化

出典：堀川（2010：526）を参考に筆者作成。

「都市の在り方」の位相へと到達する（表5－7、図5－4）。三菱が提示する新たな「丸の内」像に対し、オルタナティブとしての「都市の在り方」を希求しながらも、土地所有権に根ざす意思決定のシステム（「代表性」）、ならびに「公民協調」の「都市づくり」を推進する強固な仕組み（「再開発戦略」）の前に頓挫を余儀なくされた第Ⅳ期の「民」の経験は、二〇〇〇年代以降活発化する「景観」という回路を経由した「都市づくり」へと継承されていくのである。

4 「景観」という回路と「都市づくり」の深化

ここまで、東京・丸の内地区における美観／景観論争の歴史を、歴史的行為者と空間的実践の関連から読み解いてきた。

皇居と東京駅という異なるレベルのシンボルが隣接する東京・丸の内は、強い「経済的」な力に対して、宮城崇敬の価値意識や、東京駅や旧丸ビルの保存運動に見られるような文化的価値から生み出される「社会・文化的」な力が抵抗・交錯する空間であった。その空間的表現が、高層化に抗う形で形成されたビル群からなる三一メートルのスカイラインであったが、都心再構築の中で超高層と低中層のビルが混在する今の丸の内においては、軒線など表情線としてその傷痕が刻印されているのみである。

このような「経済的」な土地利用に対する抵抗力の低下は、戦後天皇の象徴化や昭和天皇の死去による宮城崇敬の価値意識の後退、そしてグローバル化の帰結としての「経済的」な力の優越など様々な要因が絡んでいるが、より直接的には第Ⅲ期に行われた三菱本体および三菱地所の世代交代の影響が大きい。この時期から「三菱村」の村長による開発推進と体制の整備、そしてまちづくりへの積極的介入を通じて、望ましい丸の内像（「丸の内らしさ」）

は皇居と東京駅という異なる価値を表象するシンボル－感情によって規定される、戦前から続く統一された街区がもたらす付加価値よりも、ビルの高層化による商業価値の増大へと舵を切った。そうした意味でこの第Ⅲ期は、丸の内にとっての一つの転機ともいえる。

そして第Ⅳ期以降は、第Ⅲ期までの丸の内の歴史的・集合的感情を表象するシンボルの一つである旧丸ビルが取り壊されたことで、第Ⅲ期に確立した運動のつながりや集合的感情も行き場をなくし、「丸の内らしさ」にもゆらぎが生じる。東京駅－行幸通り－皇居からなる軸線は強力なシンボルとして維持されてはいたものの、戦前において国家的な秤として市民感覚の連想の焦点となり、また皇居との関係における高さの基準になっていた、文字通り東京駅－行幸通り－皇居とビジネス街としての丸の内をつなぐ楔として機能していた旧丸ビルの建替えは、軸線とそれに付随する感情によって規定されていた空間秩序をも崩していく。

このような丸の内地区の事例の歴史的分析において看取されるのは、様々な主体間の連帯の契機として、「視覚的な情報」である「景観」が果たす役割の重要性のみならず、視覚的・感覚的な好悪の問題として主体間の権力関係を隠蔽してしまうような「審美化」という事態である。

第Ⅰ期・第Ⅱ期においては、天皇の政治的身体とまなざしを基準に、換言すれば皇居／天皇そのものが（述語としての）「場所」となることで、「都市美」「美観」をめぐる議論が成立していた（表5－7）。

特に第Ⅱ期の美観論争においては、天皇のまなざしを、自然的身体を伴う私的なものへと置き換えつつ、天皇／皇居という「場所」の根拠を組み替えることで、「政」による国家的公共性と「経」による経済効率性の衝突を回避するなど、政治的色彩が非常に強い解決方法が採られたにもかかわらず、置き去りにされた「民」の側には、あくまで「美観論争」の決着として事態を「審美化」する方向で報じられる。

しかしながらこうした「審美化」という事態は、「皇」の問題が切り離されたはずの第Ⅳ期以降においても、別の形でも表出しつつあった。近年三菱が主導する「都市づくり」は、新しいライフスタイルの提供や価値の創造を旗印としつつ、経済的営みに社会・文化的な要素をふんだんに盛り込む形で推進されている。一方では、三菱が提供するライフスタイルや趣味に迎合的な飲食店やブランドショップに訪れる顧客を確保しながら、他方ではそうしたサービスや商品を提供するにふさわしい、パッチワークされた「きれいな」景観が視覚的に編成される。旧来の丸の内に愛着を抱く「民」の一部は、まちに足を向けなくなるばかりか、「公民協調」の「都市づくり」の枠組みからも制度的に排除されていくプロセスが目に見えない形で進展していくのである。

このように、「景観」という回路を経由した「審美化」という視点は、構造的・制度的に排除される主体を隠蔽するメカニズムを浮き彫りにするが、同時に「視覚的な情報」である「景観」が有する、主体間の連帯、ないし様々な主体が広義の「都市づくり」へと参入するための「回路」としての役割を、過小評価する危険性も孕んでいることも指摘せねばならない。

二〇〇〇年代以降に加速していく資本による「都市づくり」と高層化していくまちに対し、東京都心では、景観への社会的関心の高まりを背景に、新たな動きが生まれている。歴史的建造物の保存を求めて一九八〇年代以降も継続して活動を続ける「民」をはじめ、パレスホテルの建替えの際に声明を出した宮内庁などの「皇」、あるいは千代田区議会や事前協議制導入を打ち出した東京都景観審議会などの「政」が、それぞれの都市像のもとで新たに結びつきながら、「都市づくり」への介入の動きを見せはじめているのである。千代田区と東京都という「政」同士の対立を含め未だ問題は多いものの、これまでの美観/景観論争の反省を踏まえつつ、「景観」問題という回路を経由して展開される、東京都心という場における「都市づくり」の営みは、東京という「都市の在り方」を射程に捉えた多層化・重層化した議論を喚起する方向へと動いており（図5-4）、その動向を今後も注視していく必要があるだろう。

注

（1）以下では、建築史分野などでの用法に従い、失われて消えてしまった建造物を旧に復することを「復元」、現存する建造物について、後世の修理で改造された部分を原型に戻すことを「復原」と表記する。

（2）試みに、日本社会学会における社会学文献データベースで「景観」「風景」「町並み」を検索すると、ヒットする論文数（一九六五〜二〇〇九年）はそれぞれ、五五件、八〇件、一八件となる。さらに時期ごとの分布を確認すると、景観緑三法が公布された二〇〇〇年代ではなく、九〇年代が本数的にはピークとなっており、他の学問分野とは異なる動きを示している。（http：//dbr.nii.ac.jp/infolib/meta_pub/CsvDefault.exe2010.10.15アクセス）

（3）グリッドと「都市づくりの三角形」の関係性については、前述六一〜六九頁を参照のこと。

（4）お濠端に建てられる建物に対して、事前に協議を求めたものである。

（5）「都市美観のために絶えず各種の運動を行う」団体で、会長は貴族院議員で、大正はじめに東京市長を勤めた阪谷芳郎。なお反対運動じたいは星島二郎ら数名の会員が提起し、塔の鉄骨が現れた時点で賛同者が増えた。

（6）『東京朝日新聞』一九二九年一一月二九日付。

（7）都市美協会の栃内（橡内）吉胤理事のコメント。

（8）警視庁史編纂委員会編、一九六二、『警視庁史　昭和前編』一七〇頁などを参照。

（9）前掲『警視庁史 昭和前編』一七〇頁を参照。

（10）前掲『警視庁史 昭和前編』を参照。

（11）『東京朝日新聞』一九三〇年二月二八日付など。

（12）このようなケースは、現在のスカイライン問題をめぐる論争のロジックとはまた別のものであり、帝都東京の近代の象徴であるはずの「高さ」を称揚する動きとは逆行する特異なケースであった。皇居との空間的関係（地理的な関係）がものをいったケースといってよい。

（13）お濠端に新たに建てられる建物については事前協議を求める事前協議要請が一九二九（昭和四）年九月からなされるようになったのは、先述の通りである。

(14) 曾禰達蔵の都市計画観は、美観のみならず、防災、衛生、利便性など、様々な観点から総合的に都市を捉えるものであったが、特に道路の隅角にあたる建物については「対の演出」をすべきであるなど、現在までその理念が引き継がれている点は多い。詳しくは中島・鈴木(2003:18)を参照のこと。
(15) 市街地建築物法施行規則(一九二〇年)第一三六条。
(16) 飯沼一省、一九二七、「都市計画の理論と法制」良書普及会などを参照。
(17) 笠原敏郎、一九三五、『建築法規』岩波書店などを参照。
(18) すなわちここでいう「美観」とは、町家群による伝統美や都市近郊の自然美ではなく、丸の内に代表されるような近代的な洋式建築を中心とした整然とした街路建築を指している。
(19) 渡辺武次郎、一九六六、「丸ノ内十話⑩」『毎日新聞』一一月一二日付など。
(20) 財団法人日本経営史研究所編、一九八二、『東京海上火災保険株式会社百年史 下』東京海上火災保険株式会社。特に五三七頁を参照。
(21) 皇居の新御殿のお立ち台から見て、植栽の陰に隠れる高さが一〇〇メートルだという収束に至り、これが妥協の基準値となった。詳しくは大津留温、一九九二、『昭和の住宅政策を語る』社団法人日本住宅協会を参照。
(22) 『読売新聞』一九六七年一二月二七日付。
(23) 区画については、当時三菱地所の社長であった渡辺武次郎が第Ⅱ期の再開発に際し、過去の区画を最大限活かしながら敷地を拡大する方策を強硬に主張したという。これについて後継者にあたる中田乙一は、大正七年入社である渡辺の因縁めいた強いこだわりからきたものとしながらも、この一言がなければ整然としたオフィス街にならなかったかもしれない、と述懐している(大槻編 1987)。
(24) 金曜会代表世話人である中村俊男・三菱銀行会長(当時)、八二歳の最年長で前代表世話人の大槻文平・三菱鉱業セメント会長(当時)、田部文一郎・三菱商事会長(当時)の三名。
(25) この翌年、ロックフェラーグループの株式の過半数を買収し、海外投資先の開拓、ビル管理のノウハウと全米の支店網獲得といった海外事業展開へと足を踏み出す。

(26) シンポジウム「東京／日本らしさの《核心》を照射する――東京駅と丸の内と皇居と」での発言から。同シンポジウムは、第二回〝「東京」を観る、「東京」を読む。〟展(日本大学文理学部主催／日本都市社会学会ほか後援)の一環として二〇〇六年一一月二六日に開催され、シンポジストとしては多児氏のほかに、岩井光男三菱地所設計株式会社副社長(当時)、伊藤裕慶大手町・丸の内・有楽町地区まちづくり懇談会副座長(当時)、西村幸夫東京大学大学院工学系研究科教授、古川隆久日本大学文理学部教授、及び筆者が登壇した(コーディネーターは後藤範章日本大学文理学部教授)。森(2003)も併せて参照されたい。

(27) 戦前のシンボル化をめぐる諸過程については、機会を改めて論じたい。

(28) この時期の三菱地所の取り組みとして、①銀行の統廃合跡にブランド店の出店や「丸の内カフェ」など、新たな事業展開を図った「丸の内活性化プロジェクト」などのイメージアップ戦略、②飲食店やブランドショップなど新たな業種の店舗を積極的に迎え入れる、事業所・従業者構造や来街者層の転換などが挙げられる。いずれの場合も社会・文化的なものを最大限に利用しながら、新たな価値を創出する空間／場所の構築を念頭に置いた「都市づくり」を行っている。詳細は、第六章を参照のこと。

(29) 『朝日新聞』朝刊一九九七年三月一日付三面。なお現在三菱重工業は本社機能を品川に移転したままであるが、三菱商事はビル再完成とともに本社機能の大半を丸の内へと戻している。

(30) これは、開発の過渡期に三菱地所などが主催する「東京・丸の内を舞台とした作品」を対象とした丸の内文学賞大賞受賞者の相川藍が語った丸の内への印象にも端的に現れている。「丸の内は今のところ、ファッションの街でもなく、アートの街でもなく、夜遊びの街でもなく、何といってもビジネスの聖域である。丸の内で働く友人と勤務中にプライベートにメールをするだけで、巨大システムの一部を破壊している錯覚に陥ってしまう。丸の内について自由に想像を巡らすことはとても楽しい。」(丸の内文学賞実行委員会編 1999)。この相川の言葉は、これまで三菱や舞台としての丸ビルを中心として培われた歴史的・集合的感情に対して一定の敬意を払うと同時に、そのシステムに生じている「隙間」に新しい想像力が働く余地があることを看取したものである。

第六章　再開発下における場所の構築と新たな「丸の内らしさ」

1　「空間／場所」をめぐる「経済的」な力と「社会・文化的」な力

（1）問題の所在

近年、社会科学にとどまらず地域や都市、さらには日常生活世界を語る上で「場所」の観点が注目されている。ただこの「場所」という概念は、社会階層上の一つのポジションという意味や、家屋敷や都市の中のオープンスペースといった実体、さらには美学的概念としてその立地に固有の特性がもたらす意味までを包括する、非常に曖昧なものである（Hayden 1995＝2002：38）。それゆえ、認識論上の問題で悩むことが少ない形での定量化を志向してきた旧来の社会科学においては、抽象的で均質的な平板の「空間」に対する理解へと限定化し、都市の記述はその「空間」内における共同性を実体的な形で描写することに終始してきた。

しかしながら「空間の生産」をめぐる諸論考を通じてH・ルフェーブルがもたらした空間論的転回は、場所を多層的な意味を包括した存在を規定する基盤として位置づけつつ、社会的、政治的、経済的、空間的な諸実践の相互作用について基礎的な統一を導き出すフレームを提示した。彼の説く社会的再生産の空間は、人間の身体の中や家の空間、そして社会的諸関係が再生産される都市空間までまたがるものであり、物質的な諸実践を経て経験や知覚、想像力が接合するプロセスとして物理的空間と社会的行為の結びつきを明示したことにその特徴がある。そしてこれらの知見は、場所の構築における経験、知覚、想像力とのあいだの弁証法的相互作用(1)について焦点化したD・ハーヴェイや（Harvey 1990＝1999）、人や物財、イメージなど諸種のネットワークの層に身体が偶発的に埋め込まれ、それがシステムとして再生産されることを通じて場所が動態的に構築されるとするJ・アーリなどの研究（Urry 2000＝[2006]2011）へと引き継がれている。

こうした場所の構築をめぐる諸研究には、資本主義の下での場所の構築という主題、すなわち経済的諸過程と社会・文化的諸過程の関係性をめぐる問いが必然的に内包されている。たとえばハーヴェイは、場所構築の政治経済学において商業主義的で宣伝向けの投機的なものすべての表象として創造されたにもかかわらず、一九五〇年代以降に衰退するまで多くのニューヨーカーにとって一体感やコミュニティ感覚の焦点となり続けたニューヨークのタイムズ・スクウェアの事例を引きつつこうした点に着目している。また異なる時代・文脈においてではあるが、経済的土地利用に対して感情やシンボリズムといった文化的価値が大きな影響を与える場合があることを、ボストンの土地利用を通じて実証的に明らかにしたW・ファイアレイの研究も、同様の位置づけが与えられよう（Firey 1945, 1947）。これらの研究が指し示すように、場所が記憶の源泉として人々の存在を規定する基盤となり得る以上、空間や場所をめぐる資本の運動が技術的・組織的革新を通じて多様な形で発現している現在においてこそ、経済的なものと社会・文化的なものの関わりから場所の構築を読み解いていくことが重要になると思われる。

都心再開発と歴史的環境の保存・復原の議論が交差する形で展開し、それを受けて目指すべき新たな都市像が構築される中で浮上する、空間をめぐる「経済的」な力と「社会・文化的」な力の関わりの現在性を探るにあたり、かつて空間と社会、文化の関係性の問題を実証的な形で論じたファイアレイの研究は、一つの準拠点となり得る

(Firey 1945, 1947)。ファイアレイは、生態学理論の体系化における空間の性格と立地活動の性質に関する前提条件が変容に直面していることを指摘しつつ、空間が経済的な作用のみならず、時としてある一定の空間的領域にむすびついた文化的価値を示すシンボル性を帯びること、また立地活動そのものが単なる経済活動という以上に、立地過程に大きな影響を及ぼすような感情を生み出す可能性を有している、という仮説を示した(Firey 1945：140)。この仮説を検証する事例としてファイアレイは、過去から一定の空間的パターンとランドマークを継承しているボストンを取り上げ、特色ある六地域のうち、高級住宅街のビーコン・ヒル、ボストンコモンや植民地時代の墓地などの「聖地」や歴史的地点、そしてイタリア系移民のスラム地区であるノース・エンドの三地域において、空間が社会システムの境界領域を具体化し、経済的分析に挑むような立地過程を生じさせるシンボルとなることを明らかにするに至った(Firey 1947：323)。

無論、こうしたファイアレイの知見については、旧来の生態学との研究対象の差異からくる帰結にすぎないとする倉沢進の指摘も確かであり(倉沢 1999：76–77)、一定程度その結果には留保をつける必要がある。ただファイアレイ自身は、前述の三地域で見出された土地利用に重要な影響力を及ぼす「シンボル－感情関係」について、他地域においても観察される以上、単なる生態学的「変種」とみなさず、都市の空間構造とその変動における感情とシンボリズムが占めるカバレッジを検証する必要があることを痛感していた(Firey 1945：146)。それ故に集団的価値を通じて空間そのものをシンボル化し、経済的合理性に抵抗する形で空間が持続・復元していくプロセスの違い、すなわち感情的愛着を覚えて居住し続けることで空間の威信価値を再生産するビーコン・ヒル、同じく感情的愛着の対象としてボストン市民全体に愛され人々の連帯や統合の楔として機能し続けているボストンコモン、アメリカ的価値への抵抗と居住空間としてのネガティブな評価により無意識的にイタリア人の民族的連帯のシンボルとなったノース・エンドという、異なる意味付与と保持のレベルを有する空間に着目したのである。

（2） 研究の視点と方法

東京都心の事例を考えるにあたってファイアレイの知見から引き継ぐべきは、ビーコン・ヒルやボストンコモンのように対象となる地域を越えて空間に言及する感情を生み出すメカニズム、そして時間－空間によって異なる様々な主体が占有／利用する都心地域における多様なシンボルの組織化をめぐる論点であろう。

都市社会学、とりわけ東京都心を舞台とした研究群を眺めると、一部の例外を除き、一九五〇年代の都市社会構造図式や一九八〇年代以降の世界都市仮説をめぐる諸研究に代表される構造論的把握の系譜を中心に進められてきた。そのうち空間構造からの接近は、矢崎武夫による「東京の生態的形態」や倉沢進らによる社会地図プロジェクトなどが存在するが、これらは基本的に社会経済的属性に定礎した機能的分類による地域構造の把握を主眼としており、生態学理論からこぼれおちる歴史的・心理的背景への配慮の必要性を一定程度は認めながらも、必ずしも重視してはいない。しかしながら、一九八〇年代以降の世界都市化の進展とそれに符節を合わせた江戸・東京研究の活発化を通じて、新たな歴史観が構築され、さらに昭和天皇の崩御を受けて「皇居」が「再発見」されると、東京駅との関係を含め、首都東京の空間構造／秩序の中心には皇居／天皇制をめぐる原理が貫通していることが再認識された。無論、拡大する東京圏の生態学的構造に対しての説明要因としてはあくまで副次的にすぎないにせよ、ファイアレイに倣いこうした研究の前提条件の変容は視野に入れる必要がある。

加えて多様なシンボリズムの組織化をめぐる視点は、先述した「まちらしさ」や都市アイデンティティなどが争点となる目指すべき都市像の実現施策を媒介とするため、都市政治／政策介入との関連で空間構造の分析を行う課題領域との接合可能性も有している。都市再生政策による再開発が推進されている大都市都心部、とりわけ東京駅前において見られる駅舎復原など、歴史的環境保存と並行する形で進行する容積率ボーナスを利用した高層化の流れの中で、旧来のランドマークが破壊された後に誕生していく建造物をめぐって様々な主体の感情が入り乱れながら

「望ましい」都市像を模索する様子は、まさに一定の文化的価値が空間に結びつく象徴化のプロセスを示している。

宮城（皇居）崇敬の観念を体現し、敬して遠ざけられていたフェティッシュなシンボルたる皇居と、近代日本の象徴として集合的・歴史的感情を喚起する焦点となった東京駅という異なるベクトルのシンボルに挟まれ、かつ三菱や高度経済成長を支えた製造業の本社機能が集積するビジネスセンターでありながら、旧丸ビルを中心に大正期の誕生以降モボ・モガの、そしてサラリーマン・ＯＬのメッカとして独特な感情を保持し続けてきた丸の内において、その空間的表現は主に「高さ」という縦方向の変動として争点化されてきた。その明示的なシンボルであった旧丸ビルが建替えられ、開業当初から入っていた「丸ビル・わが街」を体現してきた二代目・三代目のテナントが退去した後に新たな事業者が参入してくる中で、これらの主体の感情が、大半で維持されていた三一メートルのスカイラインを大幅に更新した再開発ビル群からなる現在の丸の内へとどのように接合していくのだろうか。

こうした問題意識のもと、本章では特に経済的過程によって構築された場所における社会・文化的なものの表れ方に論点を限定する。その上で、東京駅前を舞台として進展している都心再構築（都市再生政策）の流れの中で見え隠れする、「場所」の再構築を促す規定要因としての経済的な力と社会・文化的な力の関わり方の現在に言及したい。

二一世紀に入り多くの人々の関心を惹きつけている都心再開発であるが、一九八〇年代以降の都市再開発と「世界都市」東京の議論（町村 1994）において特徴的に見られた複合機能化の流れは共通しつつ、丸の内についていえば主に「歴史性」に支えられた新たな丸の内らしさの創出という価値創造の側面が強調されている。これは地権者の三菱地所をはじめとして組織されている「大手町・丸の内・有楽町再開発計画推進協議会」が意識している、皇居－行幸通り－東京駅に代表される公的－象徴空間としての丸の内であり、「世界都市」東京にふさわしい都心イメージとそれを担保する都心景観の存在という地域性と歴史性の認識からきたものである。これらの認識は幾多の美観・景観論争を通じて紡ぎだされた近代日本の集合的記憶における象徴的意味を見出す国民的感情に配慮したものとなっているが、他方で容積率ボーナス制度を利用して一帯の高層化を推し進めるなど、新たな経済と文化の関係を模索しているのもまた事実である。こうした模索段階における丸の内において、そこで経済活動を営む事業者は新たに創出される「文化」に対してどのようなまなざしを向けているのだろうか。

本章では、先の章にて行った丸の内における「経済的」な力と「社会・文化的」な力の関わり方に着目しての歴史的アプローチで導き出された知見を引き継ぎつつ、その現在性を明らかとすることを目的としている。そのためにここでは、二〇〇六年に実施した「『丸の内らしさ』に関する調査」のデータを用い、立地過程に関わる事業者の価値や態度が「丸の内らしさ」の空間的表現へと結晶していくメカニズムを明らかにしていくこととしたい。

2　丸の内地区における産業構造の転換とその文化的帰結

まずは一九八〇年代以降の東京および丸の内地区の産業構造、および事業所従業者構造の変容にふれておきたい。というのも、一九八〇年代の劇的な変動を経て都市空間の再開発による変容を経験した現在までの動向を追っていくことは、丸の内という高度な中枢管理機能を有する経済センターの分析を通じて東京全般の変容を明らかにすることだけでなく、その地域特有の構造を浮き彫りにすることにつながるからである。

いうまでもなく皇居に面して東京駅前を中心として広がる大手町・丸の内・有楽町（大丸有）からなる丸の内地区は、三菱をはじめとした旧財閥の牙城として、また内務省や東京府庁など官庁の所在地として戦前から権力の集中する〈皇‐政‐経〉三位一体の空間秩序を有していた。戦後に入り財閥や内務省が解体され集中が排除されたかに見えた後も、この地域は霞ヶ関に所在する官庁との接触・連絡業務や情報収集・交換を最重要機能とした中枢管理センターとして、やはり三菱や古河といった旧財閥系企業群の本社の集積地という形でその空間秩序は引き継がれていた。

そして一九八〇年代に世界経済へと東京がより巻き込まれ、「世界都市」化の道筋を歩むようになった時も、基本的にはこの構造は大きく変容していない。「世界都市」化へと邁進する東京についての精緻なモノグラフを記した町村敬志は、①中枢管理機能のグローバル・センター化、②都市再開発など空間変容を伴う世界都市戦略、③世界社会の縮図化としての外国人問題の増加、の三点を都市のリストラクチュアリングの社会過程として取り上げる。その上で東京の場合、強い国際競争力を獲得した旧来からの製造業の多国籍企業化という形でこのプロセスが進められており、その製造業を主軸に置く企業集団による国内で蓄積した膨大な資本の運用を通じて、短期間のうちに世界・アジアレベルの中心的な金融センターへと変貌していく構図を明示した（町村 1994：100）。

こうしたグローバル・センター化の傾向は、丸の内においては特に顕著に観察される。試みに世界都市化がとみに進展したとされる一九八六（昭和六二）～九一（平成三）年の東京都内および丸の内の事業所従業者数の増減から基本的動向を確認しよう。表6－1は産業中分類別に見た場合に特徴的な増加を示す業種を列挙したものである。東京都を確認すると、「専門サービス業」や「情報サービス業」が最も成長した産業であり、「その他の事業サービス業」も大きな伸びを示している。それ以外にも銀行や証券、保険などの金融分野や不動産部門などもバブルの影響もあり顕著な伸びを示しているほか、一般飲食店など一部の個人向けサービスも大幅な伸びを示しているなど、全般的に事業所／個人サービスを中心とした第三次産業の増加が大勢を占めていたことがわかる。それに対して同じ時期の丸の内の状況を見ると、最上位は「銀行・信託業」であり都内の傾向とある程度の合致を見せるが、それに続くのが「化学工業」や「非鉄金属製造業」「一般機械器具製造業」といった製造業であるというように、東京都全般とは異なる成長の傾向を示している。無論、当時の丸の内が事業スペース難に悩まされていたため、産業構造の転

表6－1　東京都および丸の内における事業所従業者数増の特徴的な産業

東京都			丸の内		
産業中分類	増加従業者数（人）	増加率（%）	産業中分類	増加従業者数（人）	増加率（%）
1986～91年					
一般飲食店	54,785	112.7	協同組合	5,020	241.8
証券業・商品取引業	32,878	154.4	銀行・信託業	3,910	125.7
不動産取引業	29,778	140.3	化学工業	2,721	168.3
銀行・信託業	26,203	122.6	非鉄金属製造業	2,106	206.3
不動産賃貸・管理業	25,380	125.3	一般機械器具製造業	1,799	651.8
保険業	25,235	120.2	不動産賃貸・管理業	615	137.6
情報サービス・調査・広告業	18,295	144.6	政治・経済・文化団体	180	107.3
その他の事業サービス業	117,856	151.9			
専門サービス業	144,061	165.2			
2001～06年					
情報サービス業	98,419	125.8	銀行業	5,213	144.1
社会保険・社会福祉・介護事業	80,145	153.2	保険業（保険媒介代理業，保険サービス業を含む）	2,938	145.9
医療業	38,092	112.6	電子部品・デバイス製造	1,726	1,043.2
インターネット附随サービス業	27,488	602.3	情報サービス業	1,611	311.1
飲食料品小売業	23,130	106.4	証券業，商品先物取引業	1,596	149.7
その他の教育・学習支援業	18,033	114.1	鉄道業	1,519	155.6
映像・音声・文字情報制作業	15,024	110.4	一般飲食店	1,200	127.6
その他の事業サービス業	96,232	118.2	その他の事業サービス業	−1,838	79.9
専門サービス業	−1,691	99.5	専門サービス業	6,412	302.4
一般飲食店	1,678	100.3	化学工業	−289	85.3
銀行業	−1,691	99.5	非鉄金属製造業	−1,305	35.0
証券業，商品先物取引業	−6,240	90.9	一般機械器具製造業	−1,558	6.4
保険業（保険媒介代理業，保険サービス業を含む）	−12,584	90.1	不動産賃貸・管理業	−1,560	38.9

出典：事業所統計調査および事業所・企業統計調査各年版をもとに作成。

換が困難であった点も考慮する必要がある。

ただそれを差し引いても、高度経済成長期から続く製造業を中心とした中枢管理機能の集積地として機能しつつ、同様に増加する金融部門と結びつくことで文字通りグローバル・センターへと衣替えを果たしていったことは確かであろう。つまり東京が世界市場の垂直的分業に組み込まれていくプロセスは、「帝都」→「首都」を通じて埋め込まれてきた戦前から続く特権的な中枢性に縁由しながら、こうした企業の中枢管理機能を補強する対事業所向けや個人向けサービスなど、新たな都市経済を支える産業が中枢管理機能の集積地に近接する形で東京全体に波及していったと捉えることができるのである。

このようなグローバル・センター化の諸過程に対し、都市成長の手段として新たな産業構造に適応する形で空間の再組織化を図る世界都市戦略は、丸の内の場合かなり遅れて展開していく。その大きな理由として、①多心型都市構造の実現という旗印のもと臨海副都心の開発を率先する都や、新たなビジネスチャンスとして都市空間を資源とみなす異業種の民間企業との間での利害調整がうまくいかなかったため、②丸の内再開発計画（マンハッタン化構想）やJR東京駅の建て替え構想の発表が市民の強い感情的反発を招いたため、という二点が挙げられる。これについての詳述は紙幅の都合上避けるが[2]、これらの反省を踏まえた丸の内の大家たる三菱地所は「大手町・丸の内・有楽町再開発計画推進協議会」を設置（一九八八）して着々と開発推進の下準備を図る。そして一九九五年の丸ビル取り壊しの際にバブル崩壊を受けて戦略の変更を迫られた都、「都市計画マスタープラン」を策定中だった千代田区、そしてJR東日本を取り込んだ法的位置づけが定められていない対話／調整組織「大手町・丸の内・有楽町地区まちづくり懇談会」（一九九六）を設置して体制を固めることで、市民の集合的感情の発露をかわしつつ開発を断行していくのである。

しかしながらこうした開発の遅れは、当然ながら街の雰囲気を薄めていくことへとつながっていく。表6－2は二〇〇六年段階での開設時期別の事業所比率を示したものであるが、景気が良かったはずの一九八五～九四年に入居した事業所率の低さと、開発が行われた丸の内二丁目以外での一九九五～二〇〇一年における回復が目に入る。もちろん先述の通り一九六〇年代に建替えられたものが多くを占める丸の内のオフィスビルが、企業の中枢管理機能を補助する対事業所／個人向けサービス業に従事する従業者の増大や、高度情報化の流れに対応しきれなかったことが大きく働いているのはいうまでもない。ただそれ以外にも高度な中枢管理機能の集積メリットを目当てにし

表6－2　開設時期別事業所比率（％）

開設時期別事業所比率	～1984年	1985～94年	1995～2001年	2002～06年	不詳	事業所数総計(件)
東京都	42.6	19.2	18.9	18.2	1.1	678,769
千代田区	34.3	16.3	22.9	25.2	1.4	34,399
大丸有地区	33.1	11.9	20.4	33.3	1.3	4,037
丸の内1丁目	26.0	16.5	17.6	38.6	1.3	720
丸の内2丁目	16.3	6.7	10.5	65.5	1.0	655
丸の内3丁目	41.7	8.2	28.9	20.4	0.8	539

出典：事業所・企業統計調査（2006年版）をもとに作成。

た事業所も家賃の高騰や長引く不況による経営体力の低下によって丸の内を離れざるを得なくなったという理由が存在するのも見逃せない。確かに一部のテナントは三菱地所が保有する大手町や有楽町など周辺地域のテナントへと移ったが、品川へと本社機能を移転した三菱重工業に代表される、他の開発地に本社機能を集約しようとする大企業を中心とした大きな流れが存在した。加えて竹葉亭をはじめとした丸ビル開業時から何代も続く個性的な小規模事業所が撤退し、その集団的価値を体現してきた丸ビル商店会も一時解散することで、丸ビルや丸の内をわが街として愛する家族的感情を有する担い手も同様に去ってしまった。さらに丸の内三丁目に長い間所在していた東京都庁が一九九一年に新宿へと移転したことを受けて、一般の人々の足も向かなくなった結果（図6－1）、「丸の内のたそがれ」が叫ばれるに至ったのである。

こうした状況を打開するために三菱地所は開発を進めるのと並行して、丸の内に対して古臭さや沈滞感、ビジネス一辺倒という印象を抱く二五～四〇歳というビジネスパーソンを対象とした「丸の内活性化プロジェクト」という「丸の内の魅力と新たな再発見」を目的としたイメージアップ戦略に取り組むことになる。銀行の統廃合と経営合理化によって閉鎖が進んでいく金融機関が入っていた仲通りを中心とした目抜き通りに、トラサルディをはじめとしたブランド店や「丸の内カフェ」をオープンさせるなど、物理的な開発も並行させながら地道な形での街の再編を進めていた。イメージアップ戦略に努めてきた当時の三菱地所社長であった福澤武は、その目

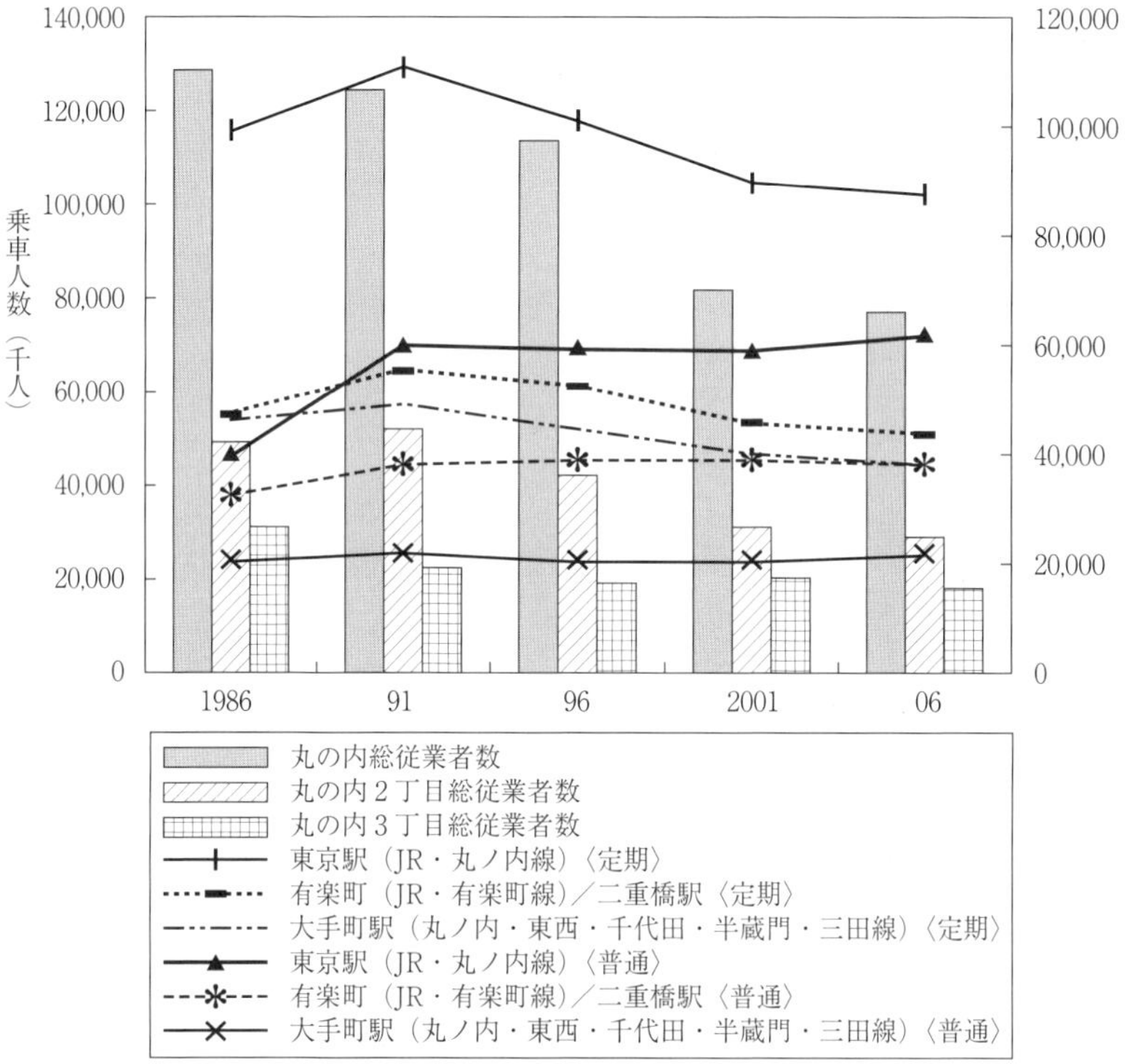

図６－１　丸の内地区における日常型動態と移動性の推移

注：「日常型動態」とはバージェスが都市の２つの動態を指すのに使用した routine movement の訳語である。
出典：東京都統計年鑑および事業所統計調査，事業所・企業統計調査各年版をもとに作成。

的を「二十一世紀のビジネススタイル・ライフスタイルを発信すること」や「社員の意識を変えること」を通じて、丸の内を「世界」へと開かれた街にすることにあったと説明する（福澤 2000）。前者については丸の内誕生以降一〇〇年かけて培われてきた歴史的ポテンシャルを活かして、自分のスタイルを持っている大人がゆっくり買い物を楽しみ、ゆっくり時間を過ごすことができる「大人の雰囲気」をもった街を創造することを企図したものである。後者については、丸の内が堅苦しい閉鎖的な空間というイメージをもたれた原因の一つとして、「丸の内の大家」たる三菱地所の社員たちが持っている先輩たちから受け継がれてきた制度や慣習を維持しようとする同調性の高さと権威主義的態度の存在を挙げ、その改革こそが社員が自ら考え行動するプロジェクトという形式をとった最大の要因であるとする。この福澤の発言は都市文化と組織の文化という二つの「文化」の存在を示唆しており、経済的なものに主導される場所の再構築において社会・文化的なものが挿入されかつ重視されている点で非常に興味深い。

その第一次到達点が丸ビルリニューアルオープンであり、東京の新しい〝顔〟のお披露目と相成った。オフィスワーカーの利用を当て込んだ三菱地所側の意図とは異なり、四〇代以上の女性を中心にオープンからの一ヵ月で二八〇万人、一年で二三七〇万人の入場を数えるにいたる。(3) こうした動向は図6－1に示した駅の利用者数の推移にも現れており、丸の内の従業者数が減少していくのに合わせて定期券利用の利用者が年々減っていくのに対し、普通乗車券による東京駅の利用者が二〇〇二年以降増加に転じている。これはかつての「思い出」の丸ビルではなく所属するそれぞれのネットワークにおいて話題に上る「新」丸ビルを訪れる四〇歳代以上の主婦層が押し寄せたことも一因となろう。(4) イメージアップ戦略を経て誕生した「新」丸ビルを中心とした新たな丸の内は、「空間の商品化」のプロセスを論じたS・ズーキンの議論に見られるように、資本が文化的なものを媒介として場所を侵食しながら、文字通り資本にとっての価値を反映するランドマークを表象した空間へと転換していく（Zukin 1991）。

この様な街の変化は、丸ビルなどの再開発ビルに遊びに来る来街者の増加のみならず、事業所あるいは従業者構造の変化としても現れている。丸の内では、再開発に前後して三菱の主要二社の品川への本社機能移転や都市銀行統廃合など経営合理化による閉鎖などの影響、そして一時期の主要産業であった製造業の大幅な低迷を受け、特に丸の内二丁目において事業所数が回復してきたのにもかかわらず従業者数は減少を続けるという大規模大人数から中小規模少人数の事業所集積への変化を見せている。このことは契約・派遣社員など非正規社員の社会的増加に代表される雇用形態の変化のみならず、同時期にゆるやかな形で行われていた産業構造の転換が、再開発を経て一部事業のみ急激に進行したことも大きく関係していることはいうまでもない。

そもそも丸ビルをはじめとした近年の再開発は、「ゆるやかなガイドライン」（一九九八）、「ガイドライン」（二〇〇〇）策定以降に行われたものであり、一九九六（平成八）年東京都の『区部中心部整備方針中間報告』によって示された業務機能に特化したC・B・Dから多機能なA・B・Cへの転換や、『千代田区都市計画マスタープラン』に記載されている業務・商業・文化・交流機能などの方針を踏襲した代わりに容積率ボーナスを受けて高層化するという方式をとっている。それゆえ表6－1に示される通り、丸ビルなどが建設された丸の内二丁目を中心に、二〇〇二年以降「飲食料品小売」や「一般飲食業」といった個人向けサービス業や、「その他の事業サービス」「専門サービス」「情報サービス業」などの対事業所向けサービス業といった、企業の中枢管理機能を補強する事業の集積という東京都全体と同様の傾向を見せつつある。このことは前述の産業や「織物・衣服・身の回り品小売業」などに従事する二〇～三〇代の女性事業者や従業者の増加を意味し、丸の内を構成する主体に大きな変化をもたらしているのである。(5)

3　「『丸の内らしさ』に関する調査」の位置と概要

それでは第Ⅳ期を経て、シンボルたる旧丸ビルを失い、三菱村からの脱却と国際業務センターの地位の確保を目指し再開発を行った丸の内は、どのような変容を見せたのか。

新生丸の内の再開発の成果をまず示したのは、二〇〇二（平成一四）年九月六日にオープンした丸ビルである。旧丸ビルを取り壊し、新しい丸ビルが建つまでの数年間、丸の内の大家たる三菱地所は、銀行の統廃合と経営合理化によって閉鎖が進んでいく銀行が入っていた目抜き通りに、トラサルディをはじめとしたブランド店や様々な用途に開かれたカフェをオープンさせ、少しずつイメージ転換を図ろうと地道に街の再編を進めていた。

さらに再開発後の事業所の入れ替わりに対応する形で、旧丸ビル時代の丸ビル商店会に代わる組織として、三菱地所と丸ビルをはじめとした再開発ビル、そして他の丸の内二丁目店舗のテナントからなる新たな丸の内商店会や、大丸有地区のまちづくりを効率的に推し進めるNPO法人大丸有エリアマネジメント協会を組織することで、再開発前後の三菱地所は新たなつながりと価値の創出にむけて、より積極的な介入を見せている。再開発を歴史的環境の復元・復原とパッケージングしながら、このような形で「経済的」開発を促進させる動因として、「社会・文化的」な力を利用する三菱地所の価値の空間的表現が今の丸の内であるといえよう。

しかしながら丸の内と接点を持つのは、再開発以降訪れる来街者や保存運動にかかわってきた「市民」、そして新たな「丸の内らしさ」構築へ邁進する三菱地所をはじめとした開発主体だけではない。「ビジネスの聖域」と称される世界の中で生きてきた事業者や従業者の存在がある。特に事業者は、本社機能の集積する丸の内において事業所内でも比較的長い期間勤務していることが予想される上に、丸の内に事業所を構えるメリット／デメリットやその立地に適合的な事業運営を考える必要があるため、常に丸の内という地域と向き合う、まさに立地過程に大きく関わる立場にあるといえる。彼ら／彼女たちは景観論争で見出されたような近代日本を特徴づける集合的感情と想像力からなる「丸の内らしさ」や、三菱地所の示す新たな「丸の内らしさ」に対してどのようなまなざしを向けているのか。また彼ら／彼女たちにとっての丸の内は、どのような場所として浮上してくるのだろうか。以下では「『丸の内らしさ』に関する調査」（以降「丸の内調査」）の結果を用い、検討を行いたい。

なお「丸の内調査」（二〇〇六年六月二八日～八月一一日実施）(6)は、千代田区丸の内二、三丁目の全事業所の（地位・職位上の）最上位者を対象とした悉皆調査であり、日本郵政公社（当時）「配達地域指定郵便物」を利用した郵送法によって行われた。有効回収数は二二〇／一〇九〇（有効回答率：二〇・二％）と精度は高くないが、変容する

調査対象者：全事業所の最上位者（事業者）またはそれに準ずる地位の方

標本抽出の方法：日本郵政公社「配達地域指定郵便物」（当時）を利用した悉皆調査

調査票の配布・回収方法：郵送法（往信は日本郵政公社「配達地域指定郵便物」（当時）を利用）

調査期間：2006年6月28日～8月11日

回収票／標本数：222（有効回答数：220）／1,090（回収率：20.4%／有効回答率：20.2%）

調査項目：事業所概要，地域社会組織との接点，丸の内地区における情報交換経路・度数，フォーマル／インフォーマルな地域社会意思決定への参与，地域課題への意見，事業所環境評価，地域の出来事への認知，「丸の内らしさ」イメージ（SD法），フェイスシート（個人属性，権威主義的態度，社外取締役兼任の有無など）

調査主体：日本大学文理学部社会学科「社会調査士コース」後藤ゼミ

回答者(事業者)個人属性概要：

地域	度数	%
2丁目	109/434	25.1
3丁目	111/656	16.9
合計	220/1090	20.2

性別	度数	%
男性	158	71.8
女性	62	28.2
合計	220	100

通算通勤年数	度数	%
3年以下	71	32.4
4～10年	57	26.0
11～20年	35	16.0
21年以上	56	25.6
合計	219	100

回答者年齢	度数	%
20～30代	44	20.3
40代	56	25.8
50代	64	29.5
60代以上	53	24.4
合計	217	100

＊　欠損値は除外した上でパーセンテージを算出している。

図6-2　「『丸の内らしさ』に関する調査」調査概要

丸の内の現在を示す貴重なデータである。

4　事業所環境から見た丸の内の現在――経済的側面

ここでは再開発以降に丸の内地区に事業所を設置した操業年数五年未満の事業者、および再開発前後に事業所を設置した操業年数五～一〇年未満の事業者による、立地選択理由、および現在の事業所環境評価の違いである。

再開発前後、そして再開発以降に参入してきた事業者たちに立地選択理由を尋ねたところ、〈あてはまる＋ややあてはまる〉を足した好意的理由として挙げられた回答が、交通の便や地域イメージで九割以上、事業の信頼性の担保で八割以上であるのに対し、情報入手や集積性という理由を挙げたのは六割前後となっている。これは事業の実務的な判断よりも、これまで丸の内が培ってきた「場所」のおかげであろう。ファイアレイは「シンボル－感情関係」が経済的分析に挑むような形で立地過程に影響を与えることを示唆していたが、まさにその通りの結果を引き起こしていた。ただやはり経済センターのポテンシャルは非常に高いらしく、当初の移転理由と現在の事業所環境評価を比較すると、軒並み有意な形で地域イメージ以外の評価が上がっていることが確認された。

さらにここ一週間のあいだに丸の内地区内の他の事業者とのあいだで事業上の情報交換を行ったかをたずねた。一定の事業所区分、とりわけ経営組織としての「会社」における企業分類によって、コミュニケーション経路と頻度、そして相手に差異が生じている点、そして対面・電話・文書・メールといった多数のコミュニケーション経路を有効に利用している事業者ほど、丸の内地区内部にて活発なコミュニケーションの機会を得ている点が明らかとなった。つまりネットワークをたくさん持っているか否かの条件が丸の内内部でも異なり、諸関係の取り結び方に差が生じていることがわかる。

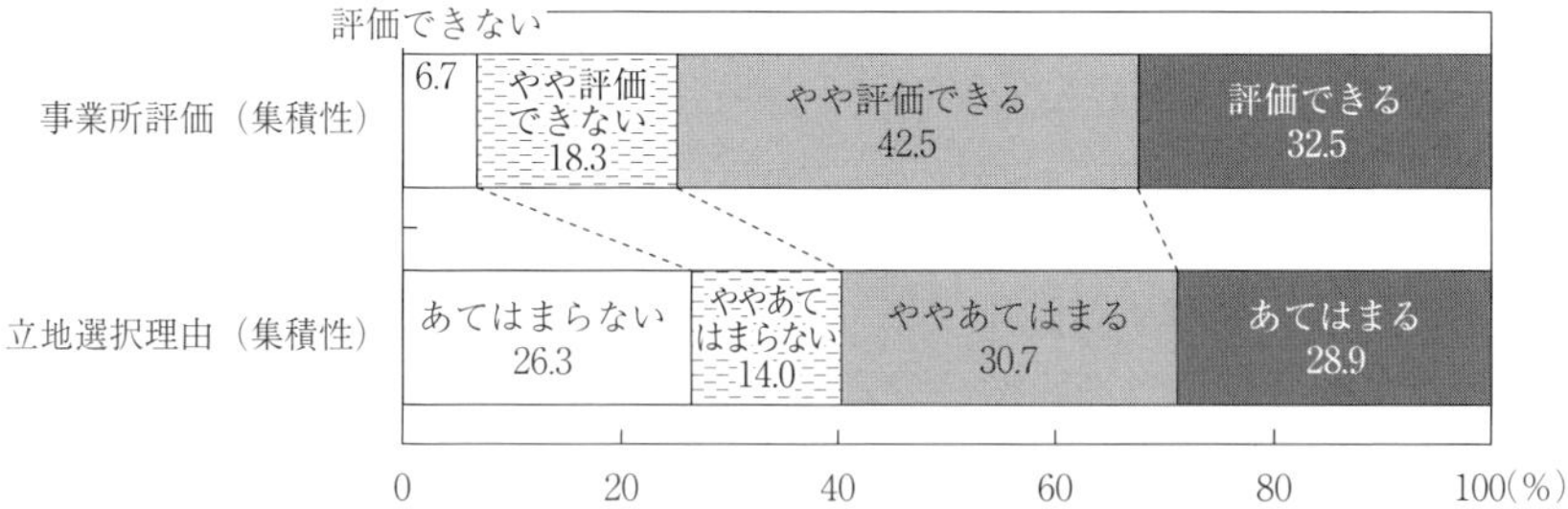

図６－３　立地選択理由と事業所環境評価：集積性（再開発以降参入事業者）

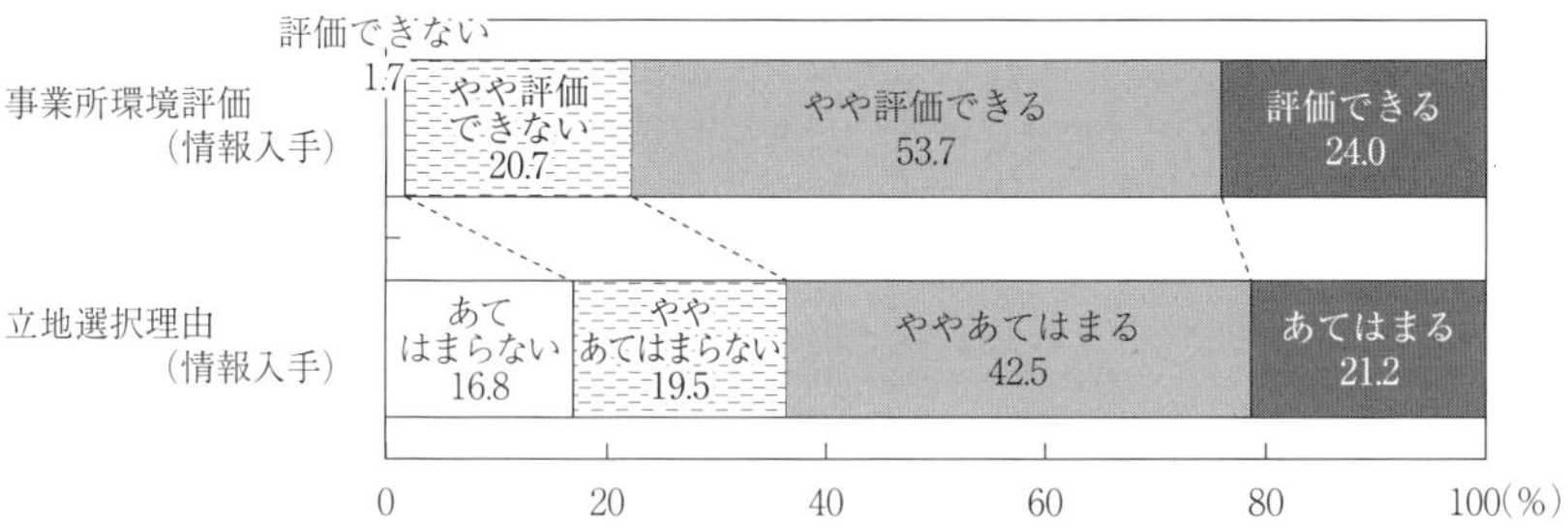

図６－４　立地選択理由と事業所環境評価：情報入手（再開発以降参入事業者）

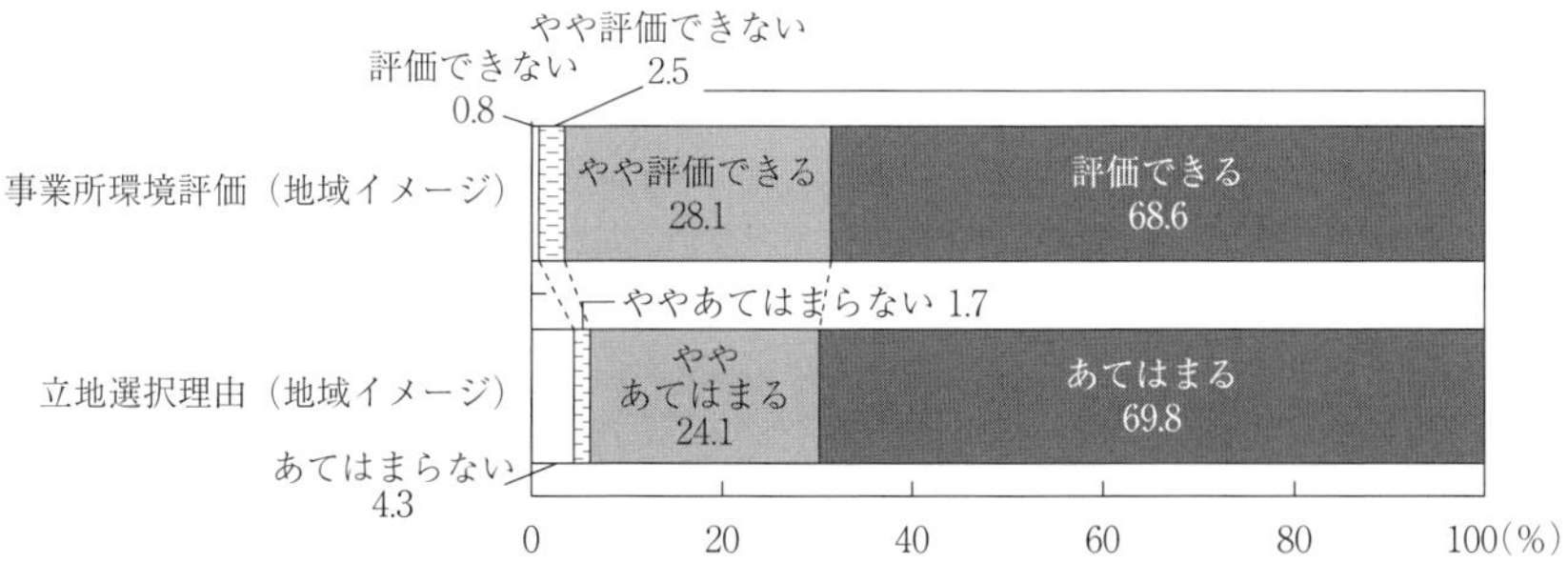

図６－５　立地選択理由と事業所環境評価：地域イメージ（再開発以降参入事業者）

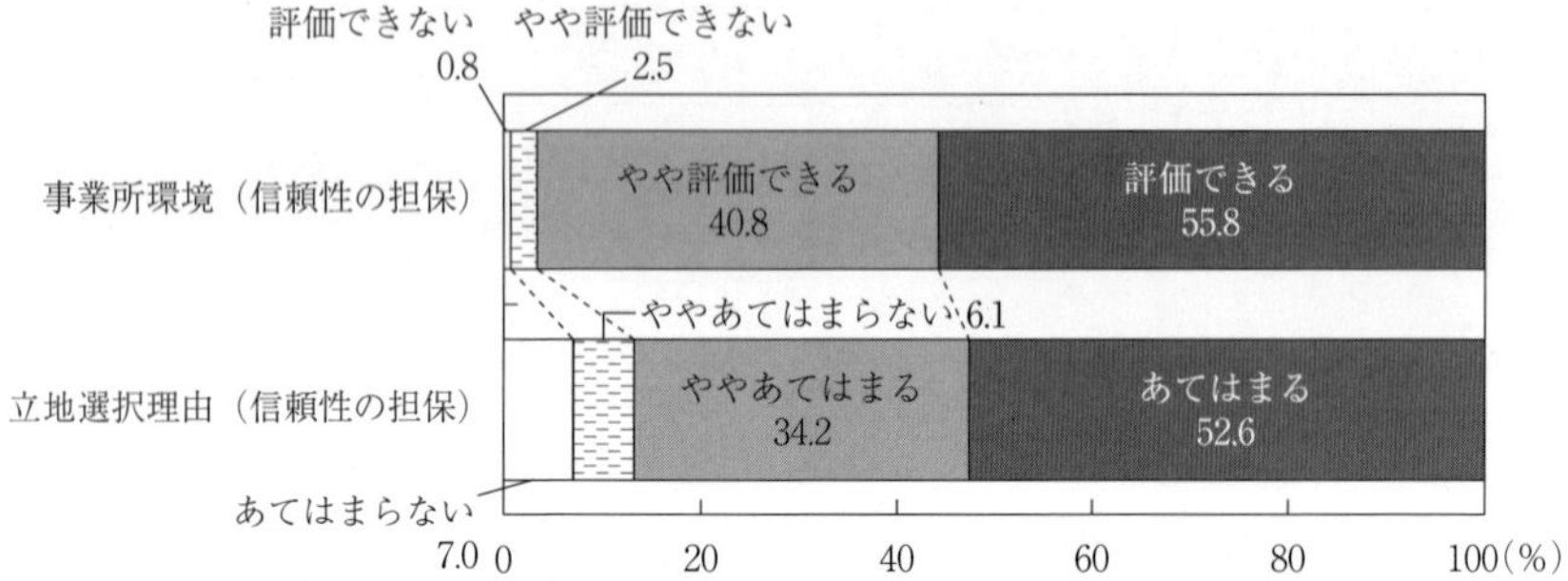

図 6－6　立地選択理由と事業所環境評価：事業の信頼性担保（再開発以降参入事業者）

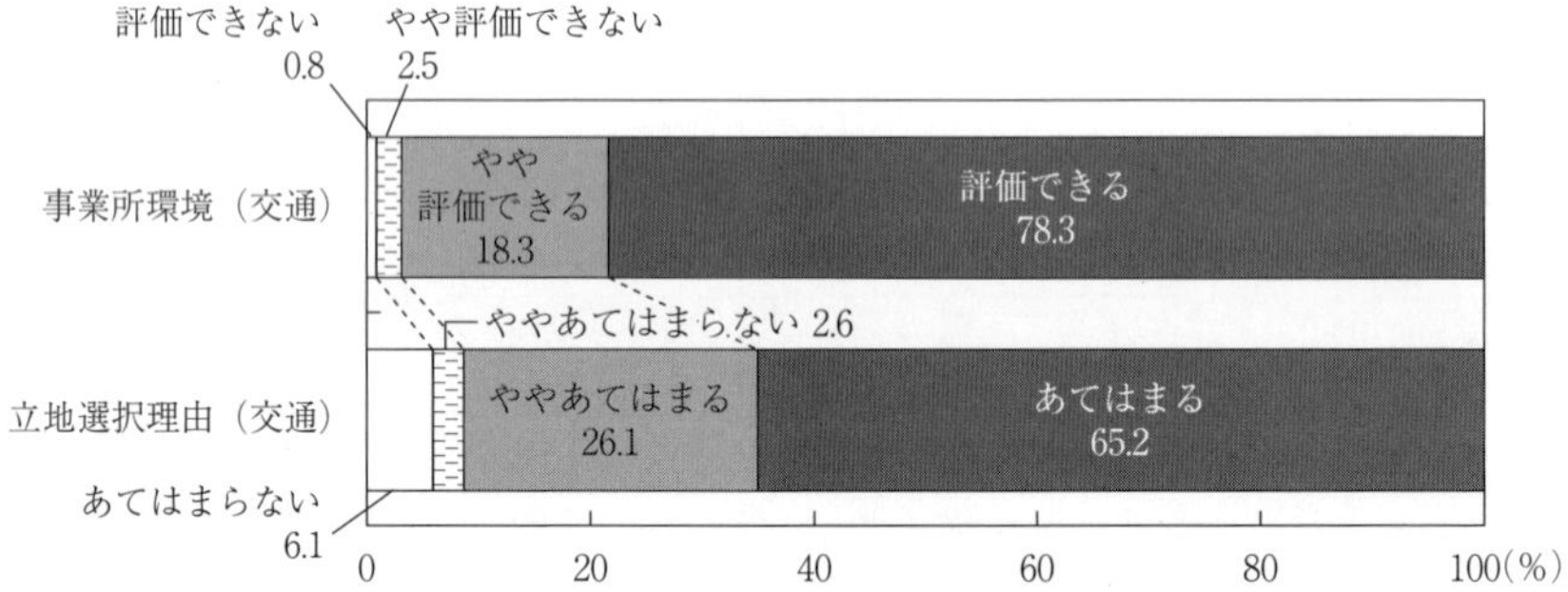

図 6－7　立地選択理由と事業所環境評価：交通の便の良さ（再開発以降参入事業者）

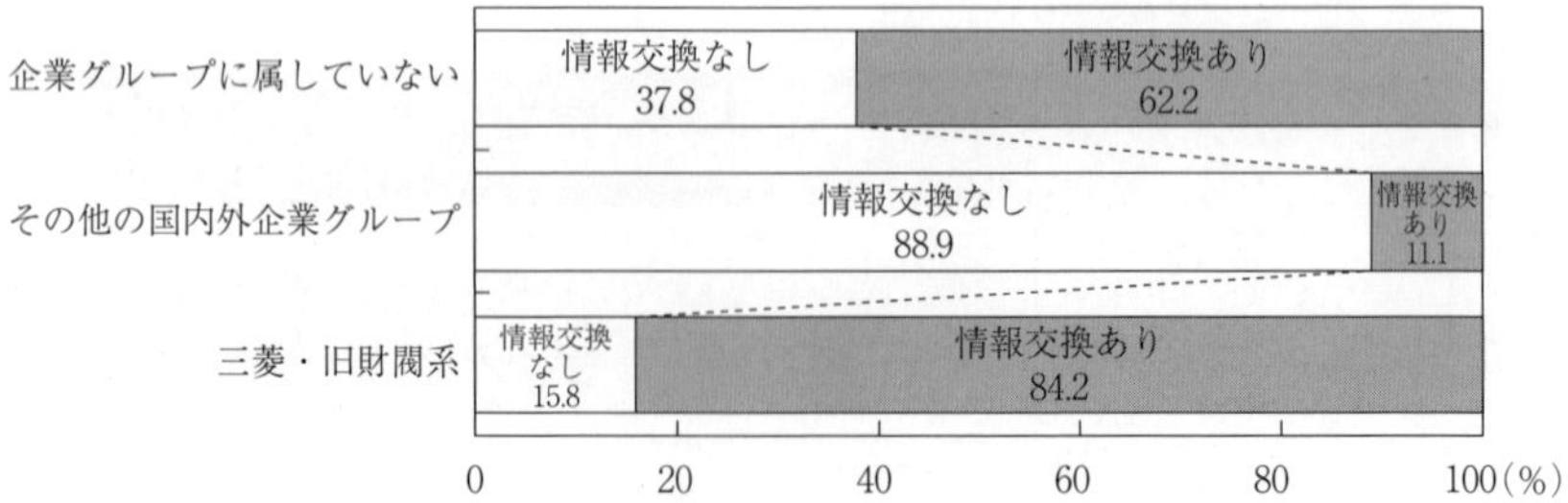

図 6－8　企業分類と情報交換相手：三菱系（再開発以降参入事業者）

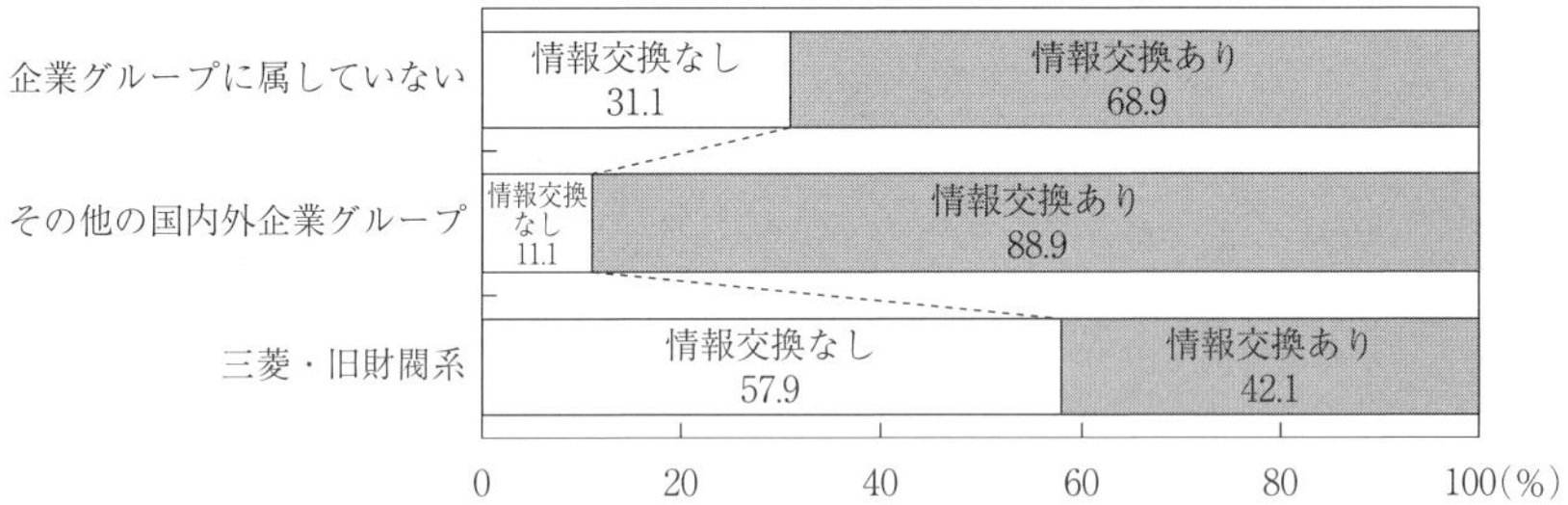

図6－9　企業分類と情報交換相手：所属グループなし（再開発以降参入事業者）

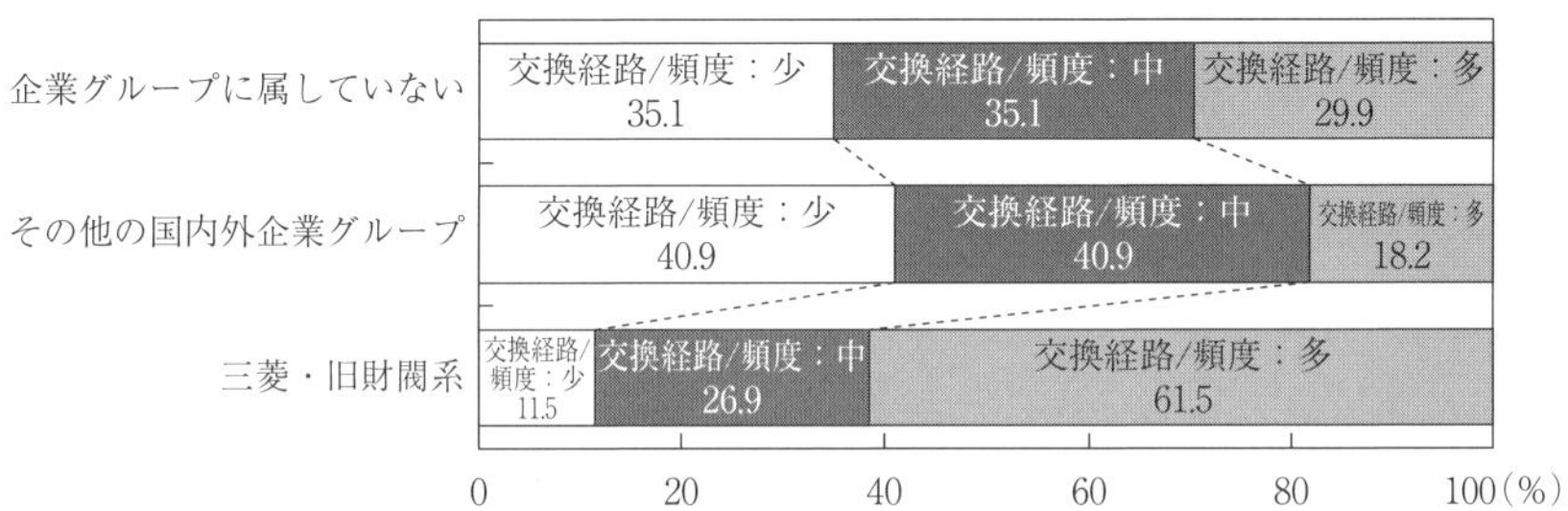

図6－10　企業分類と情報交換経路の有効利用度：三菱系（再開発以降参入事業者）

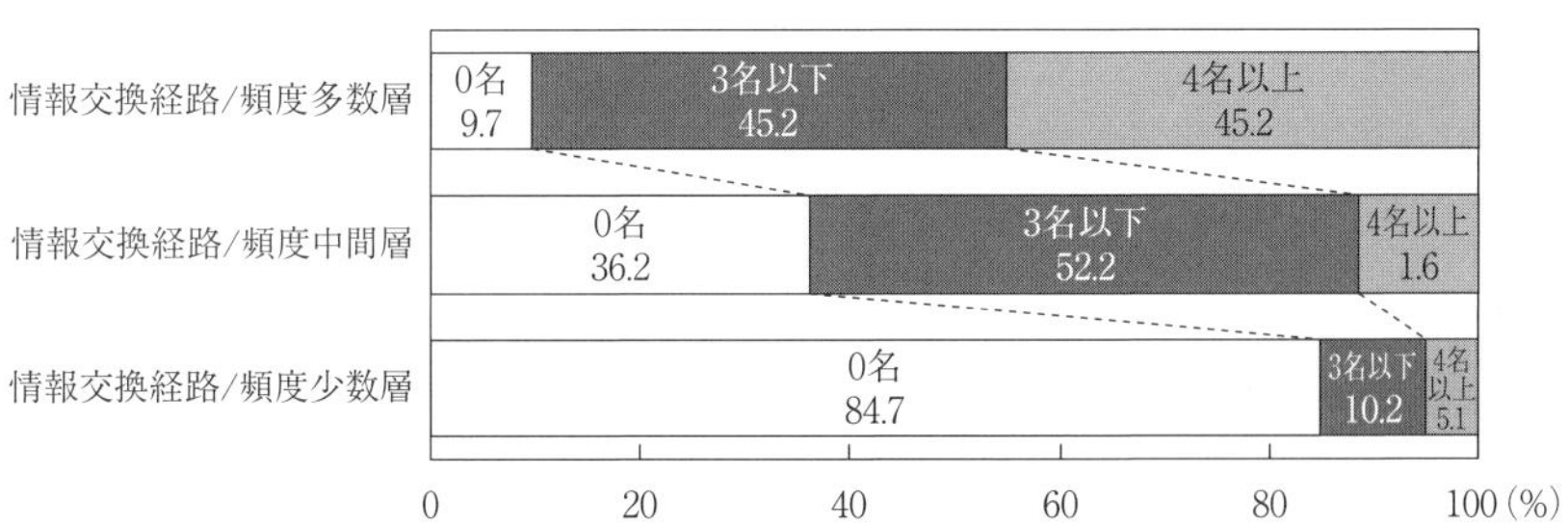

図6－11　企業分類と情報交換経路の有効利用度：企業グループなし（再開発以降参入事業者）

5　丸の内をめぐる感情とシンボリズム——社会・文化的側面

つづいて望ましい将来の丸の内像の維持がどのような人たちによって担われているのか、また丸の内への望ましさをどのような空間表象に託しているのかを明らかにするために、ここでは地域課題への意見、代表的な空間的表現の選択などについてのクロス表を用意した。

まず望ましい丸の内像については、とりわけ再開発地域である丸の内二丁目（以下、「丸の内」は略）において、それぞれの年代間あるいは再開発をはさんだ参入時期によって丸の内像の望ましさの方向性が異なっている（表6－3、表6－4）。特に飲食店や小売業の事業者として再開発実施以降に参入してきた若年女性層は、男性や再開発以前から働いている女性層に比して、丸の内のシンボリックな側面を非常に重視していることがわかる。それに対し一定年齢・通勤年数以上の女性事業者や再開発地域である二丁目の四〇～五〇代では、強い経済適応志向が確認されている。

こうした傾向はどういった要因からくるものであろうか。産業構造の観点から望ましい丸の内の将来像の回答を眺めると、その一端がより明確に見えてくる。つまり金融・保険や不動産、情報通信といった国際業務センターに密接に関連する事業であれば経済活動効率を上げる経済適応志向を選択し、飲食や宿泊、それに様々なブランドを扱うショップに代表される小売などの付加価値を重視する事業であれば、文字通り「丸の内ブランド」を高めるシンボル重視の開発を支持する、というわけである。同じような傾向は他の質問項目でも確認されており、丸の内がビジネス街であり、回答者が事業所の最上位者である以上、望ましい将来の丸の内像に対しての産業の効果は顕著なものだろう（表6－5）。

表6-3　年齢・通勤年数・性別別の地域課題への意見（再開発）

性別	年齢	地域課題への意見（再開発）			
		N（回答者数）	丸の内は国際業務中枢なので，経済活動への適応を重視した開発を志向すべきだ。（%）	丸の内は「東京の表玄関」であるため，シンボル性に配慮した開発を志向すべきだ。（%）	計（%）
男性	45歳未満	36	30.6	69.4	100.0
	45歳以上	117	35.0	65.0	100.0
女性	45歳未満	27	18.5	81.5	100.0
	45歳以上	28	50.0	50.0	100.0
男性	通勤5年未満	50	34.0	66.0	100.0
	通勤5年以上	103	34.0	66.0	100.0
女性	通勤5年未満	32	21.9	78.1	100.0
	通勤5年以上	25	52.0	48.0	100.0

表6-4　地区・年代別，保存運動への認知度（2丁目）別の地域課題への意見（再開発）

地区	保存運動への認知	年代	地域課題への意見（再開発）			
			N（回答者数）	経済適応志向（%）	シンボル志向（%）	計（%）
2丁目		20～30代	28	10.7	89.3	100.0
		40～50代	56	41.1	58.9	100.0
		60代以上	19	26.3	73.7	100.0
	認知度：高い（「よく知っていて説明可能」＋「ある程度知っている」）	20～30代	5	0.0	100.0	100.0
		40～50代	25	52.0	48.0	100.0
		60代以上	13	15.4	84.6	100.0
	認知度：低い（「あったことだけは知っている」＋「まったく知らない」）	20～30代	23	13.0	87.0	100.0
		40～50代	31	32.3	67.7	100.0
		60代以上	6	50.0	50.0	100.0
3丁目		20～30代	12	41.7	58.3	100.0
		40～50代	62	38.7	61.3	100.0
		60代以上	31	35.5	64.5	100.0

表6－5　性別・産業構造別の地域課題への意見（再開発）

性別	年齢	地域課題への意見（再開発）			
		N	経済適応志向（%）	シンボル志向（%）	計（%）
男性	第二次産業	22	36.4	63.6	100.0
	「世界都市」産業（情報通信・金融保険・不動産）	27	40.7	59.3	100.0
	サービスⅠ（卸売・小売・飲食・宿泊）	30	30.0	70.0	100.0
	サービスⅡ（医療福祉・学習支援・複合サービス・運輸・公務）	29	58.6	41.4	100.0
	サービスⅢ（その他のサービス）	42	16.7	83.8	100.0
通勤5年以上男性	第二次産業	15	40.0	60.0	100.0
	「世界都市」産業（情報通信・金融保険・不動産）	20	45.0	55.0	100.0
	サービスⅠ（卸売・小売・飲食・宿泊）	17	29.4	70.6	100.0
	サービスⅡ（医療福祉・学習支援・複合サービス・運輸・公務）	18	61.1	38.9	100.0
	サービスⅢ（その他のサービス）	30	10.0	90.0	100.0
女性	第二次産業	4	0.0	100.0	100.0
	「世界都市」産業（情報通信・金融保険・不動産）	4	100.0	0.0	100.0
	サービスⅠ（卸売・小売・飲食・宿泊）	22	18.2	81.8	100.0
	サービスⅡ（医療福祉・学習支援・複合サービス・運輸・公務）	11	45.5	54.5	100.0
	サービスⅢ（その他のサービス）	16	43.8	56.3	100.0

さらに現在の丸の内には、一般の社会構造とは異なり、再開発を経たことで年齢が上昇するほど学歴が上昇するというアンビバレントな「ねじれ」の存在がある。[7] その「ねじれ」を生み出す二〇～三〇代を別にすれば、一定程度丸の内で働いてきた四〇代以上の事業者たちは、（新）高等教育を受けた後に高度経済成長期に一気に増加した専門経営者層のもとで仕事を学び、現場を知るための配置転換を繰り返しながら、年功序列・終身雇用を主たる秩序として運営される官僚主義的な組織風土の中で生き抜いてきた層である。とりわけこの年代を中心に構成される医療福祉・学習支援・複合サービス・運輸・公務からなるサービスⅡにおいて、こうした経済的到達点としての丸の内という意識はより明確なものとなっている。

それに対し「ねじれ」のもとである二〇～三〇代、特に再開発地域である二丁目の若年事業者は、そうした意識からも、さらには近代日本を特徴づける集合的感情と想像力からなる「丸の内らしさ」からも自由である。二丁目の事業者を第Ⅲ期の東京駅保存運動に対する認知度別に見ると、保存運動への高い認知度と結びつく形で同様に高いシンボル志向を選択する六〇代以上の事業者とは異なり、認知度に関係なく高いシンボル志向を表す（表6‐4）。このことは彼ら／彼女たちがこれまでの歴史とは関係のない、むしろ三菱地所のイメージ戦略に基づく新たな「丸の内らしさ」に適合する担い手であることを示しているのである。

（1）空間表象から見た「丸の内らしさ」とその規定要因

さらに場所イメージをめぐる傾向をより明確に摑むために、各事業者が考える丸の内を空間的に表象する景観（空間表象としての丸の内）の単純集計結果、およびそれを従属変数としたクロス表を準備した。

まず「丸の内の空間的側面を最もよく表している景観」を問うた空間表象としての「丸の内らしさ」の意識をめぐる単純集計を見てみよう（図6‐12・6‐13）。この項目は各事業者が丸の内に対してどのようなまなざしを向けているのかについて、主に空間的側面から接近したものである。「東京駅‐皇居‐行幸通りからなる軸線」が全体の四割を占め、「丸ビルをはじめとした近年の再開発ビル」などの新しい風景がそれに続く結果となっている。これは近代日本の集合的感情を空間的に表象すると考えられる軸線が依然として強い象徴性を有していることを示す一方、三菱地所の主導する新たな「丸の内らしさ」が示す文化的価値を表象する再開発ビルなど、新しい風景が多くの人々に受け入れられていることを表すものと理解される。

次にこうした丸の内の空間表象をめぐる意識を従属変数としたクロス表からその規定要因を探ってみよう。あくまで参考までに行ったカイ二乗検定の結果、有意な関係が見出されたのは、地域課題への意見として今後の開発の方向性を問うた価値・態度項目と地域／立地項目のみであった。前者についてはかなり弱い関連ではあるが整合性のある内容であるし、後者については行幸通りに接した二丁目では軸線の値が過半数を占め、まだ開発が始まって

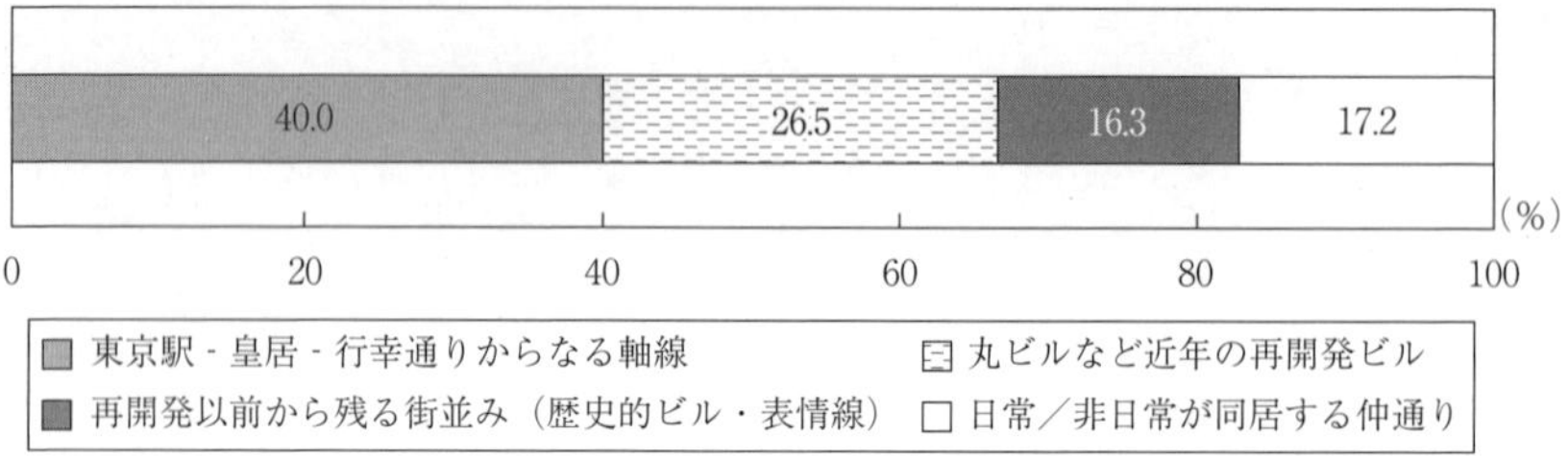

図 6 - 12　空間表象としての「丸の内らしさ」（丸の内を代表すると考えられる景観）の単純集計結果

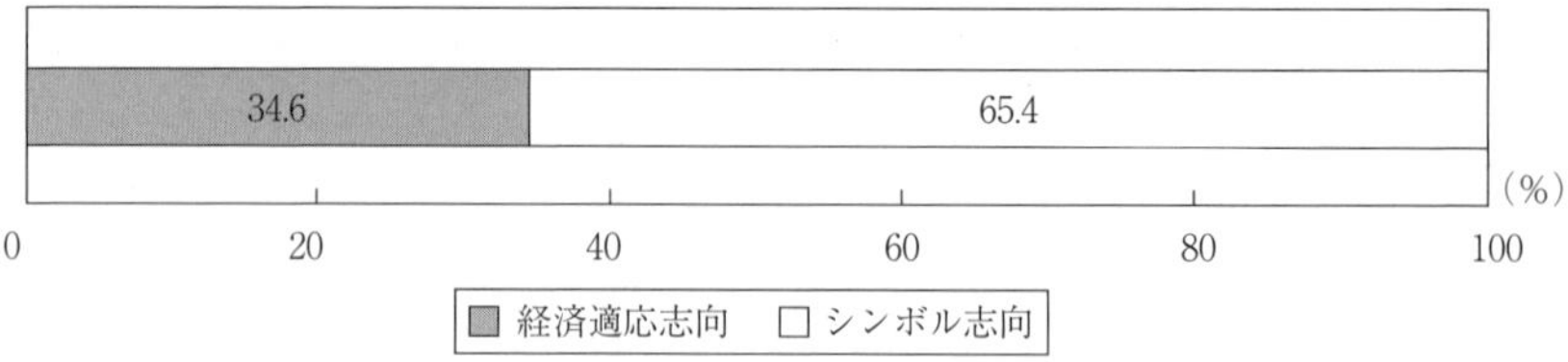

図 6 - 13　地域課題への意見（再開発：今後の丸の内の開発方向性）の単純集計結果

注：ここでいう経済適応志向は「丸の内は国際業務中枢なので，経済活動への適応を重視した開発を重視すべきだ」の意見を，シンボル志向は「丸の内は東京の『表玄関』であるため，シンボル性に配慮した開発を志向すべきだ」の意見をそれぞれ省略したものである。この志向性の規定要因としては，年齢や性別，産業などが強い効果を示しているが，この分析結果については改めて別稿にて取り上げたい。

いないがゆえに残っている低層ビルの整った表情線やメインストリートである仲通りなどにもポイントが入った丸の内三丁目（以下、「丸の内」は略）というように、ビジネス街にはめずらしく明確な地域性が表出している。

　ここで有意な結果の出た地域課題への意見と地域／立地変数を用い、さらに分析を進めると、「シンボル性に配慮した開発を志向すべきだ」というシンボル志向の項目においてより表象選択の地域差がはっきりとした。望ましい丸の内の方向性について同じくシンボル志向を選んだにもかかわらず、その感情を預ける／寄せ集める対象として選択したのは自らにとって最も身近なものであり、同じ「丸の内らしさ」の空間的表現においても異なるバリエーションが存在していることがより明らかとなる。

表 6 - 6　地域課題への意見（再開発）および各属性項目別の空間表象としての「丸の内らしさ」

地域課題への意見（再開発）	空間表象としての丸の内（「丸の内を最もよく表していると考えられる景観」）					
	N（回答者数）	東京駅－皇居－行幸通りからなる軸線（%）	丸ビルなど近年の再開発ビル（%）	再開発以前から残る街並み（歴史的ビル・表情線）（%）	日常／非日常が同居する仲通り（%）	［参考］カイ２乗（V は Cramer）
経済適応志向	71	33.8%	38.0%	16.9%	11.3%	$p<.05$　$X^2=7.975$
シンボル志向	136	43.4%	21.3%	15.4%	19.9%	$df=3$　$V=.196$
地域（２・３丁目）						
２丁目	108	50.9%	27.8%	9.3%	12.0%	$p<.01$　$X^2=16.550$
３丁目	107	29.0%	25.2%	23.4%	22.4%	$df=3$　$V=.277$
性別						
男性	155	41.3%	27.7%	12.9%	18.1%	
女性	60	36.7%	23.3%	25.0%	15.0%	
通算通勤年数						
５年未満	87	40.2%	31.0%	17.2%	11.5%	
５年以上	127	40.2%	23.6%	15.0%	21.3%	
年代						
20～30代	44	50.0%	27.3%	13.6%	9.1%	
40～50代	117	40.2%	25.6%	16.2%	17.9%	
60歳以上	51	31.4%	27.5%	17.6%	23.5%	

表 6 - 7　地域課題への意見（再開発）および地区／立地変数別の空間表象としての「丸の内らしさ」

地域課題への意見	地区／立地	空間表象としての丸の内（「丸の内を最もよく表していると考えられる景観」）					
		N（回答者数）	東京駅－皇居－行幸通りからなる軸線（%）	丸ビルなど近年の再開発ビル（%）	再開発以前から残る街並み（歴史的ビル・表情線）（%）	日常／非日常が同居する仲通り（%）	［参考］カイ２乗（V は Cramer）
経済適応志向	２丁目	31	41.9%	41.9%	9.7%	6.5%	
	３丁目	40	27.5%	35.0%	22.5%	15.0%	
シンボル志向	２丁目	73	54.8%	21.9%	9.6%	13.7%	$p<.01$　$X^2=11.259$
	３丁目	63	30.2%	20.6%	22.2%	27.0%	$df=3$　$V=.288$

注：本調査は悉皆調査として実施されており，本来ならばカイ二乗検定を行うべきではないが，関係性の有無を示す参考資料としてここでは掲示しておく。

（2）新たな「丸の内らしさ」と「場所」イメージ

それでは空間的表現をめぐるこれらの回答から見えてくる表象としての丸の内の差異は、どのようなイメージの違いとして浮かび上がってくるのだろうか。ここでは「日本橋や銀座、新宿や渋谷等と比較して、『丸の内』があなたにとってどういう意味を持つか」という問いを通じて析出される情緒的意味から、「丸の内らしさ」を明らかにしていくこととする。

第一段階として、空間表象および地域ごとのイメージプロフィールを見てみよう。まず「皇居・行幸通り・東京駅からなる軸線」については、その風格ある風景から重厚さが他の空間表象と比べて最も感じられている一方で、開発が進展する東京駅前の状況から現代的な印象が強くなっているのが特徴的である。次に丸ビルをはじめとした「再開発ビル群」については、その新しさがもたらす利便性からくる快適さや開放性、軽やかさ、柔らかさといったポジティブなイメージが先行する一方で、強い実質性を示すというビジネスの側面が強調される結果となった。また歴史を体現する建造物群ついては、強い近代的イメージが示す通り、落ち着きや敷居の高さ、硬さという物静かな丸の内像が見えてくる。なお日常／非日常が同居する仲通りについては、最も平均的な結果となっているのが逆に印象的である。その一方で開発が進行し新たに参入してきた事業者の多い二丁目（n＝109）と、再開発以前から事業を営む三丁目（n＝111）の間では平均に大きな差が見られない。しいて言えば敷居の高低や好き－嫌いの間で若干の差が見られる程度である。

つづいて丸の内への参入時期が再開発以前／以後で「丸の内らしさ」にどのような差異が生じているのかを明らかにするために、参入時期および再開発の有無という開発のインパクトをイメージプロフィールから確認してみる。ここで目に見えて差が確認できるのは、「落ち着いた－活気のある」など活動性を示す形容詞対に加え、「雑然とした－整然とした」という街の雰囲気を示す形容詞対、そして「嫌い－好き」など評価性を示す形容詞対においてで

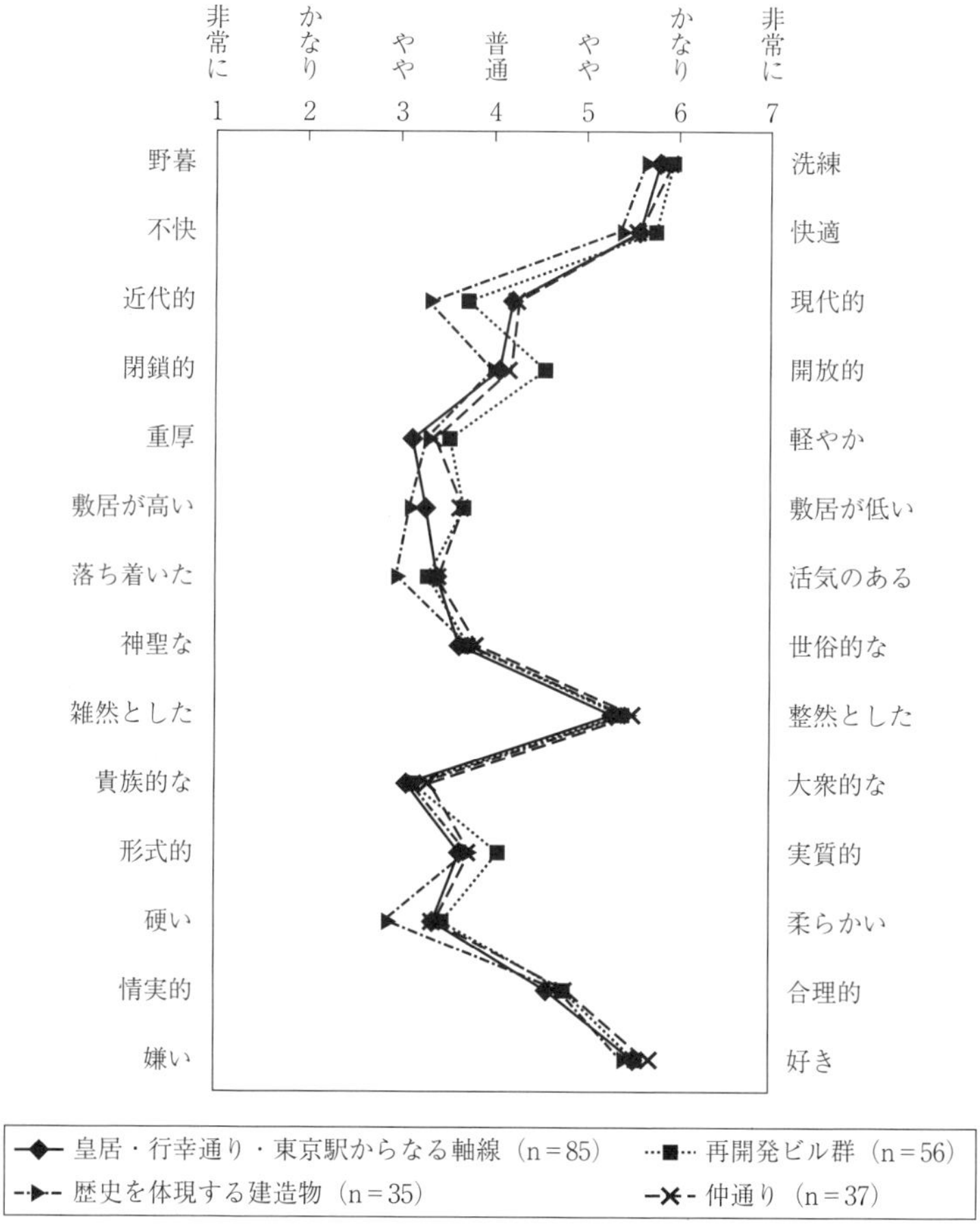

図6－14　空間表象のイメージプロフィール

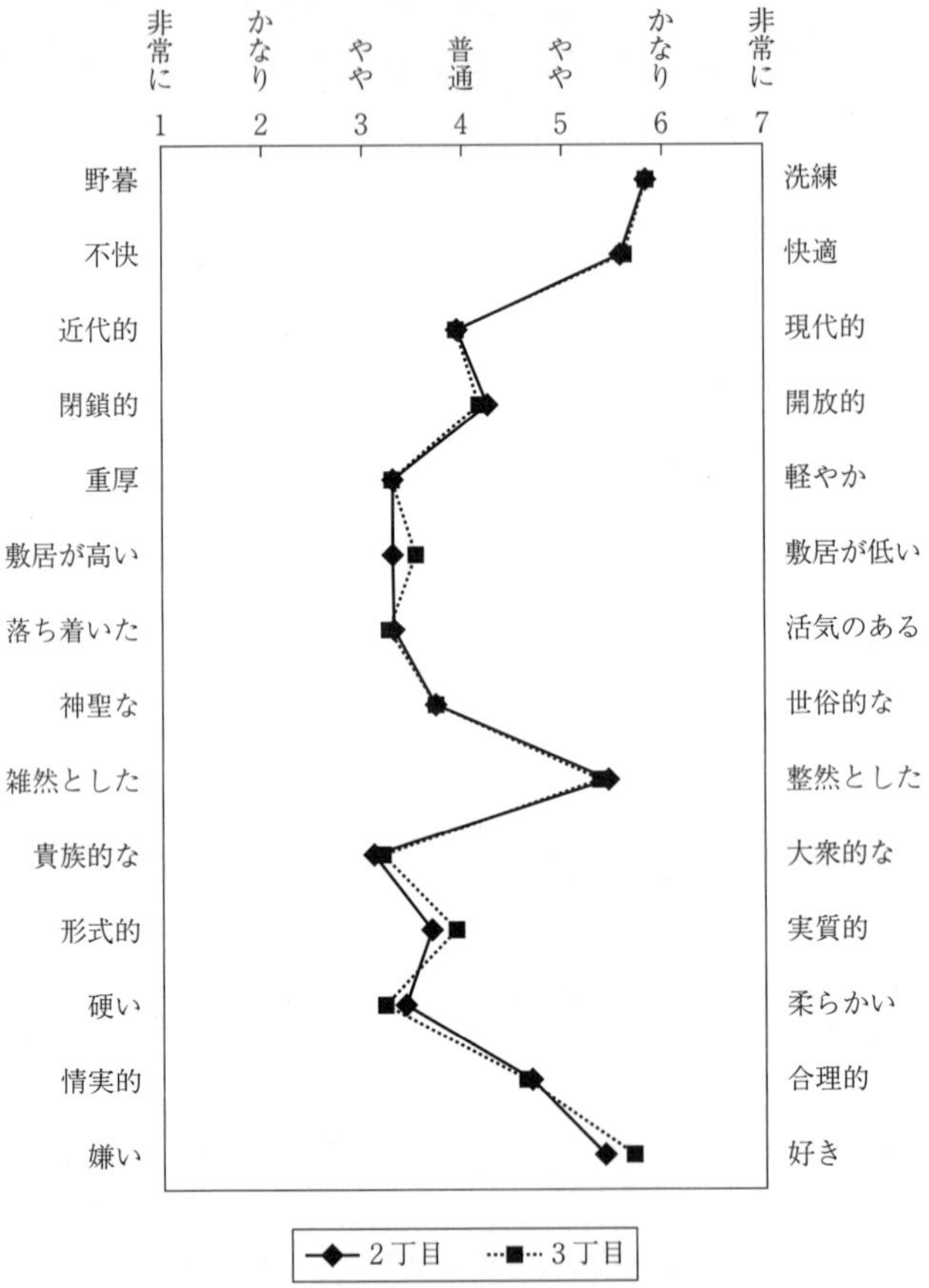

図6-15　地域ごとのイメージプロフィール

ある。

さらに、再開発の影響として目に見える形での変化として捉えられる性別のイメージプロフィールを確認してみよう。まず性別だけで考えると、「閉鎖的な－開放的な」や「重厚な－軽やかな」といった雰囲気に関わる項目において評価が分かれている。ただ最も大きな差として現れているのは、再開発の行われた二丁目の男女間における「落ち着いた－活気のある」という活動性を示す形容詞対であり、再開発の恩恵として経済的な活発さを、言い換えればグローバルな資本活動を最大限評価する男性事業者と、再開発後にサービス業の事業者として参入してきたが故に目には見えない威信価値の効果を実感する女性事業者の事業活動の差異が明示されたといえよう(8)。

ここまでの傾向をまとめると、まず活動性を示す形容詞対については、全般的に再開発によって活力が生まれたことを体感し、経済的志向性を強める二丁目の再開発以前に参入した男性事業者と、丸の内が有する威信価値を評価する再開発以降に参入した女性事業者の間で最も大きな差が見られる。また雰囲気を示す形容詞対については、再開発が進行することで空間的にも社会的にも様々な層が混在する二丁目における事業者同士で、評価性を示す形容詞対では再開発以降に参入してきた事業者同士で最も大きな差が確認された。このように「丸の内らしさ」をめぐる意識の断面は、必ずしも空間表象には結実していないものの、立地や通勤年数、そして構造転換が顕著に確認された性別などの変数において、開発の空間的・社会的インパクトの結果として表面化しつつあることが読み取れる。

ここでより大きな差が確認された立地および通算通勤年数といった開発のインパクトを測定する項目や空間表象と情緒的意味のあいだにある潜在的な共通要因を探るために因子分析（主因子法：プロマックス回転）を行った(9)。第一因子は「野暮－洗練」「嫌い－好き」「深い－快適」「閉鎖的－開放的」「雑然とした－整然とした」など評価を伴う項目より構成される因子であり、第二因子は「硬い－柔らかい」「重厚－軽やか」「貴族的－大衆的」からなる雰

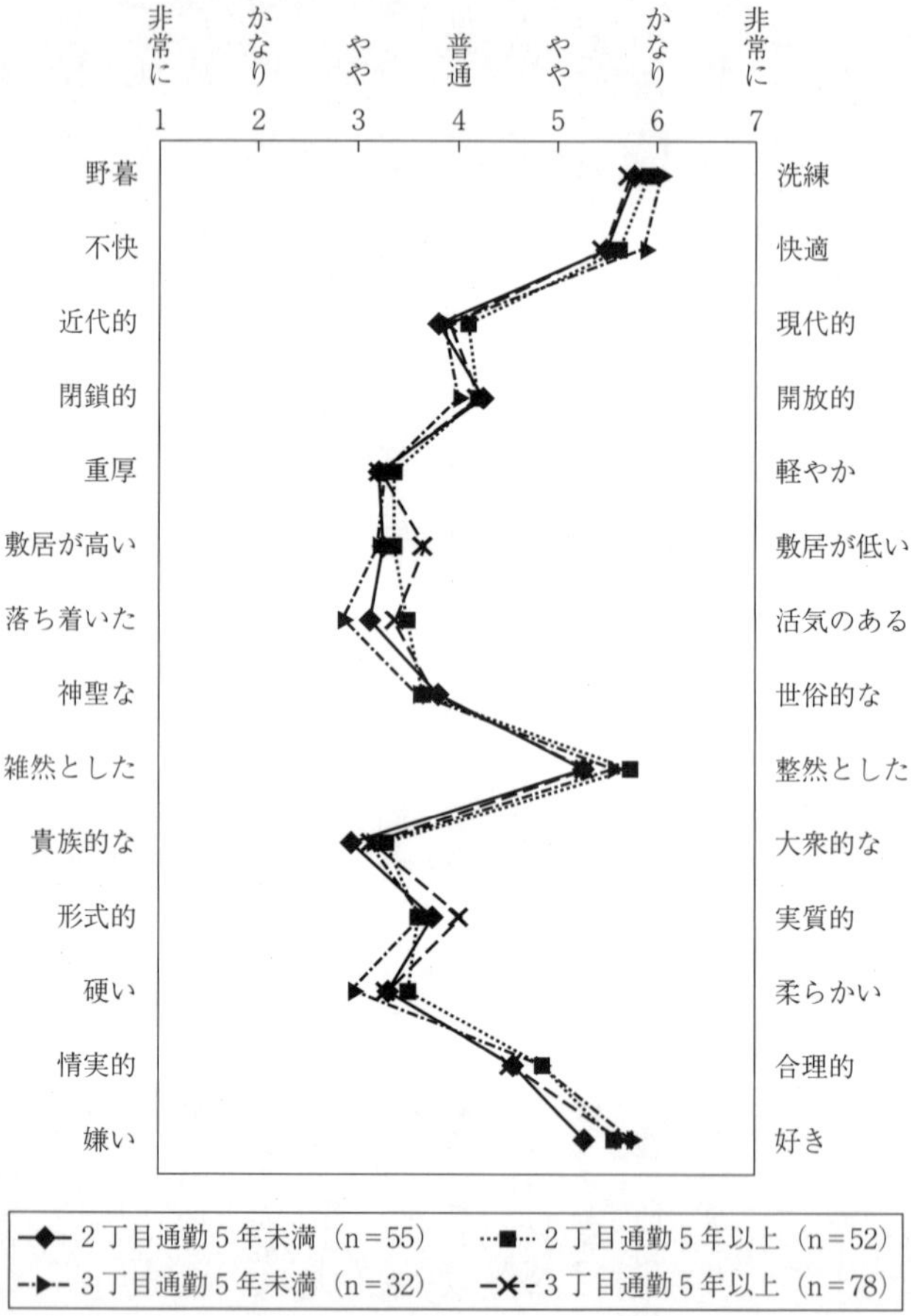

図6-16　立地×通勤年数のイメージプロフィール

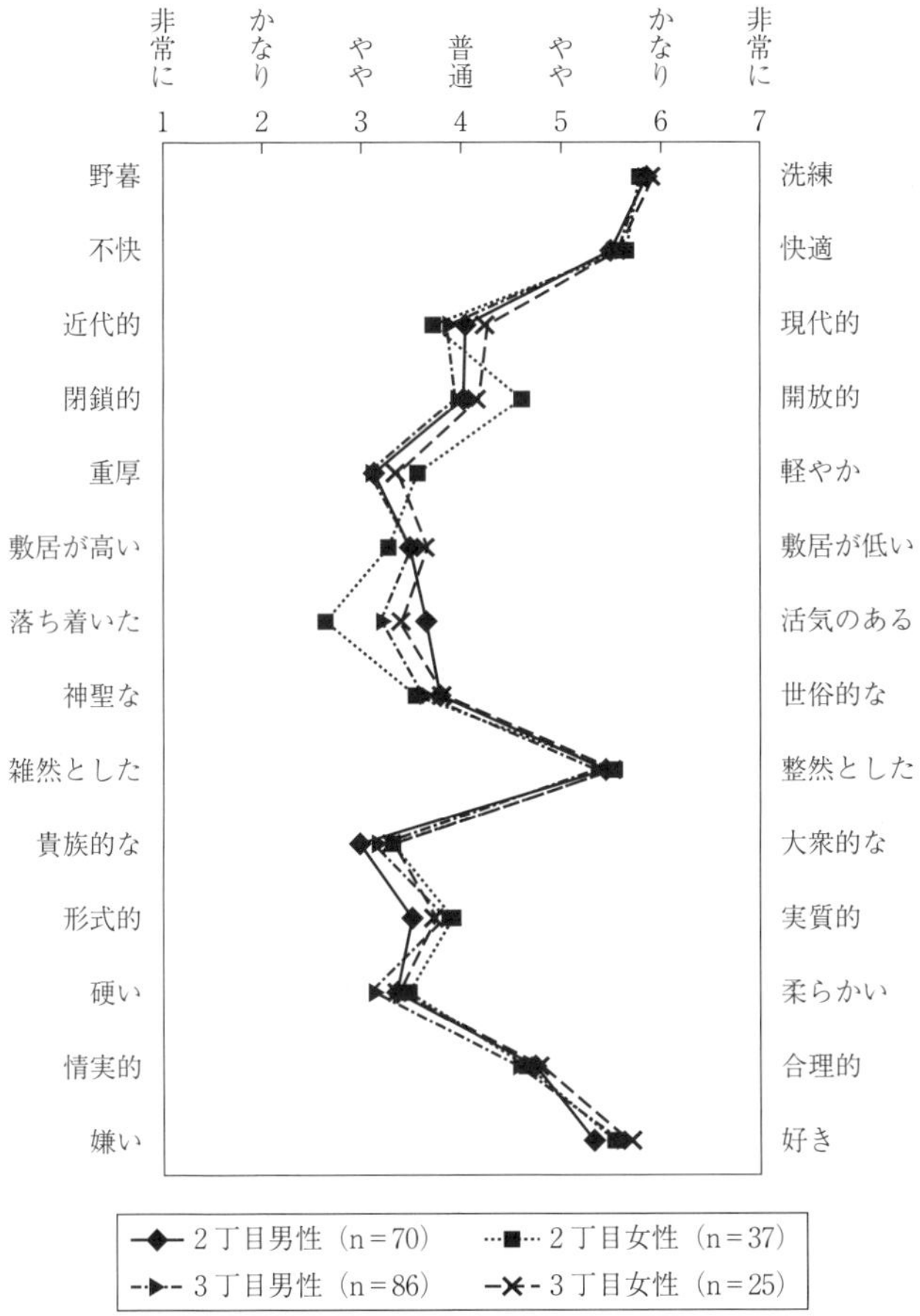

図6－17　立地×性別のイメージプロフィール

表 6－8 「丸の内らしさ」の因子分析（固有値と累積寄与率）

因子	固有値	累積寄与率(%)	回転後（%）
1	2.534	25.3	19.8
2	2.079	46.1	35.0
3	1.333	59.5	42.9

（プロマックス回転 成分相関行列：.006, −.109, .374）

表 6－9 「丸の内らしさ」の因子分析（共通性と因子負荷量）

形容詞対	第 1 因子	第 2 因子	第 3 因子	共通性
野暮－洗練	0.709	−0.016	−0.051	0.513
嫌い－好き	0.659	−0.024	−0.018	0.438
不快－快適	0.641	−0.177	0.029	0.435
閉鎖的－開放的	0.407	0.285	0.229	0.329
雑然とした－整然とした	0.381	0.048	−0.448	0.369
硬い－柔らかい	0.107	0.720	0.067	0.569
重厚－軽やか	−0.152	0.663	−0.110	0.415
貴族的な－大衆的な	−0.129	0.541	−0.007	0.306
落ち着いた－活気のある	0.005	−0.085	0.815	0.619
敷居が高い－敷居が低い	0.025	0.077	0.515	0.302

表 6－10　立地×通勤年数ごとの因子スコア

	2 丁目		3 丁目	
	5 年未満	5 年以上	5 年未満	5 年以上
評価性	−0.133	0.124	0.226	−0.066
雰囲気	−0.073	0.146	−0.176	−0.007
活動性	−0.075	0.081	−0.261	0.089

表 6－11　立地×性別ごとの因子スコア

	2 丁目		3 丁目	
	男性	女性	男性	女性
評価性	−0.044	0.056	0.008	0.006
雰囲気	−0.076	0.229	−0.096	0.182
活動性	0.132	−0.232	−0.015	0.046

表6－12　空間表象ごとの因子スコア

	東京駅－皇居－行幸通りからなる軸線	丸ビルなど近年の再開発ビル	再開発以前から残る街並み（歴史的ビル・表情線）	日常／非日常が同居する仲通り
評価性	−0.040	0.099	−0.181	0.060
雰囲気	−0.095	0.192	−0.184	0.073
活動性	0.019	0.098	−0.220	0.064

囲気を示す項目より構成される因子、第三因子は「落ちついた－活気のある」「敷居が高い－敷居が低い」からなる活動性を示す項目より構成される因子であることがわかる。

最後にこれらの因子スコアを算出の上、因子スコアのプロフィールからそれぞれの丸の内らしさを考察すると、以下のような傾向が見えてくる。立地×通勤年数ごとの因子スコアについては、特に再開発以降に参入した三丁目の女性事業者層においてワンランク上の大人の雰囲気を持つ丸の内イメージを好意的に捉えている様子が散見される。また再開発地域である二丁目にて再開発以前に参入した男性事業者層では活発な経済活動を営むハレの舞台として、「丸の内らしさ」が浮かび上がってきており、先述の事業者層が有する丸の内像と併せて変化を続ける丸の内に対して非常にポジティブな評価を下している様子が見えてくる。それに対して再開発以降に参入してきた新しい役割を期待される二丁目の事業者層については、丸の内を雰囲気のよい落ち着いた街として感じてはいるものの、必ずしも自らの身体に定礎した感情的評価に結びついておらず、未だ戸惑っている様子がうかがえる。

つづいて空間表象ごとの因子スコアを見ると、再開発ビルや新しく街を再編する足がかりとなった仲通りといった三菱地所が新たに「都市づくり」を進める空間を中心にポジティブな評価が下される一方、軸線や再開発以前から残る町並みといった三菱地所側が示す新たな「丸の内らしさ」とは異なる価値を体現する空間においてややネガティブな評価が見受けられる。これは三菱地所側が示す新たな「丸の内らしさ」へと違和感を覚えている様を意味するのと同時に、軸線において活動性の値がわずかながらも正を示していることからもみてとれるように、特に開発が進む東京駅前を焦点として、経済的なものと社会・文化的なものがせめぎあう「丸の内らしさ」をめぐるゆらぎが生じている結果ともいえるのではかろうか。

6　「丸の内らしさ」の再審に向けて

本章では、東京駅前を舞台として進展している都心再構築の中で浮上する、丸の内という「場所」の現在性について、各種統計および千代田区丸の内二・三丁目の全事業所／者を対象とした「『丸の内らしさ』に関する調査」のデータを用いて検討を行った。

近年の丸の内では、一九八〇年代の世界都市化への対応が丸の内に本社を構える製造業を中心に行われた一方、他地域の開発主体との葛藤や歴史的シンボルの崩壊の阻止を目指す市民の強い反発により再開発の遅れを招いたことが、結果的に産業構造の転換を遅らせた。そのことが新しいライフスタイルの提供や価値の創造を旗印としつつ「世界」に開かれたまちづくりを目指すという、すなわち経済的な営みに社会・文化的なものを挿入する「丸の内の大家」たる三菱地所の現在の開発手法を形成するにいたる。

ただ新たな「文化」を創出する担い手としての対事業所サービス事業所や個人向けサービスの集積を伴うこのような都市空間の多機能化の方向は決して珍しい状況ではない。むしろ文化的なものを媒介として経済的な活動を深化させるにあたり、その方向性を規定する重要なファクターとなるのが存在を支える基盤となる場所であり、その場所をいかに掘り起こして経済活動を推進しやすい形へと再構築していくのかがディベロッパーにとって重要な課題となる。丸の内の場合は皇居と東京駅という異なるレベルのシンボルの所在を背景としながら、近代日本を経済面から推進してきた中で蓄積・集積された高度な中枢管理機能のほかにも、一〇〇年かけて培われてきた風格や雰囲気として人々の五感を通じて感じられる記憶を喚起する場所の存在があったのである。

イメージアップ戦略を伴いながら再開発によって街の再編を進めていく三菱地所による新たな「丸の内らしさ」構築の流れは、旧来の建造物の部分的保存や復原という形で「市民」側の「丸の内らしさ」に配慮しながら、新しいライフスタイルの提供と価値創造を主要な目的とする、まさに「社会・文化的」な力を利用する形で進められている。「思い出」ではない「新しい」丸ビルを訪れる来街者や、そうした来街者にサービスを行う再開発以降に参入してきた過去の「丸の内らしさ」とは切り離された若年事業者たちは、三菱地所が提示する新たな「丸の内らしさ」が示す価値に適合する主要な担い手として組織化される。

しかしながら、こうして新たに構築される丸の内という場所が有する潜在力に対してまなざしを向けるのは、何もディベロッパーだけではない。地域イメージの良好さや事業の信頼性を担保する地域がもつ威信性、「場所」性に最大限配慮する事業所の、立地過程にかかわる事業者たちは、目の前で繰り広げられる「市民」や三菱地所のあいだにある「丸の内らしさ」のせめぎあいに対し、それぞれの立場からまなざしを向けているのである。再開発地域である二丁目では、三菱地所側が提示する新たな「丸の内らしさ」に親和性の高い再開発以降に参入してきた二〇～三〇代の女性事業者に対し、「経済的到達点としての丸の内」を重視し将来の丸の内に強い経済適応志向を示す三〇～四〇代、また数々の景観論争の帰結を踏まえシンボル重視の姿勢を示す再開発以前から丸の内で生きてきた六〇代以上と、それぞれの事業内容に対応しながら参入時期や年代によって異なる態度が確認された。その空間的表現もそうした態度を反映して軸線とそれに続く形で再開発ビルが選択されたが、シンボル志向における空間的表現でもこの傾向に大きな差異は見られない。一方、開発の手が未だのびておらず二丁目の再開発以前から働いている事業者の多い三丁目では、強いシンボル性を保持している軸線を選択する事業者も一定数いるものの、近接する仲通りや日常的に目にする街並みに特徴的な傾向が現れている。シンボル志向の意見を見ると、事業者を参入時期（再開発前後）で比較した場合にこれらの空間的表現の選択が逆転することから、統合力は弱いながらも限定的な形で仲通りや街並みがシンボルとなっており、「市民」のものとも三菱地所のものとも異なる自らの経験や感情に直結した「丸の内らしさ」の存在が確認された。

同一地域内におけるこのような差異は、単純な立地条件という以上にファイアレイが指摘するような空間にシンボル性を付与・保持するレベルの違いによってもたらされている。景観論争や再開発を経て、皇居や東京駅、丸ビルとの関係で他地域では代替不可能な意味が全国や東京全域で承認され続けたがために空間そのものがシンボル性を帯びる二丁目に対し、三丁目は地域内部における限定的な意味付与・保持しかなされていない。故に二丁目では、再開発を経て事業者が入れ替わり、三菱地所はじめ多様な主体による新しい意味付与が行われたにもかかわらず、近代日本の集合的感情と想像力がもたらした軸線が有するシンボリズムを志向する態度が維持されたのであり、まだ開発がはじまっておらず、さらには事業者の入れ替わりも少ないために自らの経験や感情によって意味付与が行われ、保持され続ける三丁目とのあいだで明確な違いが生じたのだといえよう。

他方で、丸の内の空間的表現として同じシンボルを選択しながらも、再開発以前から事業所を構えており古くから他の事業者とのつながりをもつ三丁目で事業所を構える本所事業者と、再開発以降に入ってきて横のつながりもないまま営業時間をすごす二丁目の支所事業者では丸の内にむけるまなざしは必然的に異なるものとなっている。今回の分析では、場所イメージの析出を通じてそうした傾向に接近しようと試みたが、イメージプロフィールを見る限り双方とも現状の丸の内に対してそれほどポジティブな評価をあたえておらず、双方の場所イメージを規定する「丸の内らしさ」のゆらぎと隔たりが表面化する結果となった。これはフェイストゥフェイスによる情報交換や企業イメージの向上といった場所がもたらす付加価値が最大限に評価されるビジネスエリアにおいてこそ、企業や組織文化を含めた社会・文化的要因が場所の構築に対して大きな影響を与える可能性が高まることを示唆するものとして、考えることが出来るだろう。

注

（1）より具体的には、場所がいかにして物質性を伴う人工物として構築され経験されるか、それらはどのように言説として表象されるのか、そして現代の文化において表象として、すなわち「象徴的場所」としてどのように用いられるのか、という問題設定となろう。交換と移動とコミュニケーションの空間的障壁が解体していく「時間－空間の圧縮」の中で生ずる排他的な領域的行動によって場所に新たな物質的定義をもたらすようなメタフォリカルな心理学的意味にまで分析の射程を広げた点にハーヴェイの研究の種差性が求められる。

（2）このあたりの詳細については前章にて論じているので、ここでは立ち入らない。

（3）朝日新聞二〇〇二年一〇月一四日朝刊第三三面および二〇〇三年九月五日朝刊第一三面より。

（4）二〇〇二年一一月八日発行の『週刊朝日』では、「『新丸ビル狂想曲』オバサン殺到のなぜ」という特集が組まれ、平日の一一時を過ぎたあたりから東京駅から丸ビルにかけて行列する四〇代以上の主婦層の様子が記載されている。その理由として仲間内の話題に上りやすいと理由以外にも、「アンノン族」がブームの主力となったという説明がなされているが、その真偽については改めて検討したい。ここでは二〇〇二年九月のオープン以降、特定の層を集客し続ける新しい場所性の存在を指摘するのに留めておくこととする。

（5）再開発を挟んだ二〇〇一年と二〇〇四年の事業所・企業統計調査に記載されている女性従業者数を比較すると、丸の内二丁目ではこれらの産業において数百人単位での増加が見られるが、従業者全体の女性比率は三割をわずかに下回る。それに対し開発の手は延びていないが有楽町に近接する丸の内三丁目では、二〇〇四年段階で女性従業者が一〇四二名減少しているものの、従業者全体における女性従業者比は四割を超えている。

（6）本調査は、日本大学文理学部社会学科「社会調査士コース」後藤ゼミが実施したものであり、筆者は調査責任者として調査の企画・設計から報告書作成に至るまで深く関わった。詳細については、同ゼミ（2007）を参照されたい。なお、標本調査は設計面でも実査面でも実現可能性が見出せなかったため、事業所企業統計に記載された事業所数などの情報を勘案しながら対象地域を限定した上で、日本郵政公社（当時）の「配達地域指定郵便」（指定した町丁目への全戸配布）を利用した悉皆（全数）調査とした。回収率が約二〇％と低位に留まったのは、対象地域の一部ビル取り壊し（旧：古河ビル・丸ノ内八重洲ビル・三菱商事ビル⇒新：丸の内パークビル）によるテナントの引越しや株主総会の開催時期と重なってしまったことも作用しているものと思われる。

（7）本調査における各年代別の最終学歴の分布を見てみると、四〇代以上の事業者は各年代とも七割以上が大学卒・大学院修了であるのに対し、二〇～三〇代では高校卒業および専門学校や高専、短大卒業が合計四割を越える結果となった。

（8）通算通勤年数×性別のイメージプロフィールにおいても同様の結果を示している。

（9）なおここでは共通性で高い値を示さなかった（〇・三未満）「近代的－現代的」「神聖な世俗的な」「形式的－実質的」「情実的－合理的」の四項目を除く一〇項目で実施した。この際カイザー・マイヤー・オルキンの標本妥当性（.697）およびバートレットの球面性検定（$p<.01$）も行っている。

終　章　近代都市空間の生産とその経験

1　東京・丸の内における「都市の意味」とその規定要因

　ここまで東京・丸の内を事例として、日本における近代都市空間の生産とその経験について考察を行ってきた。東京丸の内の事例から看取された、様々な形で進展する都市空間の生産を通じた社会的諸関係の変容過程は、近代都市・東京（「モダン東京」）、ひいては近代日本のひとつの姿であった。

　新しい社会的諸関係を形成する際には、新たな空間スケールを必要とする。明治維新期における江戸から東京への移行は、まさに政治家や官僚主導の空間スケールの転換からはじまったといえよう。薩長の武士層を中心に成し遂げられた明治維新は、江戸幕府の秩序観への対抗として道具的な権力としての天皇を、もう一方では「外部」としての西洋のまなざしを絶えず携えて進んできた。文明開化に端的に代表される「外部」から取り込まれる知識やテクノロジーをもとに組み立てられる新たな秩序を浸透させる一方で、自らの行為の正当性を支える天皇の存在をいかに位置づけるかが見えなかった明治初期において、政治家や官僚の混迷そのままに東京という「都市の意味」は混迷を極めていた。旧来の江戸が有していた江戸の「都市の意味」を軍事力において制圧した明治政府の立ち位置そのままに、権力の中枢たる旧江戸城を取り囲む形で軍隊を配備しながら、明治政府の視線は「外国」への窓口となる横浜の方を向いており、必ずしも東京の重要性が認識されていなかったともいえる。それ故に明治政府が占領していた旧武家地にあたる山の手と、権力者が変わったのみでそれほど生活が変わるわけでもなかった町人が生活する下町は、社会的にも空間的にも隔たりが生じていた。

そういった意味で丸の内が誕生する一八八〇年代は、明治政府関係者や実業家層の中に様々な形での利害が生じたことではじめて、（東京という）都市の重要性が認識された時代であった。一方の政府関係者にとっては、新たな近代的支配の場として東京が発見され、政府内部においてそのアプローチをめぐり利害が生じる。他方では渋沢栄一や益田孝、そして岩崎弥太郎をはじめとした実業家と政治家のあいだで、あるいは実業家同士においても様々な利害が生じる中で、焦点として浮上してきたのは宮城（皇居）の扱いである。

政治的次元においては、一八七〇年代の地方巡幸を通じて天皇の身体が権力性を帯びた具体的な身体として浮上してくる中で、東京との関係性が俎上に上る。国土編成において巡礼に見られるような「移動」する身体としての天皇を最大限利用することを目指し、東京を国土の中心に組織化することを目論んだ内務省と、象徴性を帯びた天皇を宮城（皇居）に鎮座させ、東京をシンボリックな空間として作り上げることで「外国」との関係を改善しようとした外務省との政治的対立が、皇居周辺の土地利用をめぐる争いという形をとる。あるいは政治と経済の関係性として、政治都市ではなく貿易を軸とした港湾と各種商業施設を備えた商都という形を目指す新興資本家層が、皇居の市街地化を主張する。このような東京の市区改正における諸主体の「都市の意味」をめぐる闘争過程は、結果的に大手町や丸の内、霞ヶ関にかけての旧武家地の空間に、官庁街と新興資本家層による経済センターからなるオフィス街を生み出した。ここで浮上する東京の「都市の意味」は、〈皇-政-経〉一体の空間形式（藤森 1982）からなる都市形態を生み出すが、このことは丸の内のみならず東京にとっても重要な意味を持つ。それは「皇居」を中心に抱きつつ、近代都市形成に向かうことになる「モダン東京」（さらにいえば近代日本）の基本的性格を決定したという意味のみならず、東京という空間を規定する諸力のせめぎ合いとして現在までその影響を残しているためである。

丸の内地区についていえば、この時期に三菱が一括しての払い下げを受けたことで、丸の内という「都市の意味」とそれに対応する都市機能の決定に対し、強い影響力を行使するようになる。様々な土地所有者が混在する日本橋とは異なり、一つの「都市の意味」のもとで統一的な開発を推進することを可能とした。その一つの方向性を示したのが、明治期をかけて形成されてきた一丁倫敦であり、皇居前にふさわしい「模範街」を目指す戦前の美観地区に連なるまちづくりの形式、さらには大手町と霞ヶ関に集積する「官」との関係性を重視する現在まで続くような空間特性の祖型がここに現れる。

また一八八〇年代に市区改正によって示された丸の内地区の空間が、〈皇‐政‐経〉の諸力の対抗・相互関係によって規定されることは見てきたとおりであるが、その関係性の変容を促す契機となったのが交通ネットワークの変容という形でもたらされた「移動」性の構造転換であり、結果として丸の内地区が様々な主体／身体を結びつける、諸種のネットワークが重なり合い絡み合った層が築き上げられた「場所」として浮上するきっかけとなったことを指摘しておくべきだろう。大正～昭和期の歴史を見る限り、とりわけ大きな役割を果たしたのが鉄道であり、「皇」の象徴的中心性をしめすとともに、様々な諸主体を一ヵ所に集めることを可能とする媒介性を持ち合わせる東京駅の存在がある。この東京駅の存在は、宮城前および「行幸道路‐丸の内‐東京駅」という軸線を儀礼の場として変貌させると共に、丸の内地区と「皇」の視線のもとに編成された「民」の身体性の関係についても影響を与えた。さらにいえば東京駅を出て宮城（皇居）遙拝へと向かい、そこから観光へと向かう「移動すること」と「見ること」の相互構築による空間の生産を可能とし、明治初期には東京の縁にすぎなかったこの地域を、東京の中心として位置づけるような空間意識をもたらすにいたる。

2　丸の内という「場所」とその「現在」性

このように様々な利害や価値を有する主体とその身体が交錯する「場所」として浮上する丸の内地区であるが、二〇〇二年以降、他地域と同じような高層化という方向性をとりつつ自らの空間を再編する「現在」性をどのように位置づけていけばよいだろうか。丸の内地区を中心に組織化され、たえず再生産される「モダン東京」の歴史的意味と「現在」性について、〈皇‐政‐経‐民〉間の「都市の意味」をめぐる闘争を経て、空間／場所と身体、そして社会の関係性が諸種のテクノロジーによって（再）編成され、日常的実践を積み重ねていく中で更新される、（丸の内地区をめぐる）社会的・空間的・歴史的想像力の変容から考えていこう。

先述の通り、明治期以降の東京は、ヨーロッパやアメリカといった西欧先進諸国を中心とする「外部」のまなざしを通じて、自らを相対化し、その都市像を描いてきた。明治初期における「文明開化」の時代における銀座煉瓦街に代表される（擬）洋風建築群の出現にはじまり、大正～昭和初期の「モダン・ライフ」の浸透と関東大震災を契機とする帝都復興、「敗戦」とアメリカ主導の占領政策を経ての戦後復興と高度経済成長、そしてバブル景気による日本経済の浮沈と符節をあわせて展開される「世界都市」化を目指した都市再開発。いずれの場合も、「外部」としての欧米からのまなざしを意識しつつ、その「外部」に対してのまなざしを解き放っていくたびに、新たな質を有する都市空間を創出しながら、自らの「都市の意味」を獲得してきた。例えば、日比谷や六本木、そして丸の内など旧「軍隊の街」は、兵営や練兵場に使用されていた広大な土地を転用する形で「外部」を意識した都市機能の再配置が行われたという意味で同じ文脈下にあるが、市区改正をはじめとする都市計画や都市再開発に方向づけられた空間的実践をもとに建物や道路や公園、鉄道や橋といった、近代を象徴的に示す技術や記号が布置された空間として人々の目の前に現前することで、それぞれの時代に適応する新たな「都市の意味」に規定された「東京」像を示す一助となってきたのである。

無論、こうした「外部」との境界となる新たな質を持った都市空間は、天皇制を下地に展開される近代官僚制や資本制といった、近代日本特有の関係性を組織する媒体として浮上したものの、ただちに（帝都／首都としての）東京そのものの「都市の意味」を支えたわけでも、一般の人々にとっての東京内部における中心的空間としての重要性を帯びたわけでもないし、その中心化のプロセスもまた一様ではなかった。明治期以前の多くの人々にとって（地理的にはともかく）社会的・心理的距離の存在した丸の内地区の場合、皇居が有する象徴性と、その皇居を中心に組織化された鉄道や駅、路面電車やバス、タクシーといった移動と交通を司るテクノロジーが有する媒介性の存在が、中心化を促す有力な推進力となった。すなわち、丸の内まで／からの交通機関の車内やビルディングをはじめとする各種施設、エレベーターや路上など、物質的な位相において公共空間での身体のありようを規律化し、秩序づけていくような構造化された規範（〈空間的実践〉）と、そうした規範の形式をめぐる言説やイメージなど〈空間の表象〉）を、乗り物に乗り街を歩くことを通じて「移動」し、様々なものを「見る」ことを通じて内面化し、かつそこに拡がる空間（と時間）を自らのものとして領有（〈表象の空間〉）する多くの人々の身体によって充たすことではじめて、〈皇‐政‐経〉、そして〈民〉を加えた「四位」一体の空間を中心として、郊外へと都市が無秩序に広がっていく「一心型空間構造」を有する「モダン東京」における「都心」としてのリアリティが獲得されたのである。

しかしながら、大正末～昭和初期に獲得された〈皇‐政‐経‐民〉の「四位」一体からなる「モダン東京」における「都心」としての丸の内地区をめぐる〈民〉のリアリティは、〈皇‐政‐経〉の三者との結合形態が変化し、かつそれぞれの領域の歴史的行為者の関与の度合いが徐々に強まっていくのに従って、より見えづらさを増していく。それは、当該地域に関与する余地や、身体を通じて空間（と時間）を領有していくための手段が、次第に「見る」ことのみに限定された結果、ほかの歴史的行為者との関係性に左右されやすくなったためである。この点については、丸の内地区で数度にわたり展開された美観・景観論争や近年の「都市づくり」を見ていくと、よりいっそう明らかとなる。

ここまで見てきた通り、皇居と東京駅という異なる関係性のもとで存立するシンボルを抱える丸の内地区は、旧三菱財閥が主導し、「外部」の政治経済の動向を強く意識した「経済的」な力に対して、宮城崇敬の価値意識や、東京駅や旧丸ビルの保存運動に見られるような文化的価値から生み出される、いわゆる国内目線の「社会・文化的」な力が抵抗・交錯する空間であった。その空間的表現が、高層化に抗う形で統一されたビル群で形成される三一メートルのスカイラインであったが、都心再構築の中で超高層と低中層のビルが混在する今の丸の内においては、軒線など表情線としてその傷痕が刻印されているのみである。

丸の内地区における景観論争の歴史を、歴史的行為者と空間的実践の関連から読み解いていくと、いくつかの断絶の存在に気づく。

戦前の活況を呈した一九三〇年前後〈第Ⅰ期〉においては、「皇」という最上位の公を尊重しながら「政」中心の論争が進んでおり、その空間的実践も統治に直結する形で進行する。第Ⅰ期の警視庁望楼問題は、宮内省や内務省、大蔵省や警視庁、さらには都市計画や都市美に強いこだわりを持つ都市美協会も含め、主に〈空間の表象〉領域において丸の内地区が問題化されたものの、その根底には天皇の政治的身体とまなざしの存在があり、皇居あるいは天皇そのものが（述語としての）「場所」として諸主体やその身体に強い影響を与えていた。

高度経済成長期（一九六〇年代）〈第Ⅱ期〉においても基本的にその形態に変わりはないが、「政」と「経」の衝突が顕著となり最上位の公である「皇」の力を利用する形での収拾が図られる。ただ第Ⅰ期との大きな違いとして、敗戦直後には占領軍によって、美観論争時には資本の力によって、天皇あるいは「皇」の相対化がなされた点には着目せねばならない。未だに国民感情を揺り動かす象徴性は帯びていたものの、第Ⅰ期においてはあらゆる形で張り巡らされていた天皇のまなざしは、第Ⅱ期の美観論争においては「お濠端に高層建築が建つと迷惑であるか」という形で天皇の自然的身体、すなわち私的なまなざしとして置き換えられた。これにより、丸の内地区において特定できない形で存在していた価値構造が露にされたのである。

さらにバブル期（一九九〇年前後）〈第Ⅲ期〉には、「場所」に直結する形で運動を開始した「民」の中で、運動に参加した丸の内で働く層を中心に紡がれる様々な感情と建築家などの専門家や文化人による知識が東京駅という非常に強いシンボルを媒介として結びつきながら、丸の内に多くの主体や身体を動員する集合的感情を喚起した。この段階では第Ⅱ期において相対化され、かつ自然的身体に不安を抱えていた「皇」の切り離しが行われる一方、感情〈表象の空間〉と知識〈空間の表象〉が東京駅〈空間的実践〉を媒介として有機的に結合した「民」と、自らがディベロッパーとして開発に進出した東京都をはじめとする「政」、さらにバブル景気において土地投機へと乗り出す多くの「経」にはさまれ、三菱など丸の内の「経」は身動きが取れなくなっていた。

それに対し、丸ビル取り壊しから建替えにいたる一九九〇年代終わり〈第Ⅳ期〉には、「民」の力は低下し、三菱を中心とした「経」が非常に強い力を発揮する。これは三菱をはじめとした「経」が、第Ⅲ期において「政」と「民」の双方と対立し、強い影響力を行使できなかった反省を活かし、早い段階での予備調査や「政」との関係調整装置を設けていたことが大きく作用した。さらに他の「経」や「民」の取り込みを図るために、新たな文化や価値の創出が図られていることも指摘できる。

近年の「経済的」な土地利用に対する抵抗力の低下は、戦後天皇の象徴化や昭和天皇の崩御による宮城（皇居）

崇敬の価値意識の後退、そしてグローバル化の帰結としての「経済的」な力の優越など様々な要因が絡んでいるが、より直接的には第Ⅲ期に行われた三菱本体および三菱地所の世代交代の影響が大きい。この時期から「三菱村」の村長による開発推進と体制の整備、そしてまちづくりへの積極的介入を通じて、望ましい丸の内像（「丸の内らしさ」）は皇居と東京駅という異なる価値を表象するシンボル－感情関係によって規定される戦前から続く統一された街区がもたらす付加価値よりも、ビルの高層化による商業価値の増大へと舵を切った。そうした意味でこの第Ⅲ期は、丸の内にとっての一つの転機ともいえる。

そして第Ⅳ期以降は、第Ⅲ期までの丸の内の歴史的・集合的感情を表象するシンボルの一つである旧丸ビルが取り壊されたことで、第Ⅲ期に確立した運動のつながりや集合的感情も行き場をなくし、「丸の内らしさ」にもゆらぎが生じる。「東京駅－行幸通り－皇居」からなる軸線は強力なシンボルとして維持されてはいたが、戦前において国家的な秤として市民感覚の連想の焦点、また皇居との関係における高さの基準ともなっており、文字通り「東京駅－行幸通り－皇居」とビジネス街としての丸の内をつなぐ楔として機能していた旧丸ビルの建替えは、軸線とそれに付随する感情によって規定されていた空間秩序も、空間と社会のあいだの相補的関係も崩壊させた。

他方で、イメージアップ戦略を伴いながらの都市再開発を行う中で、旧来の建造物の部分的保存や復原という形で「市民」側の感情に配慮しつつ、歴史的環境を「場所」の個性ないしは差異として最大限活用することで街の再編を進めていこうとする三菱主導の丸の内再構築の動きは、徹底して経済のグローバル化の文脈、すなわちグローバル資本やグローバル・エリート向けの「外部」のまなざしを意識し、それに適合したライフスタイルの提供と担い手の発掘を行うことで成立している。そのまなざしは、グローバルな経済活動において未だ中心的な位置を占める金融資本を中心とする超国籍企業や、そこで働くグローバル・エリートに加え、知識労働者やシンボリック・アナリスト、専門的・技術的労働者など、自らのクリエイティビティを通じて経済的価値を創出する仕事に従事する

「クリエイティブ・クラス」（R・フロリダ）に向けられる。彼ら／彼女らが求めるような対事業所・個人向けサービスの供給や（文化的・自然的な）アメニティの整備に重点が置かれ、これまでの様々な「都市づくり」や美観・景観論争を通じてたびたび表出し蓄積されてきた「社会・文化的」な力を付加価値として読み替え、「経済的」な力へと転用していくことが目論まれるのである。結果として、第Ⅲ期以降に切り離された皇居や皇居前広場は、緑あふれる自然的アメニティ・環境として「再発見」されるとともに、彼らの経済力に見合った社会的・文化的選択肢として、先述した海外資本ブランドショップやレストランに加え、知的刺激を与えるような美術館や仲通りに展開されるアートギャラリーをはじめとする文化的施設や、カルチャースクールをはじめとする学びの場、「昼」の街であった丸の内には欠けていた（異文化・業種交流や「飲みニケーション」を促進するような）バーをはじめとする「ナイトライフ」施設が集積していくにいたる。

同時にこうした街の変化は、丸の内地区が元来有していた西欧諸国やアジア圏をはじめとする「外部」に対してのまなざしを解き放たれた都市空間として、「再」浮上してくる契機となったことを意味している。昭和天皇崩御と今上天皇即位に伴い、皇居周辺で展開された儀礼の空間や、第Ⅲ期そして第Ⅳ期に、東京駅や旧丸ビルにおいて近代日本社会をめぐる集合的感情と想像力を喚起した空間に代表されるナショナルな位相（「内部」としての側面）は後景へと退き、「外部」との境界となった新たな丸の内には、二〇〇二年の再開発以降、「思い出」ではない「新しい」丸ビルを訪れる来街者や、来街者を含めた個人向けサービスを担う過去の「丸の内らしさ」とは切り離された若年事業者・従業者たちが新たに集まりはじめ、新たな「丸の内らしさ」を表象する演者として組織化されたのである。スーツ姿、あるいは制服姿のサラリーマンやOLといったこれまでの演者はそのままに、ガイドブック片手に回遊する私服の観光客や、レストランやブランドショップのアルバイトへと急ぐ若者たちの姿は、製造業や金融業を中心とする大企業の中枢管理機能が集積するこれまでの丸の内からは想像のつかない、「異質」な存在として浮上してくるが、彼ら／彼女らのあり方は、これまでの美観・景観論争において散見された「民」とは決定的に異なっている。というのも、彼ら／彼女らにとっての「丸の内」は、あくまでもディズニーランドやお台場をはじめとするベイエリアに所在するショッピングモールの延長線上にある、「商品化」された空間であり、復原された歴史的建造物やそこに付随する掲示板等で解説された「歴史性」は、あくまでも街を楽しむための「物語」（あるいはそれにも満たない材料のひとつ）という域を出ない。事実、ひとしきり楽しんだ後は、彼ら／彼女らは「場所」への愛着も理解も示すことなく、日本橋や銀座、六本木や赤坂といったほかの再開発地や盛り場へと移動していく し、仮に街の雰囲気や特定のテナントが気に入ってリピーターとなるにしても、それは先述したグローバル・エリートや「クリエイティブ・クラス」の社会・文化的選好（ライフスタイル）に適合的な層が中心となるため、やはりそれまでの建築家や専門家を含む知識人層や、皇居や東京駅、旧丸ビルに幾ばくかの思い入れをもつ高齢者層が有する「丸の内らしさ」よりも、三菱が提示する「丸の内らしさ」に好意的な態度を示す場合が多い。これまでの天皇制を下地として、官僚制と資本制を中心に組織された「モダン東京」、そしてその「都心」としての丸の内をめぐるリアリティは、（帝都／首都の延長線上としての）「世界都市」東京像とその「都市の意味」がグローバル資本に相対化され、より「外部」のまなざしを水路づけられたものへと変質しつつある。

こうした「丸の内らしさ」をめぐるリアリティの変質や「民」のあいだに拡がる「丸の内らしさ」の断絶は、旧来からのアクターとして丸の内地区で活動するサラリーマンやOLなどの従業者や事業者などにおいても同型性を有しており、とりわけ自身の行動・意識と身体、そして空間をむすびつける「丸の内らしさ」をめぐるリアリティに大きな揺らぎを生じさせる結果となっている。近年の再開発は、業務中枢とブランドショップ、飲食店などを複雑に組み合わせる開発手法を経て、都心で働く人々のジェンダー構成や働き方を含めたライフスタイルの変化を大きく促している点が特徴となっている。こうした点は丸の内に関しても同様であり、とりわけ丸ビルをはじめとして再開発が推進されている丸の内二丁目（以下二丁目と表記）には、二〇〇二年以降に参入してきたブランドショップや飲食店など、個人向けサービスに従事する二〇～三〇代の女性事業者を中心に新規参入者が増加しているが、他方で、これまでは人目につきにくい地下部分に集中していた店舗が人目につきやすい地上部分に軒を連ね、また昼休みに行動する制服姿の女性従業者に替わって私服姿の女性従業者の姿が急増するなど、丸の内特有の変化も看取される（水澤 2010）。本書第六章において分析の対象とした事業者は、経済活動と事業所の立地過程にかかわる特質も関係して、それぞれの事業所の事業内容や参入時期、そして事業者自身の年代に即して、丸の内にむけるまなざしに隔たりが生じているが、少なくとも再開発以降に参入してきた彼女たちと、金融や保険、不動産、情報通信業などＦＩＲＥ部門を中心にグローバルに展開される経済活動を通じて、日々「外部」と向き合い続けている四〇～五〇代の事業者、「丸の内」と「三菱」が独特の社会的価値を有し、美観／景観論争をはじめ様々な社会変動と自らの人生を重ね合わせる形で丸の内を生きてきた六〇代の事業者が有するリアリティのあいだには、大きな違いがあることは事実である。それまで丸の内で活動してきた事業者層と、再開発以降に二丁目へと参入してきた二〇～三〇代の女性事業者層とのあいだに確たる交流やコミュニケーションがそれほど見られず、彼女たちがそれまで丸の内において培われてきた価値や慣習といった社会・文化的土壌を受容する契機がなかなか存在しない以上、彼女たちが有する「丸の内らしさ」は、必然的に先述した観光客が有するリアリティと非常に近しいものとして形づくられていく。再開発ビル群からなる新たな風景が都心空間を占める中で、丸の内とほかの再開発地との差異を示す「東京駅－行幸通り－皇居」からなる軸線を中心とした空間表象へと彼女たちの想像力が結びついていったという状況は、こうした文脈から理解する必要があるだろう。

しかしながら、近年の三菱主導による再開発を通じた新たな「丸の内らしさ」構築の動きのみが、丸の内という「場所」を構成しているわけでは決してない。本書において見てきた通り、本地区は三菱を中心に長い間かけて進められてきた〈意図的ないし意図せざる〉「都市づくり」の積み重ねと、そこで展開されてきた事業者や従業者をはじめとする諸種の歴史的行為者の行為や関係性の蓄積の上に起立している。それ故に、一九七〇年代を中心に開発が進められ、近年の再開発以前から当該地域で活動を展開する事業者が多数を占める丸の内三丁目〈以下三丁目と表記〉においては、とりわけ活動年数が長くシンボリックな「都市づくり」を支持する事業者層を中心に、グローバルなまなざしのもとで編成された「外部」としての姿とも、近代日本社会の歴史的・集合的感情を背景に、ナショナルなまなざしのもとで編成された〈「内部」としての〉「国心」の姿とも違う、自らの行為や関係性、感情に直結した「丸の内らしさ」の存在が残存し続けているのである。

これらから示唆されるのは、経済活動を行い続けることで、人々の行為や関係性の集積が特定の場所を占める形で成立するという事実、そしてグローバルなレベルで広範な経済・社会活動が展開されている現代社会においては、より「場所」の重要性が向上しているという事実にほかならない。現在の「丸の内の大家」たる三菱地所による開発で重視されているのは、新たな価値の創出へとつながる「場所」をいかに掘り起こして経済活動を推進しやすい空間へと再編するのかである。また事業者にとっても、産業構造の転換によってよりアクセシビリティとフェイストゥフェイスによる情報交換が重視され、他方で企業の信頼性向上などの威信価値が最大限に評価されるからこそ、立地過程に影響を与える〈資本にとっての〉「場所」の差異の重要性は今後も上昇する可能性が高い。他方で「民」の側においては、歴史的環境保存をめぐる集合的感情の発露に見られるように、アイデンティティの拠り所として「場所」を重視する論調がたえず現れている。前者においては「近くであること」のメリットを著しく追及する立場として、後者においては所有・領有できない、言い換えれば「近くにないこと」への不安に根ざす立場として、際立った特徴を示しながらも共に〈近接性〉へと集約を見せている点は、グローバルとローカルが今まで以上に並置される現代社会の特徴といえよう。

3　本書の意義

本書の意義は以下の点に集約されよう。

まずは日本都市社会学においてエアポケットとなっていた「都心」地域に関する、まとまった形での実証研究を行った点である。これまで日本の都市社会学の研究成果を見ると、研究内容と対象に偏りを見せており、「都心」地域の場合には一部の研究を除けば、基本的にマクロな志向性を持つ研究であり、それも町内会研究など特定の領域に限られている。そのため都心のヴァナキュラーな風景となりつつあるビル街を説明する都市社会学／都市社会理論が育っていないのが現状である。本書はそのための一歩を踏み出せたといえる。

二点目としては、基本的に理論研究が主である新都市社会学派の知見に則った実証研究を行った点である。これまでの研究動向としては、新都市社会学はマクロな理論を志向しており、実証研究にはなじまない研究だと考えられていた。しかしながらM・カステルのアメリカの歴史社会学的方法を下敷きとしたシカゴ学派の遺産の受容などを見るように、必ずしも接点が見つからないわけではない。また旧来の研究との接続を図ることは、過去の研究を異なる文脈で位置づけしなおすことを可能とする。

三点目としては、日本的な歴史社会学の研究スタイルに欠けていると思われるメゾ－マクロレベルでの視点を挿入し、「社会変動としての歴史社会学」の側面をより前面に押し出した点が挙げられる。先述の通り、日本の歴史社会学的研究は、家族や都市、教育など、それぞれの研究分野の方法に則り対象を限定したメゾ－マクロレベルの研究が多く、スコッチポルをはじめとするアメリカの歴史社会学的研究が主流とするマクロレベルでの比較や、社会構造の全体的分析を指向する研究はそれほど多くはない。そうした意味で本研究が対象として措定した東京・丸の内地区は、「帝都」から「首都」、そして「世界都市」へとその社会的意味を変化させていく「東京」という都市の存立構造のありようを鑑みた場合、近代日本社会の構造的変化を射程におさめた、マクロ－メゾ－ミクロの三者をつなぐ社会学的想像力を最大限活かした研究を行うための格好の材料となった。こうした対象を研究するにあたって本書にて導入した視点や方法は、個別的発展を遂げた日本の歴史社会学的研究と欧米の歴史社会学的研究を接続していくための重要な契機となるはずである。

四点目としては、社会学におけるモノグラフの新しい研究方法の開拓に置かれる。本書が採用する方法は、一つは、会議の議事録や、当時の知事の発言、そしてその様子を伝える新聞報道などの史・資料によるドキュメント分析などの質的データの分析であり、もう一つは質問紙を用いた悉皆調査である。特に後者については、配票方法として日本郵政公社（当時）の配達地域指定郵便物を用いるなど、社会調査方法上の工夫も行っている。量的調査と質的調査を併用する形で歴史的・社会的リアリティを立体化させる方向性を打ち出せた。

4 「東京都心」あるいは「モダン東京」の歴史社会学、第二ステージへ

最後に本書において積み残した課題について触れておこう。

本書では、東京丸の内を対象として、主に都心部における歴史的行為者間の闘争過程を中心とした考察を行ってきた。そこでは「皇」「政」「経」「民」に対応する各主体のそれぞれに対応する諸事象を取り上げ、主に空間／場所と権力の関係性からの記述・考察を行ってきたのであるが、第六章の分析を除き、丸の内における大きな主体の一つである「女性」についての通時的分析ができなかった。大正・昭和以降の丸の内を考えるにあたっては、モボ・モガとともに「職業婦人」の存在を位置づけ、さらに現在の「丸の内ＯＬ」まで連なる、女性にとっての丸の

内という今回取り上げたものとは異なる権力性から浮かび上がってくる「場所」の存在に触れる必要があった。今回の主題とは必ずしもかみ合わなかったために、丸ビルというシンボルの組織化の分析とともに今回は除外したが、丸の内における「現在」性を考察するもう一つの方向性を示すはずである。その際には、「ビジネスの聖域」である丸の内における最も重要な主体の一つとしてのビジネスマン、わけても都市社会・経済の議論において近年とみに注目を集めつつある「クリエイティブ・クラス」の存在を射程に収めつつ議論を進めることで議論の広がりが得られるだろう。戦前の旧丸ビルは、職業婦人の存在のみならず、弁護士に代表される専門家層や、高浜虚子らの知識人層をはじめとする、クリエイティビティ（「創造性」）を主軸に添えて活動を行う人々が積極的に事務所を構えるなど、常に新規性を作り出すメディアとして、社会的・文化的価値を保持し続けてきた。彼ら／彼女らが丸の内という「場所」を構成する大きな要素であったことは疑いようのない事実である。近年の三菱による「都市づくり」の方向性を「人的資本」や「社会資本」の蓄積を推し進めるというクリエイティビティの文脈から捉え返すという意味でも、また『歴史社会学』と題する本書においては言及できなかった、現在丸の内で積極的に活動する諸主体に対する「都市社会学的」な知見からのミクロ分析を行うという意味においても、異なる「丸の内」像を提示する一助となるはずである。

また第一章においても若干触れているが、本書は基本的な分析枠組みを示すことで、通時的分析を行うと共に、「比較」に対する回路を開いておく必要があった。本書において向こうに見据えていたのは、東京都心や丸の内の形成において重要な契機となった、「東京」や「東京駅丸の内口」「三菱」などに対する、「江戸」や「東京駅八重洲口」「三井」の存在であり、その中心地としてやはり再開発の中で「歴史」の継承が問題として浮上している日本橋であった。歴史的行為者間の闘争過程における「三井」の立ち位置と土地所有の関係を視野におさめると共に、丸の内とは異なる形で構築されていく「場所」の存在を「シンボル‐感情関係」から考察を深めていくことが重要となる。

地域を越えて人々の関心や感情を喚起する「都心」研究において今後求められるのは、日本橋をはじめとする、様々な形で歴史性との関わりの中で浮上してくる「都心」地域における「場所」のありようを長いスパンで比較・検討していく中で、既存の都市社会学の遺産でもある都市類型論との接続を模索する形で、世界規模での比較歴史社会学的な研究モデルを構築することにあるだろう。そうすることが都市社会学や歴史社会学の研究モデルを豊穣化するのみならず、社会学に空間的、そして歴史的（時間的）想像力を埋め戻していく一助となるはずである。

あとがき

二〇〇八年一二月二〇日の午後一時、日本大学文理学部三四〇八教室には、学内外から五一名（紙上参加者三名を含む）もの研究者が集まっていた。「近代都市空間の生産とその経験——東京・丸の内の都市・歴史社会学的研究」と題する筆者の学位申請論文をめぐる「博士論文公聴会」が、午後三時四五分まで行われた。一時間をかけての報告の後、主査の後藤範章先生によるある意味で挑発的な司会進行のもと、（質疑応答を含めた）研究者同士の討論が二時間半にわたって繰り広げられたのである。

公聴会当日、有末賢先生（慶應義塾大学）、倉沢進先生（東京都立大学名誉教授）、佐藤健二先生（東京大学）、玉野和志先生（首都大学東京）、中筋直哉先生（法政大学）、森岡清志先生（首都大学東京、現放送大学）、若林幹夫先生（早稲田大学）、和田清美先生（首都大学東京）をはじめとする大学・研究機関の先生方に加え、『建築ジャーナル』誌の西川直子編集長、紙面にて詳細な質問やコメントをお寄せ下さった三菱地所設計株式会社の岩井光男副社長や三菱地所株式会社街ブランド企画部の恵良隆二部長、廣野研一同部ソフト事業推進室長など、丸の内の研究を進めていく中で様々な形でお力添え下さった大学外の方々に多数ご参加いただけたことは、望外の喜びであった（掲載される人名・所属は特別な説明がない限り、二〇〇八年当時の情報である点を付言しておく）。それに加えて、学位論文審査をお引き受けいただいた副査の永野征男先生（地理学専攻）、古川隆久先生（史学専攻）、山本質素先生（社会学専攻）をはじめとする日本大学文理学部ならびに日本大学大学院の諸先生方、早稲田大学大学院や筑波大学大学院を含む大学院生など、学内外の社会学（都市社会学・地域社会学・歴史社会学など）、歴史学、都市地理学、建築・都市計画の専門家が一堂に会した場において熱のこもった議論を展開できたことは、私自身にとって何にもまして得難い、貴重な時間であったことはいうまでもない。

会場を包んだ熱を帯びた空気、そして先生方から次々にいただいた的確な質問やコメントは、まさに昨日のことのように思い出すことができる。この日先生方によって出された多岐にわたる「宿題」は、二〇〇九年の日本大学文理学部への奉職以来、三年にわたる月日を積み重ねたにもかかわらず、未だに手つかずの部分が多いため、内心忸怩たる思いがあることは確かだが、筆者自身が丸の内での「旅」を続けていく上での重要な指針となり続けていることもまた事実である。

この日提示された数ある「宿題」のうち、学位論文執筆以降、はじめに手をつけたのは、「アフォーダンスの視座から丸の内の都市づくりを捉え返す可能性」（恵良隆二三菱地所株式会社街ブランド企画部部長〔当時〕）と「縦方向の都市の空間的な構造変化、あるいはそこでの建築的な意匠の変化というものが、都市の意味におよぼす影響」（若林幹夫早稲田大学教育・総合学術院教授、有末賢慶應義塾大学法学部教授）という二つの論点であり、それをつなぐであろう様々なアクティビティないしクリエイティビティを引き出す丸の内という「場所」の潜在力とその歴史的文脈について、空間と身体の関係性という観点から、さらにいえば身体にウェイトを置く形で位置づけし直すことだった。近年、三菱地所が推進するソフトな形での都市づくりは、いわゆるハード面での都市再開発と並行して、NPOによるまちづくり、異なるライフスタイルの発信も積極的に行われている点に特徴があるが、これは多様な人びとが行き交う「場所」としての丸の内をいかに構築していくか、換言すれば、東京駅に代表される近代日本を喚起する歴史的感情、そして高度経済成長期の成功の記憶が刻印された、〈皇‐政‐経‐民〉一体の空間形式を踏襲しつつも、新たな主体を発掘へとつなげていく、再開発により創出された空間と身体の結合形態を模索するための実践にほかならない。

こうした結合形態の歴史的ないし社会的意味を（身体レベルで）探るために明示的に採用したのが、「移動すること」と「見ること」の相互構築による「都市空間の生産」という視点であるが、結果としてこの試みは、空間と身体を結合させるメディアとしての「交通（路面電車・鉄道・自動車など）」「建築（駅・ビルディングなど）」「可視化（写真・映像・景観など）」を通じ「丸の内」へと身体が水路づけられるメカニズム、そしてその存立を可能とする東京という近代都市空間のありようと現状、という新たな課題が立ち上がるにいたった。天皇制と資本制、そして都市空間の関係性を明らかにするために通時的な分析枠組みを構築したものの、一部の章間の関連性がややチグハグであり、「定義・概念間のチューニングが必要」（佐藤健二東京大学大学院教授）と指摘された自身の学位論文に、もう一本の確たる筋が入った瞬間だった。

こうした経緯もあり、本書の執筆にあたっては、「移動すること」と「見ること」の相互構築による「都市空間の生産」という視点をより意識し、学位論文全体の構成と論旨を精査し直している。第二章では巡幸という政治的実践を通じて天皇が「移動」し、「見る（あるいは見られる）」ことによって成立する空間と身体の関係性について、第三章では「移動」し、「見る（あるいは見られる）」天皇の存在を中心として組織される東京という近代都市空間が成立するメカニズムについて、第四章では多様な「移動」手段と「移動」経路を手にした「身体」の複数性と、それを包括する「大東京」という想像力の成立について、第五章では「移動」が広域化し、人びとの身体がより偏在した結果見出される、地域への参与の契機としての「景観」の重要性の高まりと抱えるリスクについて、第六章では再開発を経て新たな空間と身体の結合形態が強く作用しながらも、その内実はより多様化しつつある現状について、新たに論を起こす必要が生まれたのである。

加えて、通時的な分析枠組みとして作成したグリッドを適応するにあたり、「天皇制と資本制、都市空間」の関係性という元からのテーマ（マクロ－メゾの変動）と、「移動すること」と「見ること」の相互構築による「都市空間の生産」（メゾ－ミクロの変動）という新たなテーマをつなげるための「仕掛け」を検討する必要が生まれた。すなわち、分類を行った後、空間形成の背後に存在する主体間関係やその内容を明らかにするための、読み下しのマニュアルづくりが喫緊の課題となったのである。

諸々の格闘の結果、本書の核となる第四章の一部（松橋 2010）と第五章をもとにした論文（松橋 2011）を二年かけて執筆するに至り、ひとまず一冊の書籍として完成させる目処はついたものの、「日本橋、銀座、神田、霞ヶ関など近辺の地区、近年都心空間として相互関係を結ぶ形で広がりを見せる青山・六本木、渋谷、四谷、新宿、そして研究の主題である『皇』を軸とした世界の都市類型ごとの都心の捉え方という比較社会学的研究への方向性」（倉沢進東京都立大学名誉教授）の模索を含め、まだまだ「宿題」は終わりそうもない。

振り返ってみると、東京・丸の内という対象と向き合い続けて一〇年近く経過することになるという事実に、いささか驚きを覚える。学説研究のゼミに所属した際に、たまたま手に取った新都市社会学のテキストにわけもなく感銘を覚えた大学時代を経て、不本意だった卒業論文の失敗を返上すべく一念発起した大学院進学。自らが関わる「東京」の社会学的な研究を志して、後藤範章先生の研究室の扉をたたいたものの、最初の一、二ヵ月は十分に対象やテーマが絞り切れておらず、右往左往していたことを思い出す。その後、長い時間をかけて研究テーマ・対象・方法に関して対話を重ねた後、現在のような「丸の内」の都市社会学的、そして歴史社会学的研究が構想されるにいたったのだが、修士論文執筆から一〇年近くのあいだ、一貫して同じ対象と向き合い続けることができたことは、極めて多くの方々のご助力に恵まれた結果にほかならない。

まず丸の内という対象を取り扱うにあたって、三菱地所株式会社・三菱地所設計株式会社の方々には、日本大学文理学部社会調査士コース「社会調査実習」を調査主体として、二〇〇六年に実施した「『丸の内らしさ』に関する調査（丸の内一・二丁目の全事業所／者を対象とする悉皆調査）」以降、様々な形でサポートをいただいた。とりわけ、同年一一月に文理学部主催・『建築ジャーナル』誌共催（後援：日本都市社会学会、関東都市学会、日本建築家協会、東日本鉄道文化財団、大手町・丸の内・有楽町地区再開発計画推進協議会ほか）による「〝第二回『東京』を観る、『東京』を読む。〟展――建築の表現力と社会学の想像力」の一環として、後藤先生企画のもとで実施されたシンポジウム「東京／日本らしさの《核心》を照射する――東京駅と丸の内と皇居と」（シンポジスト：岩井光男氏〔三菱地所設計副社長（当時）〕、伊藤裕慶氏〔大手町・丸の内・有楽町地区まちづくり懇談会副座長（当時）〕、多児貞子氏〔赤レンガの東京駅を愛する市民の会事務局〕、西村幸夫氏〔東京大学大学院工学系研究科教授〕、古川隆久氏〔日本大学文理学部史学科教授〕に、筆者を加えた六名、司会：後藤範章日本大学文理学部社会学科教授）では、協議会やエリアマネジメント協会による後援のみならず、資料の提供やシンポジストとして登壇いただくなど、多大なるご助力を頂戴している。ご助力に見合うだけの成果を提示できたかは甚だ心許ない限りであるが、本書が現在も当該地域で進展する「都市づくり」に何かしらの還元ができていれば幸いである。

つづいて学恩という点では、まず二人の方にお礼を申し上げたい。

博士前期課程在学中より、常に励まし指導して下さった後藤範章先生。都市社会学のテキスト片手に迷走していた筆者に対し、研究テーマや対象について辛抱強く相談に乗っていただいただけでなく、丸の内を対象とする実証研究という雲をも掴むような「旅」に出ようとする筆者に対し、「社会調査」という技術や「航路図」作成に必要となる様々な方法など、自身の「旅」が仮に途中で不慮の事故にあったとしても、それを乗り越えるために必要となる様々な知恵を授けていただいた。現在地や「旅」の行き先を見失いがちな筆者が、「遭難」せずに「旅」を続けられているのは、ひとえに先生のご指導とご尽力の賜と深く感謝している。

そして博士前期課程での大学院授業でお世話になって以降、学会や様々な場面で貴重なご意見をお寄せいただいた故・藤田弘夫先生。「都市空間の歴史社会学」という一見すると相反する主題・方法を内包する筆者自身の研究関心に即した理論・学説の適切な用い方、特殊な研究対象への接近方法など、つたない筆者の「旅」が少しでも形になるよう、豊富な知識をもとに温かいご助言をいただいた。紆余曲折を経ながらもまとめた「旅」の記録を先生のお手元にお届けできないことは、非常に残念である。

学恩を受けた方のお名前は尽きない。

博士論文を執筆する際に副査をご担当いただいた山本質素先生をはじめとする、日本大学文理学部社会学科の諸先生方には、修士論文ならびに博士論文執筆にあたり、学内学会や研究会、あるいは中間報告や日常の会話の中などで、多くの示唆をいただいた。関心が散漫となりやすい筆者の「旅」が社会学の文脈のもとで何かしらの意味を持つとするならば、それは先生方のおかげに他ならない。

また、博士論文審査の際に副査をご担当いただいた古川隆久、永野征男両先生、学位論文公聴会にご出席いただいた都市社会学や歴史社会学を専門とする諸先生方には、それぞれの専門分野の知見に基づき、公聴会終了後にも様々な形で切れ味鋭い貴重なコメントを頂戴している。都市という学際的な対象、さらにはその奥に見据える近代日本社会のありようを捉えるために、隣接領域を見据えながら新たな社会学的知見を積み重ねていくにあたって、先生方によって出された「宿題」の数々は、筆者自身がこれから先も丸の内での「旅」を続けていく上での重要な指針となり続けている。

それ以外にも、日本都市社会学会や日本都市学会、日本社会学会などでの報告の場でアドバイスをいただいた先生方、大学院時代の先輩・同輩・後輩、文理学部社会学科事務室のスタッフをはじめ、ここには挙げきれないほどの多くの人々との対話によって鍛えていただいた。

そして、本書の刊行にあたっては、ミネルヴァ書房の下村麻優子氏ならびに安宅美穂氏をはじめとする編集部の方々には、編集のプロセスにおいて問題の所在をチェックの上、様々な形でのご助言をいただいている。本年十月の東京駅リニューアルを前に出版されることになった本書に何ほどかの社会的な意義と射程の拡がりが認められるとすれば、下村氏や安宅氏など編集部の方々の貢献を抜きにしては語れないだろう。伏して感謝申し上げたい。

最後に、社会学というあてのない「旅」に出ることを物心両面で支えてくれた両親に、心からのお礼とともに本書を捧げたい。

なお、本書各章の初出は、以下の通りである。ただし、学位論文執筆時、ならびにここ三年の間に、最近の状況変化や直近のデータの差替えなどを含め、大幅な加筆修正を加えたため、初出通りとはなっていない点をお断りしておきたい。

また、ここに記載のない章・節については、基本的に学位論文をもとに書き下ろした点を付言しておく。

「都市社会学における『都心』という問題構制——都市・空間・権力」日本大学社会学会『社会学論叢』第一五四号、三七〜五八頁、二〇〇五年（本書第一章第一節）。

「丸の内の歴史社会学」日本大学大学院文学研究科修士論文、二〇〇四年（本書第二章）。

「『新しい』都市空間の生産と『都市政治』の成立——一八八〇年代東京における丸の内誕生の文脈をめぐって」日本都市学会『日本都市学会年報』第三九号、一三七〜一四六頁、二〇〇六年（本書第二章）。

「『都市的なるもの』をめぐる想像力——東京・丸の内地区を事例として」日本都市学会『日本都市学会年報』第四三号、一〇九〜一一八頁、二〇一〇年（本書第三章第四節）。

「『都市づくり』におけるポリティクスの審美化——『景観』の複数性はいかに浮上するか」日本都市学会『日本

都市学会年報』第四四号、一五三〜一六二頁、二〇一一年（本書第五章）。

「都市像の構築とシンボリズム――東京・丸の内地区を事例として」日本都市社会学会『日本都市社会学会年報』第二六号、一六九〜一八五頁、二〇〇八年（本書第五・六章）。

「場所の構築における経済的なものと文化的なものの関わり――場所イメージからみた『丸の内らしさ』のゆらぎをめぐって」日本大学社会学会『社会学論叢』第一六二号、一〇五〜一二四頁、二〇〇八年（本書第六章）。

松橋達矢

二〇一二年三月

《著者紹介》

松橋　達矢（まつはし・たつや）

1979年　生まれ。
2009年　日本大学大学院文学研究科社会学専攻博士後期課程修了，博士（社会学）。
　　　　日本大学文理学部助教を経て，
現　在　日本大学文理学部若手特別研究員，日本大学・立正大学非常勤講師。
主　著　「都市像の構築とシンボリズム――東京・丸の内地区を事例として」日本都市社会学会『日本都市社会学会年報』第26号，2008年。
　　　　「『都市的なるもの』をめぐる想像力――東京・丸の内地区を事例として」日本都市学会『日本都市学会年報』第43号，2010年。
　　　　「『都市づくり』におけるポリティクスの審美化――『景観』の複数性はいかに浮上するか」日本都市学会『日本都市学会年報』第44号，2011年。

モダン東京の歴史社会学
――「丸の内」をめぐる想像力と社会空間の変容――

2012年10月20日　初版第１刷発行　　検印廃止

定価はカバーに
表示しています

著　者　松　橋　達　矢
発行者　杉　田　啓　三
印刷者　田　中　雅　博

発行所　株式会社　ミネルヴァ書房
607-8494　京都市山科区日ノ岡堤谷町1
電話代表（075）581-5191
振替口座 01020-0-8076

創栄図書印刷・兼文堂

ISBN 978-4-623-06372-7
Printed in Japan

人名索引

あ　行

か　行

さ　行

た　行

な　行

事項索引

あ 行

か 行

さ　行

た　行

な　行

は　行

ま　行

や・ら行

参考文献

天野郁夫編，1991，『学歴社会の社会史――丹波篠山にみる近代教育と生活世界』有信堂．

有末　賢，1999，『現代大都市の重層的構造』ミネルヴァ書房．

Bacherard, G., 1964, *The Poetics of Space,* Mass.（＝1969，岩村行雄訳，『空間の詩学』思潮社．）

Bachrach, P. and Baratz, M. S., 1963, "Decisions and Nondecisions," *American Political Science Review,* 56：947-952.

Benjamin, W., 1982, *Das Passagen-Werk,* Frankfurt am Main：Suhrkamp.（＝1993-95，今西仁司・三島憲一ほか訳『パサージュ論（全５巻）』岩波書店．）

Berque, A., 1993, *Du geste a la citi : formes urbaines et lien social au Japon,* Gallimard.（＝1996，宮原信・荒木亨訳『都市の日本――所作から共同体へ』筑摩書房．）

Boschken, H., 2003, "Global Cities, Systemic Power, and Upper-Middle-Class Influence," *Urban Affairs Review,* 38(6)：808-830.

Castells, M., [1968]1977, "Is There an Urban Sociology?," Pickvance C. G. (ed.), *Urban Sociology : Critical Essays,* Tavistock Publications.（＝1982，山田操・吉原直樹・鰺坂学訳『都市社会学――新しい理論的展望』恒星社厚生閣．）

―――, [1969]1977, "Theory and Ideology in Urban Sociology," Pickvance C. G. (ed.), *Urban Sociology : Critical Essays,* Tavistock Publications.（＝1982，山田操・吉原直樹・鰺坂学訳『都市社会学――新しい理論的展望』恒星社厚生閣．）

―――, [1972]1977, *The Urban Question,* Arnord.（＝1984，山田操訳『都市問題』恒星社厚生閣．）

―――, 1978, *City, Class and Power,* Macmillan.（＝1989，石川淳志監訳『都市・階級・権力』法政大学出版局．）

―――, 1983, *The City and Grassroots,* Edward Arnold.（＝1997，石川淳志監訳『都市とグラス・ルーツ』法政大学出版局．）

―――, 1989, *The Informational City,* Basil Blackwell.

千代田区企画部編，1999，『区政モニターアンケート報告書――大手町・丸の内・有楽町地区のまちづくりについて』．

Duncan, J. and Duncan, N., 2001, "Aestheticization of the Politics of Landscape," *Annals of the Association of American Geographers Preservation,* 91(2)：387-409.

Elkin, S. L., 1987, *City and Regime in the American Republic,* University of Chicago Press.

Firey, W., 1945, "Sentiment and Symbolism as Ecological Variables," *American Sociological Review,* 10：140-148.

———, 1947, *Land Use in Central Boston,* Harvard University Press.

Florida, R., 2002, *The Rise of the Creative Class : and How It's Transforming Work, leasure, Community and Everyday Life,* Basic Books.（＝2008, 井口典夫訳『クリエイティブ資本論——新たな経済階級の台頭』ダイヤモンド社.）

———, 2005a, *Cities and the Creative Class,* Routledge.（＝2010, 小長谷一之訳『クリエイティブ都市経済論——地域活性化の条件』日本評論社.）

———, 2005b, *The Fight of the Creative Class : the New Global Competition for Talent,* Harper Business.（＝2007, 井口典夫訳『クリエイティブ・クラスの世紀——新時代の国, 都市, 人材の条件』ダイヤモンド社.）

Friedmann, J., 1986, "The World City Hypothesis," *Development and Change,* 17(1)：69-83.

藤森照信, 1982,『明治の東京計画』岩波書店.

———, 1990,『都市　建築　日本近代思想体系　18』岩波書店.

———, 2001,「丸の内はこうして誕生した」伊藤滋監修『造景別冊　都心再構築への試み——丸の内の再開発徹底解明』建築史料研究社.

藤田弘夫, 1998,「都市の共同性と町並み——都市計画の比較社会学」歴史と方法編集委員会編『都市と言語　歴史と方法２』青木書店.

———, 2003,『都市と文明の比較社会学——環境・リスク・公共性』東京大学出版会.

———, 2006,「都市の歴史社会学と都市社会学の学問構造」『社会科学研究』57(3/4)：117-136.

フジタニ, タカシ, 1994,『天皇のページェント　近代日本の歴史民族誌から』日本放送出版協会.

福澤　武, 2000,『「丸の内」経済学——この街が21世紀の東京を牽引する』PHP 研究所.

冨山房編, 1941,『丸の内今と昔』冨山房.

浜日出夫, 2002,「歴史と集合的記憶——飛行船グラーフ・ツェペリン号の飛来」『年報社会学論集』15：3-15.

———，2005,「構築主義と歴史社会学」『社会学史研究』27：47-52.
原田勝正・塩崎文雄編，1997,『東京・関東大震災前後』日本経済評論社.
原　武史，1998,『「民都」大阪対「帝都」東京——思想としての関西私鉄』講談社.
———，2001,『可視化された帝国』みすず書房.
———，2003,『皇居前広場』光文社.
Harvey, D., 1990, *The Condition of Postmodernity,* Blackwell.（＝1999，吉原直樹訳『ポストモダニティの条件』青木書店.）
———, 1993, "From space to Place and back again：Reflection on the condition of postmodernity," Bird, J. et al.（eds.）, *Mapping the Futures,* Routledge.（＝1997，中島弘二訳「空間から場所へ，そして再び——ポストモダニティの条件に関する省察」『空間・社会・地理思想』2：79-97.）
Hayden, D., 1995, *The Power of Place,* The MIT Press.（＝2002，後藤春彦ほか訳『場所の力』学芸出版社.）
旗手　勲，1966,「三菱生成期の経済活動と土地所有」『歴史学研究』319：1-24.
———，1992,『土地投資と不動産・水資源——その歴史と論理』日本経済評論社.
平本一雄，2000,『臨海副都心物語』中央公論新社.
ひろたまさき，1990,「日本社会の差別構造」『差別の諸相　日本近代思想体系　22』岩波書店.
本間義人，1999,『国土計画を考える——開発路線のゆくえ』中公新書.
堀川三郎，2000,「運河保存と観光開発——小樽における都市の思想」片桐新自編『歴史的環境の社会学』新曜社.
———，2001,「景観とナショナル・トラスト——景観は所有できるか」鳥越皓之編『自然環境と環境文化　講座環境社会学第3巻』有斐閣.
———，2010,「場所と空間の社会学」『社会学評論』60（4）：517-534.
五十嵐敬喜，1987,『都市法　現代行政法学全集⑯』ぎょうせい.
———，2003,「景観論」『都市問題』2003年7月号.
五十嵐敬喜・小川明雄，1993,『都市計画　利権の構図を超えて』岩波書店.
———，2003,『「都市再生」を問う——建築無制限時代の到来』岩波書店.
石田頼房，1979,「『東京中央市区劃定之問題』について」『総合都市研究』7：15-34.
———，1987,『日本近代都市計画の百年』自治体研究社.
石塚裕道，1968a,「明治期における都市計画——東京について」東京都立大学都市研究会編『都市構造と都市計画』東京大学出版会.

———, 1968b,「資本主義の発展と東京の構造」東京都立大学都市研究会編『都市構造と都市計画』東京大学出版会.

———, 1991,『現代大都市論——東京：1868-1923』東京大学出版会.

磯田光一, 1978,『思想としての東京』国文社.

磯村英一, 1959,『都市社会学研究』有斐閣.

磯村英一・吉富重夫・米谷栄二編, 1975,『人間と都市環境①　大都市中心部』鹿島出版会.

磯崎　新, 2003,『建築における「日本的なもの」』新潮社.

伊藤　滋監修, 2001,『造景別冊　都心再構築への試み——丸の内の再開発徹底解明』建築史料研究社.

岩井弘融, 1982,「都市社会史概説」東京市政調査会編『都市・自治史概説』.

岩永真治, 1996,「D.ハーヴェイの都市論における空間と場所——ルフェーヴリアン・マトリックスの意味するもの」『地域社会学会年報』8：143-176.

岩崎家傳記刊行会編, [1971]1979,『岩崎彌之介傳　(下)』東京大学出版会.

岩下豊彦, 1983,『SD法によるイメージの測定』川島書店.

泉　鏡花ほか, 1930,「復興大東京座談会」『文芸春秋』8(3).

陣内秀信, 1985,『東京の空間人類学』筑摩書房.

神島二郎, 1961,『近代日本の精神構造』岩波書店.

片桐新自編, 2000,『歴史的環境の社会学』新曜社.

かのう書房編, 1985,『丸ビルの世界』かのう書房.

加藤政洋・大城直樹編, 2006,『都市空間の地理学』ミネルヴァ書房.

加藤康子・松村倫子編, 2002,『幕末・明治の絵双六』国書刊行会.

河野　仁, 1992,「アメリカ歴史社会学の現状と課題」『思想』812.

警視庁史編さん委員会編, 1962,『警視庁史　昭和前編』(非売品).

Kern, S., 1983, *The Culture of Time and Space 1880-1918*, Harvard University Press. (＝1993, 浅野敏夫・久郷丈夫訳『空間の文化史——時間と空間の文化：1880年-1918年』法政大学出版会.)

北原糸子, 1993,「江戸から東京へ——都市問題の系譜」成田龍一編『都市と民衆』吉川弘文館.

今和次郎, 1986,『考現学採集（モデルノロヂオ)』学陽書房.

———, 1987,『モデルノロヂオ（考現学)』学陽書房.

———, [1929]2001,『新版大東京案内　上・下』筑摩書房.

向上社編輯部編，1914，『大正博覧会と東京遊覧』向上社.
宮内庁，1969a，『明治天皇紀』第二，吉川弘文館.
————，1969b，『明治天皇紀』第三，吉川弘文館.
倉沢　進，1968，「解題」G. ショウバーグ著・倉沢進訳『前産業型都市』鹿島出版会.
————，1971，「比較都市社会学の問題」富永健一・倉沢進編『階級と地域社会』中央公論社.
倉沢　進編，1986，『東京の社会地図』東京大学出版会.
————，1999，『都市空間の比較社会学』放送大学教育振興会.
倉沢　進・浅川達人編，2004，『新編東京圏の社会地図　1975-90』東京大学出版会.
Lefebvre, H., 1968a, *Le Deroit a la ville,* Anthros.（＝1969，森本和夫訳『都市への権利』筑摩書房.）
————, 1968b, *La vie quotidienne dans lemonde moderne,* Gallimard, Collection Ides.（＝1970，森本和夫訳『現代世界における日常生活』現代思潮社.）
————, 1970, *La Revolution Urbaine,* Gallimard.（＝1974，今井成美訳『都市革命』晶文社.）
————, [1974]1991, *The Production of Space,* Blackwell.（＝2000，斎藤日出治訳『空間の生産』青木書店.）
Logan, J. and Molotch, H., 1987, *Urban Fortunes,* University of California Press.
Lowe, S., 1986, *Urban Social Movements : The City after Castells,* Macmillan.（＝1989，山田操・吉原直樹訳『都市社会運動——カステル以降の都市』恒星社厚生閣.）
Lukes, S., 1974, *Power : A Radical View,* Macmillan.（＝1995，中島吉弘訳『現代権力論批判』未來社.）
町村敬志，1994，『「世界都市」東京の構造転換』東京大学出版会.
————，2002，「『世界都市』を都市・地域社会学に埋め戻す」『日本都市社会学会年報』20：27-43.
————，2004，「『公共性』の喪失と『公共性』の再侵攻」今田高俊・金泰昌編『都市から考える公共性　公共哲学13』東京大学出版会.
前田　愛，1984，「都市論の現在」前田愛編『テクストとしての都市』学燈社.
牧原憲夫，1998，『客分と国民のあいだ』吉川弘文館.
増川宏一，1995，『ものと人間の文化史　79-Ⅱ・すごろくⅠ・Ⅱ』法政大学出版会.
松原治郎・似田貝香門編，1976，『住民運動の論理——運動の展開過程・課題と展望』学陽出版.

松原隆一郎，2002，『失われた景観　戦後日本が築いたもの』PHP 研究所.
松田道之，1880，「東京中央市区劃定之問題」東京市役所編『東京市史稿』港湾篇三.
松橋達矢，2004，「丸の内の歴史社会学」日本大学大学院文学研究科修士論文.
―――，2005，「都市社会学における『都心』という問題構制――都市・空間・権力」『社会学論叢』15(4)：37-58.
―――，2006，「『新しい』都市空間の生産と『都市政治』の成立――一八八〇年代東京における丸の内誕生の文脈をめぐって」『日本都市学会年報』39：137-146.
―――，2008a，「場所の構築における経済的なものと文化的なものの関わり――場所イメージからみた『丸の内らしさ』のゆらぎをめぐって」日本大学社会学会『社会学論叢』162：105-124.
―――，2008b，「都市像の構築とシンボリズム――東京・丸の内地区を事例として」日本都市社会学会『日本都市社会学会年報』26：169-185.
―――，2010，「『都市的なるもの』をめぐる想像力――東京・丸の内地区を事例として」『日本都市学会年報』43：109-118.
―――，2011，「『都市づくり』におけるポリティクスの審美化――『景観』の複数性はいかに浮上するか」『日本都市学会年報』44：153-162.
松山　茂，1991，『丸の内人物記――丸ビル篇』菱芸出版.
丸の内文学賞実行委員会編，1999，『丸の内の誘惑』マガジンハウス.
御厨　貴，1984，『首都計画の政治――形成期明治国家の実像』山川出版社.
南　博編，1965，『大正文化』勁草書房.
三菱地所株式会社社史編纂室編，1993，『丸の内百年のあゆみ　三菱地所社史　上・下』三菱地所株式会社.
水口憲人，1995，『「大きな政府」の時代と行政』法律文化社.
水澤良子，2010，「東京丸の内の歴史的変遷過程における従業者と地域への認識の変容」『ノンプロフィット・レビュー』10(1)：49-66.
森まゆみ，2003，『東京遺産』岩波書店.
森　幸雄，1993，「地域のシンボル性についての一考察」『ソシオロジカ』17(2)：27-48.
永井秀夫，1990，『明治国家形成期の内政と外政』北海道大学図書刊行会.
永井良和，2000，「展望台という景観――近代都市と『高さ』」片桐新自編『歴史的環境の社会学』新曜社.
永田　博，1969，『歴史の中の東京駅物語』雪花社.
―――，1984，「東京駅ものがたり」三島富士夫・永田　博『鉄道と街・東京駅』大正

出版.
内藤　昌, 1966,『江戸と江戸城』鹿島出版会.
中島直人・鈴木伸治, 2003,「日本における都市の風景計画の生成」西村幸夫・まちづくり研究会編著『日本の風景計画　都市の景観コントロール　到達点と将来展望』学芸出版社.
中村牧子, 2000,「新中間層の誕生」原純輔編『日本の階層システム 1　近代化と社会階層』東京大学出版会.
中筋直哉, 1998,「東京論の断層」『10＋1』12：168-177.
―――, 2002,「日本の都市社会学――都市社会学の第 1 世代」菊池美代志・江上渉編『21世紀の都市社会学』学文社.
―――, 2005,「分野別研究動向（都市）――日本の都市社会学の動向と課題」『社会学評論』56(1)：217-231.
中澤秀雄, 1999,「日本都市政治における『レジーム』分析のために――地域権力構造（CPS）研究からの示唆」『年報社会学論集』12：108-118.
中澤秀雄・大國充彦, 2005,「開拓混住ベッドタウンにおける『まちづくり』と記憶の可視化――北海道江別市野幌（のっぽろ）における主体形成と社会学者の役割」『地域社会学会年報』17：29-39.
南後由和, 2006,「アンリ・ルフェーブル――空間論とその前後」加藤政洋・大城直樹編, 2006,『都市空間の地理学』ミネルヴァ書房.
成田龍一, 2003,『近代都市空間の文化経験』岩波書店.
日本大学文理学部社会学科「社会調査士コース」後藤ゼミ, 2007,『「丸の内らしさ」に関する調査報告書』.
日本経済新聞社編, 1980,『私の履歴書――経済人　3』日本経済新聞社.
西村幸夫, 2000,『西村幸夫　都市論ノート』鹿島出版会.
―――, 2001,「美観コントロールによる都市デザインの可能性――丸の内美観地区をめぐる一連の試行」伊藤滋監修『造景別冊　都心再構築への試み――丸の内の再開発徹底解明』建築史料研究社.
西村幸夫・まちづくり研究会編著, 2003,『日本の風景計画　都市の景観コントロール　到達点と将来展望』学芸出版社.
似田貝香門, 1975,「資本主義の都市問題」伊藤善市ほか編『都市問題の基礎知識――理論・現状・政策の総合的理解』有斐閣.
野田浩資, 2000,「歴史都市の景観問題――『京都らしさ』へのまなざし」片桐新自編

『歴史的環境の社会学』新曜社.

小川一真，1911,『東京風景』小川一真出版部.

小木新造，1979,『東京庶民生活史研究』日本放送出版協会.

大谷信介，2007,『〈都市的なるもの〉の社会学』ミネルヴァ書房.

大田有子，2006,「比較分析の方法と課題——海外における歴史社会学の研究動向に関する一考察」『社会科学研究』57（3／4）：19-36.

大槻文平編，1987,『私の三菱昭和史』東洋経済新報社.

岡田　謙・司会，1952,「CIE における社会調査の展開（座談会)」『民族学研究』17(1)：68-80.

岡本かの子，1939,『丸ノ内草話』青年書房.

岡本哲志，2009,『「丸の内」の歴史——丸の内スタイルの誕生とその変遷』講談社.

奥田道大，1983,『都市コミュニティの理論』東京大学出版会.

———，1985,『大都市の再生』有斐閣.

———，1987,「『東京集中』の社会学的文脈——都心地域へのインパクトを手がかりに」『都市問題』78(9)：33-45.

———，1988,「大会シンポジウム『世界都市・東京の都心を考える』総評」『日本都市社会学会年報』6：7-12.

———，1993,『都市と地域の文脈を求めて——21世紀システムとしての都市社会学』有信堂.

奥田道大編，1999,『講座社会学 4　都市』東京大学出版会.

奥井復太郎，1940,『現代大都市論』有斐閣.

Park, R. E., Burgess, E. W. and McKenzie, R.D., 1925, *"The City" Chicago,* University of Chicago Press.（=1972, 大道安次郎・倉田和四生訳『都市——人間生態学とコミュニティ論』鹿島出版会.）

Pickvance, C. G.（ed.), 1977, *Urban Sociology : Critical Essays,* Tavistock Publications.（=1982, 山田操・吉原直樹・鯵坂学訳『都市社会学——新しい理論的展望』恒星社厚生閣.）

斎藤日出治，2000,「解説：《空間の生産》の問題圏」H. ルフェーブル著・吉原直樹監訳『空間の生産』青木書店.

齊藤俊彦，1997,『くるまたちの社会史——人力車から自動車まで』中央公論社.

Sassen, S., [1991]2001, *The global city : New York, London, Tokyo,* 2nd ed., Princeton Univ. Press.

佐藤健二，1992,「都市社会学の社会史——方法分析からの問題提起」倉沢進・町村敬志編『都市社会学のフロンティア——1　構造・空間・方法』日本評論社.
————，1994,『風景の生産・風景の解放』講談社.
————，2001,『歴史社会学の作法』岩波書店.
Savege, M. and Warde, A., 1993, *Urban Sociology, Capitalism and Modernity,* Macmillan.
千田　稔編,『風景の文化誌　I——都市・田舎・文学』古今書院.
重信幸彦，1999,『タクシー／モダン東京民俗誌』日本エディタースクール出版部.
島崎　稔，1965,『日本農村社会の構造と論理』東京大学出版会.
清水　原，2004,「都心業務地区における公民協働によるまちづくりに関する研究——東京千代田区丸の内周辺地区を事例として」『総合都市研究』83：67-80.
Sjoberg, G., 1960, *The Pre-Industrial City : Past and Present,* The Free Press.（= 1968, 倉沢進訳『前産業型都市』鹿島出版会.）
Skocpol, T.（ed.）, 1984, *Vision and Method in Historical Sociology,* University of Cambridge Press.（=1995, 小田中直樹訳『歴史社会学の構想と戦略』木鐸社.）
園部雅久，2001,『現代大都市社会論——分極化する都市？』東信堂.
————，2005,「変貌する市民」神野直彦編『岩波講座　都市の再生を考える第２巻　都市のガバナンス』岩波書店.
Stone, C., 1980, “Systemic Power in Community Decision Making：A Restatement of Stratification Theory,” *American Political Science Review,* 74：978-990.
鈴木榮太郎，1969,『都市社会学原理』未來社.
鈴木　広，1986,「都心の概念」『都市化の研究』恒星社厚生閣.
鈴木　広・高橋勇悦・篠原隆弘編，1985,『リーディングス日本の社会学７　都市』東京大学出版会.
鈴木博之，1999,『日本の近代10　都市へ』中央公論新社.
————，2001,「丸の内の建築，その運命」伊藤滋監修『造景別冊　都心再構築への試み——丸の内の再開発徹底解明』建築史料研究社.
多木浩二，1988,『天皇の肖像』岩波書店.
高浜虚子ほか，[1928]1999,『大東京繁昌記』毎日新聞社.
高橋英博，1993,「森鷗外と都市衛生思想」吉原直樹編『都市の思想——空間論の再構成にむけて』青木書店.
高橋早苗，1993,「マニュエル・カステルと『都市的なもの』」吉原直樹編『都市の思想——空間論の再構成にむけて』青木書店.

高橋勇悦，2005，『東京人の横顔――大都市の日本人』恒星社厚生閣.

竹松良明編，2005，『丸ノ内のビジネスセンター　コレクション・モダン都市文化　第6巻』ゆまに書房.

玉野和志，2005，「奥田道大の都市社会学を正しく理解するために」『社会学評論』56(2)：549-558.

田中紀行，2003，「現代日本における歴史社会学の特質」鈴木幸壽・山本鎮雄・茨木竹二編『歴史社会学とマックス・ヴェーバー（上）――歴史社会学の歴史と現在』理想社.

田中重好，2005，「都市づくりと公共性」藤田弘夫・浦野正樹編『都市社会とリスク』東信堂.

谷　富夫，2005，「〈解題〉大阪を〈都心周縁《インナーリング》〉から読み解く」『日本都市社会学会年報』23：1-4.

鉄道院編，1912，『遊覧地案内』.

Tilly, C., 1988, "Future History," *Theory and Society,* 17：703-712.

鳥越皓之・家中　茂・藤村美穂，2009，『景観形成と地域コミュニティ――地域資本を増やす景観政策』農山漁村文化協会.

東京倶楽部編，1907，『最新東京案内』網島書店.

東京市編，1907，『東京遊覧案内』博文館.

東京都編，1951，「江戸から東京への展開」『東京都史紀要』1.

―――，1958，「区政沿革」『東京都史紀要』5.

―――，1972，『東京都百年史　第2巻』.

―――，1994，『東京都政五十年史　事業史Ⅰ』.

東京都政策報道室計画部編，2000，『東京構想2000――千客万来の世界都市をめざして』.

粒来　香，2000，「近代東京の形成」原純輔編『日本の階層システム　1　近代化と社会階層』東京大学出版会.

内田隆三，2002，『国土論』筑摩書房.

浦野正樹・麦倉　哲・海野和之・横田尚俊，1994，「『土地問題の顕在化』現象とその社会的背景――高度経済成長との関連に着目して」『地域社会学年報』6：167-197.

Urry, J., 1995, *Consuming Space,* Routledge.（＝2003，吉原直樹ほか訳『場所を消費する』法政大学出版会.）

―――, 2000, *Sociology beyond Societies: Mobilities for the twenty-first century,* Routledge.（＝[2006]2011，吉原直樹監訳『社会を越える社会学――移動・環境・シチズンシップ』法政大学出版会.）

山岸　健，1982，『社会学の文脈と位相――人間・生活・都市・芸術・服装・身体』慶應通信.
柳田國男，[1930]1993，『明治大正史世相篇』(『柳田國男全集26』) 筑摩書房.
矢崎武夫，1954，「東京の生態的形態（上・下）」『都市問題』45(4/5).
――――，1962，『日本都市の発展過程』弘文堂.
――――，1963，『日本都市の社会理論』学陽書房.
――――，1968，『現代大都市構造論』東洋経済新報社.
――――，1988，『国際秩序の変化過程における発展途上国の都市化と近代化――東南アジアの事例』慶應通信.
矢澤修次郎，1991，「研究会報告：カステル都市社会学の展開」地域社会学会編『都市・農村の新局面』時潮社.
吉原直樹，1992，「都市社会学におけるオータナティヴの理論的可能性」鈴木広編『現代都市を解読する』ミネルヴァ書房.
――――，2002，『都市とモダニティの理論』東京大学出版会.
吉原直樹編，1993，『都市の思想――空間論の再構成にむけて』青木書店.
――――，2000，『都市経営の思想　モダニティ・分権・自治』青木書店.
芳川顕正，1884，「市区改正意見書」東京都編『東京市史稿』市街篇70.
吉見俊哉，1987，『都市のドラマトゥルギー――東京・盛り場の社会史』弘文堂.
――――，1991，「天皇の巡幸と『帝都』としての東京」小木新造編『江戸東京を読む』筑摩書房.
――――，2001，「帝都東京とモダニティの文化政治」『拡大するモダニティ　岩波講座近代日本の文化史　6』岩波書店.
和田清美，1986，「東京都心の地域的特質――都心空間における権力の占有過程」『応用社会学研究』27：83-96.
――――，1989，「都心論の理論的系譜と課題――大都市研究方法序説」『応用社会学研究』31：15-26.
――――，2006，『大都市東京の社会学』有信堂高文社.
若林幹夫，2000，『都市の比較社会学』岩波書店.
渡戸一郎，1985，「現代都市における『生活景』の回復――社会学からの試論」『都市計画』138：32-35.
――――，2003，「都市社会学ノート――奥田都市論のリアリティのとらえ方」渡戸一郎・広田康生・田嶋淳子編『都市的世界／コミュニティ／エスニシティ――ポスト

メトロポリス期の都市エスノグラフィ集成』明石書店.

渡邉　登，1994,「地域権力構造と市民参加」栗田宣義編『政治社会学リニューアル』学文社.

渡辺俊一，1993,『「都市計画」の誕生　国際比較からみた日本近代都市計画』柏書房.

White, J. W., 1998, "Old Wine, Cracked Bottle ? : Tokyo, Paris, and the Global Hypothesis," *Urban Affairs Review*, 33(4) : 451-477.（＝1999，渡戸一郎訳「古い酒とひび割れたボトル――東京，パリ，そして世界都市仮説」『明星大学社会学研究紀要』19 : 65-88.）

Zukin, S., 1991, *Landscapes of Power : From Detroit to Disney World*, University of California.